U0943593

国外农产品质量安全追溯概论

农业农村部农产品质量安全中心
组 编

清华大学出版社
北 京

内 容 简 介

本书通过查阅国内外文献资料、访问国内外网站、实地调研国内外市场等方式，尽可能真实全面地反映欧、美、日、韩不同国家或经济体的农产品质量安全追溯现状。本书分别从追溯主管机构、追溯法律法规、追溯标准规范、追溯流程模式、追溯平台建设、追溯实施推广等层面介绍了欧、美、日、韩的农产品追溯体系的建设和最新发展情况。

本书适合从事农产品追溯的管理人员、技术人员阅读，也可作为农产品追溯培训辅助教材，高等院校农业经济管理、供应链管理、物流管理等专业师生的参考读本。

图书在版编目（CIP）数据

国外农产品质量安全追溯概论 / 农业农村部农产品质量安全中心组编. —北京：清华大学出版社，2019.9

ISBN 978-7-302-53827-1

Ⅰ. ①国… Ⅱ. ①农… Ⅲ. ①农产品－质量管理－安全管理－研究－国外 Ⅳ. ①F316.5

中国版本图书馆 CIP 数据核字（2019）第 205868 号

责任编辑： 张 伟
封面设计： 李伯骥
版式设计： 方加青
责任校对： 宋玉莲
责任印制： 宋 林

出版发行： 清华大学出版社
　　网　　址： http://www.tup.com.cn，http://www.wqbook.com
　　地　　址： 北京清华大学学研大厦 A 座　　**邮　　编：** 100084
　　社 总 机： 010-62770175　　**邮　　购：** 010-62786544
　　投稿与读者服务： 010-62776969，c-service@tup.tsinghua.edu.cn
　　质 量 反 馈： 010-62772015，zhiliang@tup.tsinghua.edu.cn
印 装 者： 小森印刷（北京）有限公司
经　　销： 全国新华书店
开　　本： 170mm×240mm　　**印　　张：** 13.75　　**字　　数：** 231 千字
版　　次： 2019 年 11 月第 1 版　　**印　　次：** 2019 年 11 月第 1 次印刷
定　　价： 89.00 元

产品编号：085372-01

编 委 会

前　言

农业农村部农产品质量安全中心组织北京交通大学等高校和研究机构，对国外农产品质量安全追溯体系开展专项调研，并进行比对分析。通过查阅国内外文献资料、访问国内外网站、实地调研国内外市场等方式，尽可能真实、全面、系统地反映不同国家或经济体的农产品质量安全追溯管理现状。

调研对象涉及美国、加拿大、英国、德国、澳大利亚、荷兰、日本、韩国、南非等国家或经济体。不同国家或经济体的发展水平、政治历史、经济产业、组织结构、体制机制等方面均存在一定差异，其农产品质量安全追溯的管理及应用也不尽相同。本书主要介绍了已经取得一定经验且有代表性的欧盟、美国、日本、韩国等发达国家或经济体的农产品质量安全追溯情况及典型做法。

追溯最早起源于欧盟，1996 年英国疯牛病（BSE）爆发是可追溯体系的产生及其在国际范围内发展的导火索。疯牛病导致了公众对政府监督下的食品安全产生了严重的信任危机。为了保护消费者健康，将不安全的产品从市场中快速召回，同时查找问题原因和环节，落实企业主体责任，欧盟率先提出了追溯概念，并建立起完善的可追溯体系。2000 年 1 月发布的《食品安全白皮书》中，首次将“从田间到餐桌”的全过程管理纳入食品安全体系，对农产品的生产、加工和销售等全链条进行追溯。2002 年 1 月，欧盟颁布《欧洲议会和理事会第 178/2002 号法规》，要求农产品经营企业在生产、加工和销售过程中执行可追溯标准，自 2005 年 1 月 1 日起，欧盟境内的农产品都要求具有可追溯性，不具备可追溯性则不允许上市交易。随后，美国、日本、韩国等一些国家也逐步建立起各自的追溯管理体系。

欧、美、日、韩的农产品追溯体系都先从牛肉制品、大型农产品经营企业开始实施，然后再向果蔬类、水产类、粮食类产品逐步延伸。政府在农产品质量安全追溯的实施过程中起到关键作用，将风险高、隐患大的大宗农产品和重要农产品优先纳入追溯管理。对于政府和企业来说，追溯管理具有十分重要的意义。为了确保消费者健康，维护国内和国际农产品市场稳定，政府在农产品质量安全追溯的实施过程中发挥了主导和推动作用。大型企业和龙头公司是整个供应链中可追溯体系建立的参与者与实践者。发达国家和地区的农产品质量安全追溯体系都是在大型的种植或养殖基地建立起来的，随后不断延伸到整个产业链条，逐步通过行政推动、追溯立法、市场准入、政策创设等综合管理措施建立起成熟管理体系。这些典型国家的管理模式、法律法规、标准规范以及主要做法值得我们学习借鉴。

农产品质量安全追溯是食品追溯中最复杂和最艰难的部分，构建并实施农产品质量安全追溯体系并非一蹴而就，需要分阶段、有步骤、有目标地推进。农产品质量安全追溯具有明显的外部性和公共性，政府一方面要搭建好国家追溯平台，加大行政推动和立法力度，推进试点工作开展；另一方面，要在市场经济的前提下，加大对实施追溯企业的补贴和支持力度。同时在实施农产品的质量安全追溯过程中，要根据实践探索，不断对追溯目标设定、相关机构合作、企业和农户培训、指导手册制定和后续监督检查与执法监管提出更加明确、更具可操作性的详细规定。

我国政府十分重视农产品质量安全追溯工作。2014 年中央农村工作会议上，习近平总书记提出尽快把全国统一的农产品和食品安全信息追溯平台建起来。2015 年、2016 年、2017 年中央一号文件均提出建立全程可追溯、互联共享的追溯监管综合服务平台。《国务院办公厅关于加快推进重要产品追溯体系建设的意见》提出推动农产品生产经营者积极参与国家追溯平台建设。新颁布的《中华人民共和国食品安全法》第四十二条提出国家建立食品安全全程追溯制度。国务院机构改革之后，农业部职能拓展，监管链条进一步延伸，需要建立与职能高度匹配的全程农产品质量安全追溯体系。2016 年农业部印发了《农业部关于加快推进农产品质量安全追溯体系建设的意见》，提出建立全国统一的追溯管理信息平台、制度规范和技术标准，加快构建统一权威、职责明确、协调联动、运转高效的农产品质量安全追溯体系，实现农产品源头可追溯、流向可跟踪、信息可查询、责任可追究，保障公众消费安全。率先选择苹果、茶叶、猪肉、生鲜乳、大菱鲆等几类农产品统一开展追溯试点，逐步扩大追溯范围，力争“十三五”末农业产业化国家重点龙头企业、有条件的“菜篮子”产品及“三品一标”规模生产主体率先实现可追溯，品牌影响力逐步扩大，生产经营主体的质量安全意识明显增强，农产品质量安全水平稳步提升。近两年的全国农业工作会议又将国家追溯平台列入农业部“五区一园四平台”重点建设内容，提出将农产品质量安全追溯与农业项目安排、农产品品牌评定等挂钩，率先将绿色、有机、品牌农产品纳入国家追溯平台管理，进一步加大追溯管理力度。

本书分别从追溯主管机构、追溯法律法规、追溯标准规范、追溯流程模式、追溯平台建设、追溯实施推广六个层面阐述了欧盟、美国、日本、韩国等国家或经济体农产品质量安全追溯体系的推进和最新发展情况，在列举典型追溯系统实例基础上对比分析并总结了各自发展特点，对我国农产品追溯系统的建设具有一定的指导和借鉴意义。

编　者

2019 年 7 月

目　录

第一章

欧盟农产品质量安全追溯体系

欧盟是最早应用农产品质量安全可追溯系统的经济体，尤其是活牛和牛肉制品的可追溯系统，并把农产品质量安全可追溯系统纳入法律框架下。欧盟的农产品追溯体系最初是为应对疯牛病，自 1997 年逐步建立起来的。2001 年 1 月发布的《食品安全白皮书》中，首次将“从田间到餐桌”的全过程管理纳入食品安全体系，明确所有相关生产经营者的责任，采用 HACCP 食品安全认证体系[①]，对农产品的生产、加工和销售等关键环节进行追溯。2002 年 1 月，欧盟颁布《一般食品法》，规定每一个农产品企业必须对其生产、加工和销售过程中所使用的原料、辅料及相关材料提供保证措施和数据，确保其安全性和可追溯性。根据牛肉标签法，欧盟各地区在生产环节要对活牛建立验证和注册体系，在销售环节要向消费者提供足够清晰的产品标识信息。该法令要求从 2005 年 1 月 1 日起在欧盟范围内销售的所有肉类食品都能够进行跟踪和追溯，否则就不允许上市销售。

目前，欧盟采用国际通用的全球统一标识系统（GS1 系统[②]）对农产品进行跟踪和追溯，旨在对农产品生产过程供应链进行有效标识，建立起对各个环节信息的管理、传递和交换，实现对农产品的有效追溯。欧盟在产品标识和可追溯方面走在世界前列。欧盟农产品全程安全管理体系如图 1-1 所示。

---

① HACCP（hazard analysis critical control point，危害分析和关键控制点）主要用于对食品的全过程质量监控。确保食品在消费的生产、加工、制造、准备和食用等过程中的安全，在危害识别、评价和控制方面是一种科学、合理和系统的方法。通过对加工过程的每一步进行监视和控制，从而降低危害发生的概率。对大多数 HACCP 成功的使用者来说它可用于从农场到餐桌的任何环节。

② GS1 系统（global standard 1，全球统一标识系统）是以编码贸易项目、物流单元、位置、资产、服务关系等为核心的集条码、射频等自动数据采集、电子数据交换、全球产品分类、全球数据同步、产品电子代码（EPC）等系统为一体的，服务于全球物流供应链的开放性标准体系。目前在全球范围内，很少有法律法规专门提出要强制使用某个标准进行追溯（GS1 标准也不例外），但由于某些国家对追溯有严格的要求，而 GS1 标准作为在国际流通中广泛应用的商业语言，能够促进追溯的顺利实施，因此在很多国家的追溯倡议、追溯标准和追溯指南中会推荐使用 GS1 标准。

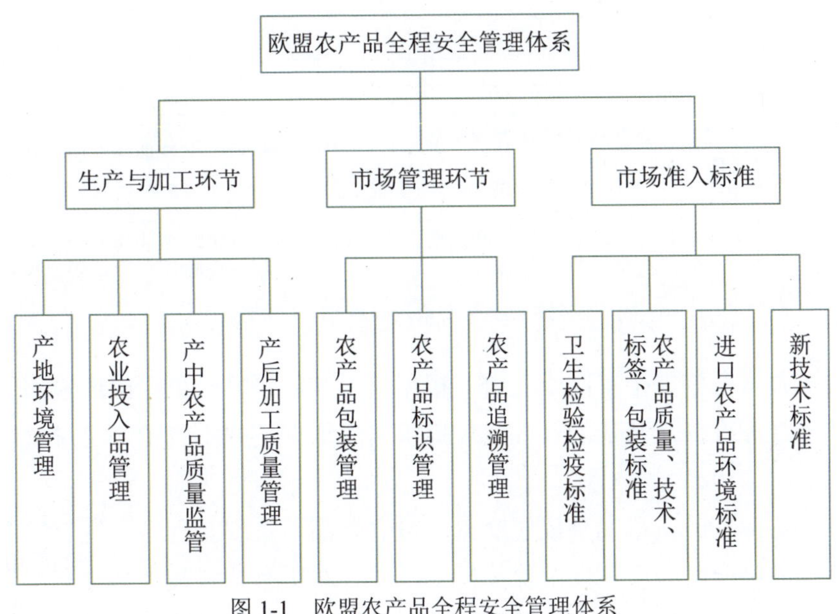

图 1-1 欧盟农产品全程安全管理体系

第一节 主管机构

一、主管机构及职责

欧盟是世界上最有力的国际组织和世界上第一大经济实体，在贸易、农业、金融等方面趋近于一个统一的联邦国家，而在内政、国防、外交等其他方面则类似多个独立国家所组成的同盟。

（一）健康和消费者保护局与欧盟食品安全管理局

欧盟的食品安全监管机构主要包括健康和消费者保护局以及欧盟食品安全管理局（EFSA）。健康和消费者保护局负责食品安全法规修订、监督成员国执行并综合评价食品安全质量风险，欧盟食品安全管理局则主要从事食品安全风险评估和风险交流，为欧盟制定食品安全政策提供依据。欧盟食品安全政府机构与职能分工如图 1-2 所示。

在农产品追溯方面，欧盟委员会于 2002 年初正式成立了欧盟食品安全管理局，实现对农产品从“农田到餐桌”的全过程监控。欧盟食品安全管理局的职能包括以下两个方面。

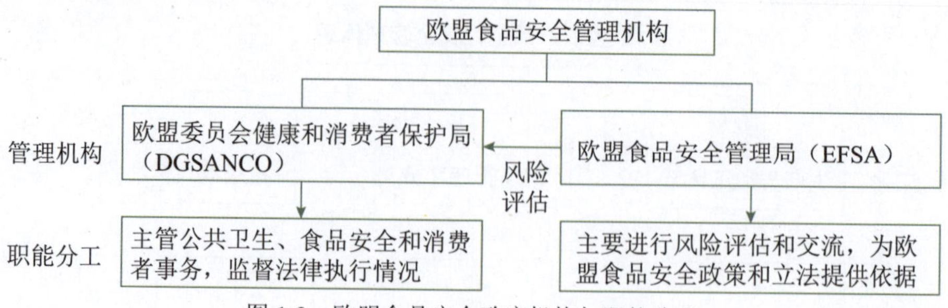

图 1-2 欧盟食品安全政府机构与职能分工

（1）负责监督整个食品供应链，根据科学家的研究成果作出风险评估，为制定法规、标准以及其他的管理政策提供信息依据，并不具备制定规章制度的权限。

（2）负责食品质量安全议题交流，设立食品质量安全程序，规定综合的涵盖整个食品供应链的质量安全保护措施，并针对所有饲料和食品建立在紧急情况下的综合快速预警系统。该系统通过连接欧盟委员会、欧洲食品安全管理局以及各成员国食品与饲料安全主管机构，为欧盟各成员国食品与饲料安全主管机构交换有关信息提供有效的途径，并方便采取措施确保食品质量安全。

欧盟食品安全管理局是受欧盟委员会、欧洲议会和欧盟成员国资助的独立运作的机构，组织架构如图 1-3 所示[①]。

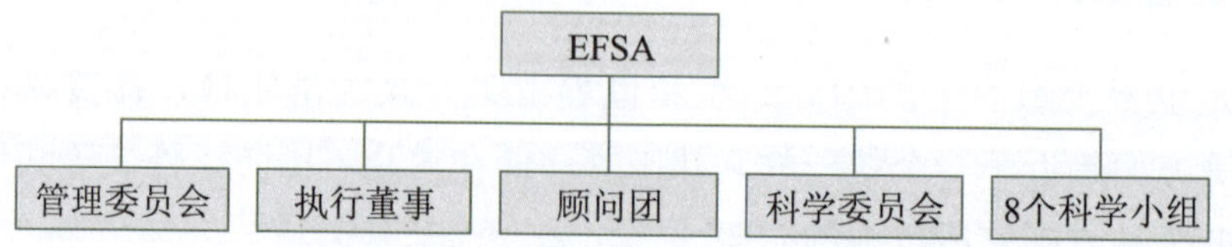

注：8个科学小组。①负责食品添加剂、调味品、加工辅料和食品接触材料的小组；②负责动物的饲料添加剂或物质成分的小组；③负责植物卫生、植物保护产品及其残留物的小组；④负责转基因生物的小组；⑤负责饮食产品、营养和过敏性反应的小组；⑥负责生物危险的小组；⑦负责食物链污染的小组；⑧负责动物卫生和福利的小组。

图 1-3 欧盟食品安全管理局（EFSA）组织架构

（二）欧盟食品和兽医办公室

欧盟于 1997 年 4 月 1 日成立了欧盟食品和兽医办公室（FVO），隶属欧

① 欧洲食品安全管理局网站主页网址：http://www.efsa.europa.eu/en/aboutefsa/efsawhat.htm；欧洲食品安全管理局主要监管内容网站主页网址：http://www.efsa.europa.eu/en/topics.htm；欧洲食品安全管理局主要职能网站主页网址：http://www.efsa.europa.eu/en/aboutefsa/efsapartners.htm；欧盟委员会健康和消费者保护局网站主页网址：http://ec.europa.eu/dgs/health_food-safety/about_us/who_we_are_en.htm。

盟委员会，工作目标是督促成员国、其他出口食品到欧盟的国家的整个食品生产链遵守欧盟有关食品安全措施、体系的规则，主要手段是审核、控制与调查。目的是监督保证欧盟各成员国遵守有关食品卫生、兽医和植物卫生法规，从而为欧盟的消费者提供安全的食品。欧盟食品和兽医办公室下设3个专业部，分别为哺乳动物食品部，鸟类动物食品和植物卫生部，鱼和非动物食品部。2000年1月12日欧盟发布的《食品安全白皮书》中指出，欧盟食品和兽医办公室的报告是欧盟委员会决定是否对欧盟国家从第三国进口食品采取保护措施的主要依据。①

（三）欧盟食品安全管理机构运作体系

欧盟委员会负责立法实施的总体指导和监督，主要负责以下几方面工作：①督促欧盟立法在欧盟成员国的实施；②对成员国或第三国有关欧盟立法施行情况进行分析报告，如残留检测与饲料监管等；③在成员国或第三国内对当局执法情况进行检查。通过欧盟食品安全管理局（EFSA）及食品和兽医办公室（FVO），建立一个国际性的控制与监督系统，对各成员国食品生产链中的各个环节进行监督、控制，处理欧盟所有食品安全问题。欧盟食品安全管理机构运作体系如图1-4所示。

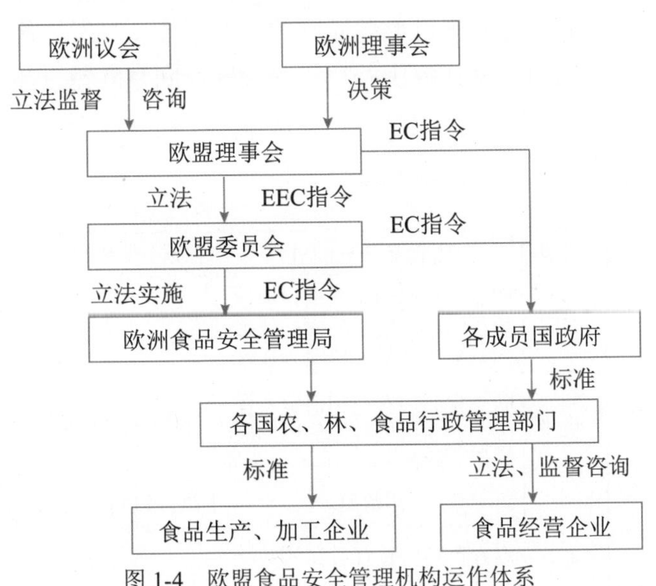

图1-4 欧盟食品安全管理机构运作体系

① 欧盟食品和兽医办公室网站主页网址：http://ec.europa.eu/food/food_veterinary_office/index_en.htm。

二、欧盟成员国的农产品安全质量追溯主管机构

在欧洲食品安全管理局的督导下，一些欧盟成员国也对原有的监管体系进行了调整，将各自国家的食品安全监管集中到一个主要部门。

德国在2001年将原粮食、农业和林业部改组成联邦食品、农业和消费者保护部，接管卫生部的消费者保护和经济技术部的消费者政策制定职能，对全国食品质量安全实行统一监管。2002年，设立联邦风险评估研究所以及联邦消费者保护和食品安全局两个专业机构，各州、大区和市政府也都设立了负责食品质量安全的监管部门，从而形成全国统一的监管体系。爱尔兰、丹麦、荷兰等国家也都成立了独立的国家级食品质量安全监管机构。

欧盟每一个成员国需要提出本国详细的食品质量安全控制计划，实施自查，同时制订紧急预案。欧盟委员会的作用是与各成员国的食品和兽医部门进行协调，检查审计计划执行情况。在公共健康遭遇威胁的情况下，法律赋予欧盟委员会紧急处置权，可主动采取行动，或与成员国的权力机构协作，以确保及时迅速地采取行动。当欧盟任何一部分的产品出现问题，信息可通过快速预警系统在几分钟内通报到欧盟的各成员国。成员国得到信息后，就会迅速销毁或强制召回问题产品。在实施可追溯原则的情况下，一旦发生问题，可迅速找出问题所在，确定原因，制订解决办法。强制性召回是欧盟食品法中的关键部分，如果没有可追溯机制，强制召回就无从谈起。在欧盟食品安全管理体系下德国的食品安全监管机制如图1-5所示。

层级	负责食品安全的机构	主要职能
欧盟	欧盟委员会健康和消费者保护总司、欧盟食品安全管理局、欧盟食品和兽医办公室	立法
联邦	联邦食品、农业和消费者保护部、联邦风险评估研究所、联邦消费者保护和食品安全局	立法、协调
州	州政府	执行、制定地方政策
地方	地方食品监督官员和兽医官员	执行

图1-5　德国的食品安全监管机制

第二节 法律法规与管理办法

一、法律法规

1997年起，欧盟逐渐建立农产品安全可追溯制度。为形成新的食品安全体系框架，2001年1月12日欧盟发表《食品安全白皮书》[①]，将食品安全作为欧盟食品法的主要目标。要求所有的食品和食品成分具有可追溯性，其中的一项根本性改革就是把“从田间到餐桌”的全过程管理纳入卫生政策，同时引进了HACCP体系。2002年发布178/2002《一般食品法》，对食品和食品成分追溯提出更具体的要求。同时相继出台各项法规分别对不同类别的农产品追溯进行详细规定。严格立法建设，为食品安全管理提供了保障。建立食品安全可追溯制度，可在一定程度上提升食品安全管理水平。欧盟食品安全法律体系如图1-6所示。

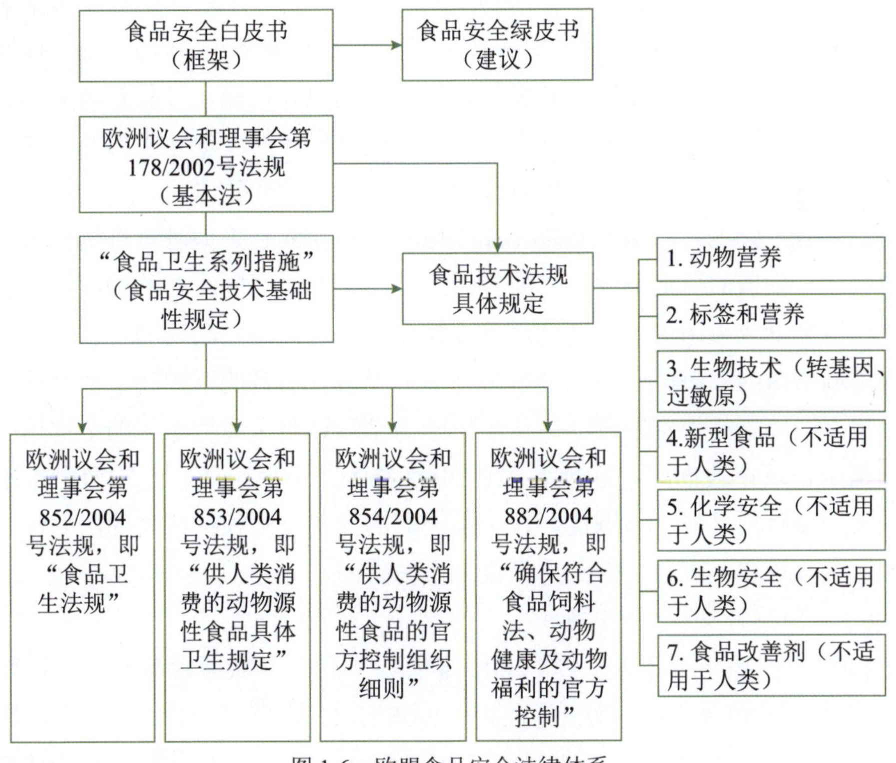

图1-6 欧盟食品安全法律体系

① 具体内容参见附录1。

（一）EC 1760/2000 号法规

2000 年 7 月欧洲议会、欧盟理事会共同推出（EC）No 1760/2000 法规《关于建立牛科动物检验和登记系统、牛肉及牛肉制品标签问题》，第一次从法律的角度提出牛肉产品可追溯性要求，旨在作为食品安全管理的措施，帮助识别食品的身份、流通环节和来源，按照从原料生产至成品到最终消费过程中各个环节所必须记载的信息，确认和跟踪食品生产链相关产品的来源和去向，在发生食品质量问题时，可以查找问题原因，迅速召回问题产品。第一次从法律的角度提出牛肉产品可追溯性要求，并在欧盟及其成员国建立牛肉产品溯源系统。2005 年欧盟制定新法规，要求牛肉制品和生鲜水果、蔬菜具有可追溯性才能销售。同时出口到欧盟肉类产品也要具备可追溯性，此外还禁止进口无法追溯的食品。在技术上使用 GS1 系统进行食品安全追溯工作。

该法规又称“新牛肉标签法规”，规定了牛类动物和有关牛肉与牛肉产品标签识别和登记制度。在对牛类动物产品的可追溯性方面，要求建立对牛类动物和牛肉、牛肉产品标记的识别和注册体系，用计算机数据库记录动物的身份、运输和迁移，耳标跟随动物终身，包括出生地、饲养、育肥和屠宰。在牛肉加工的每个阶段，必须获知如下信息：牛肉所属牛的产地、牛肉同动物或动物种群相联系的参考代码、欧盟批准的加工牛肉的企业代码。

在所有牛肉加工环节都必须在加工地点之间建立起牛肉进货批号和出货批号的联系。牛肉的可追溯性还需要得到下列条件保证：所有在欧盟的动物运输和某些情况下成员国内部的动物运输都需要通行证；每只动物的个体识别码和在屠宰场杀后的编码应一致，使得牛肉从加工直到销售的不同环节都有系统记录；建立个体牛的识别系统，牛从出生到屠宰，针对牛及运输牛的个体识别数据都集中记录在数据库。法规要求自 2002 年 1 月 1 日起所有在欧盟上市销售的牛肉产品必须具备可追溯性，在牛肉产品的标签上必须标明牛的出生地、饲养地、屠宰场和加工厂，否则不允许上市销售。

（二）EC 178/2002 号法规

2002 年欧盟出台了 EC 178/2002 号法规，涵盖了欧盟食品和饲料链条上的追溯体系等相关内容。法规要求从 2005 年 1 月 1 日起凡是在欧盟销售的食品必须具备可追溯性，否则不允许上市销售。不具备可追溯性的食品禁止进口。

该法规第 18 条对追溯方面有明确的说明：食品、饲料、食用动物及其他可能进入食物链条和饲料链条的物质，其生产、加工和流通的各个环节都要实现可追溯。食品和饲料行业应该能够识别和追踪其食品、饲料、食源性动物及其他可能进入食品和饲料链条的所有物质的来源，以便需要时能够获得这些信息。食品和饲料行业应该建立可以识别和跟踪其产品去向的体系与程序，以便需要时提供这些信息。为了便于追踪，进入市场或可能进入市场的食品和饲料，一定要通过符合特定要求的文件和信息进行适当的标记或识别。

法规规定，食品生产加工者、饲料生产者和农民对食品安全承担基本责任；政府当局通过国家监督和控制系统的运作来确保食品安全；委员会对政府当局的能力进行评估，运用先进的科学技术来发展食品安全措施，通过审查和检验促使国家监督与控制系统达到更高的水平；食品和饲料行业经营者如果认为或有理由相信所进口、生产、加工、制造、流通的食品或饲料不符合食品或饲料安全要求，应该立即采取行动，可以将产品从市场上撤回，并通知相关机构或负责人；消费者对食品的保管、处理与烹煮负有责任。

（三）EC 852/2004 号法规

该法规对饲养动物或以动物为原料生产的初级产品的食品从业人员的记录进行了规定。要求从业人员必须保留记录，并在需要时将这些记录包含的相关信息提供给权威机构和进货的其他食品从业人员。必须保存的记录有：动物饲料的性质和来源；对动物的用药和其他治疗手段，施用药物的日期和停止用药的时间；可能影响以动物为原料的产品的安全疾病；从动物样本上获得的可能关系到人类健康的分析结果；对动物和动物原产地的产品检查的相关报告。

该法规的第 7 款到第 9 款分别为各国和欧盟卫生准则的发展提供了指导，包括的信息主要有两方面：一方面是准确合理地使用牲畜用药、添加剂、植物保护产品和杀虫剂以及它们的可追溯性；另一方面是饲料的备置、存储、使用和追溯性。

（四）EC 2065/2001 号法规

该法规对水产品提出了可追溯性要求，要求向消费者提供关于水产品的信息，并对水产品标记进行了特别规定：鲜活和冷冻食品必须正确标记或贴标签才能出售给消费者；标记或标签须体现品种的商业名称、生产方法（活水、海水或养殖）、捕捞的地区。

（五）EC 1830/2003 号法规

该法规对转基因产品的可追溯性和标记，以及从转基因产品生产的食物和饲料的可追溯性进行了规定。要求从事转基因食品的经营者必须保证将下列文字信息传递给消费者：注明每一个由转基因产品生产的食品成分或食品添加剂；对于没有列在成分表的食品，要说明该食品由转基因产品生产；必须建立相应的体系和标准化的管理程序来保存上述信息，以便对转基因产品的来源和去向进行追溯。

另外，EEC 1907/90 号、EEC 1906/90 号和 EC 2295/2003 号法规，对蛋类和禽类提出了可追溯性要求；EC 2200/96 号法规，对水果、蔬菜提出了可追溯性要求：要求新鲜的蔬菜和水果、某类水果干必须标明原产地。欧盟的农产品质量安全管理方面的法规还有《农产品质量管理法》《畜产品加工处理法》《食品卫生法》等。

2014 年，欧盟委员会宣布出台新的食品安全标准。从 2014 年 12 月 13 日起，新的食品标签正式生效，消费者能够在新标签上看到比以往更加详细的内容，新标签要特别注明过敏成分及食品来源等。从 2015 年 4 月起，肉类产品的标签上还需标注出饲养地和屠宰地。从 2016 年 12 月 13 日起，对加工食品实施强制性标注营养成分的规定也正式生效。同时，新的食品安全标准及标签标识规定为食品经销商提供 3 年过渡期。新规定的实施是欧盟针对食品安全及可追溯系统研究多年的工作结果，让消费者享有对所购买的食物和产品的知情权。欧盟关于食品安全的主要法案见表 1-1。

表 1-1　欧盟关于食品安全的主要法案

序号	欧盟法案	颁布时间	主要内容与追溯条款	备　注
1	《食品安全白皮书》	2001-01-12	建立一个独立的欧洲食品权威机构；建立一个涵盖整个食品链（包括饲料生产）的新的食品法律框架；建立一个国际性的食品安全控制系统来保持各成员国在操作上协调一致；给消费者提供足够的食品安全风险及其他所需的信息等	首次引入“从田间到餐桌”的概念；要求落实食物链各参与主体的任务和责任
2	EC 1760/2000 号法规	2000-07-17	对牛科动物建立识别和登记系统，牛肉及牛肉制品的标签，废除第 820/97 号法案。法案要求自 2002 年 1 月 1 日起所有在欧盟上市销售的牛肉产品必须具备可追溯性，上市销售的牛肉产品标签上必须标明牛只的出生地、饲养地、屠宰场和加工厂	又称“新牛肉标签法规”

续表

序号	欧盟法案	颁布时间	主要内容与追溯条款	备　注
3	EC 1825/2000号法规	2000-08-25	制定了牛肉和牛肉制品标签申请的具体条款，主要涉及可追溯、禁止用的标签信息、原始标识的简单化、分组的大小、碎牛肉、审批程序、检查、第三国家获批、批准、记录、交流、过渡条款、条例的撤销及生效等内容	EC 1760/2000号法规的应用实施细则
4	EC 178/2002号法规	2002-01-28	明确了食品与食品安全的范围和定义；确立了食品法案的基本原则和要求；决定设立欧洲食品安全管理局（EFSA），并对其使命、任务、组织、运作等做了详细规定；建立快速警报系统，以应对危机管理，采取紧急措施；确定食品安全事务的处理流程。其中条款18直接规定在欧盟销售的所有食品都必须可追溯，要求每一个食品企业必须对其生产、加工和销售过程中所使用的原料、辅料及相关材料提供保证措施和数据，确保其安全性和追溯性	也称欧盟《一般食品法》，是欧盟食品安全相关法律体系中关于食品追溯的核心法案，于2005年1月1日正式生效
5	EC 178/2002号法规相关条款实施指南	2004-12-20	所涉条款如下。条款11和条款12：进出口；条款14：食品安全要求；条款17：职责；条款18：追溯；条款14、15、条款19和条款20：针对食品和饲料安全要求的召回和告知。针对每一条款分别从依据、含义、贡献和影响等角度详细分析与阐述，并给出实施建议	2010年1月26日推出更新版本
6	EC 852/2004号法规	2004-04-29	全面推行危害分析和关键控制点（HACCP）体系，订立详细卫生规范，在药剂和饲料两方面提及追溯：准确合理地使用牲畜用药、添加剂、植物保护产品和杀虫剂以及它们的可追溯性；饲料的备置、存储、使用和可追溯性	也称《欧盟食品安全法》
7	EC 853/2004号法规	2004-04-29	关于动物源性食品的特殊卫生规则，主要包括对水产品的可追溯性、产品标识、企业注册要求和双壳贝类产品暂养和净化等	
8	EC 2200/96号法规	1996-10-28	规定新鲜蔬果及某类水果干标明原产地	

续表

序号	欧盟法案	颁布时间	主要内容与追溯条款	备　注
9	EC 834/2007 号法规	2007-06-28	对有机产品提出了追溯和标识的要求	
10	EC 1830/2003 号法规	2003-09-22	详尽规定转基因产品以及用转基因原料生产的食物和饲料的追溯性与标识：供应链每次交易中，供应商必须向采购商提交书面追溯信息，包括明示转基因产品、转基因成分清单和唯一标识码，相关文件至少保存 5 年；规定受转基因污染比例低于 0.9% 的传统食品和使用转基因饲料所生产出的肉、奶、蛋等不适用转基因产品追溯规范	转基因生物体追溯性和标识法案
11	EEC 1906/90 号法规	1990-06-26	规定从第三国进口的禽肉要进行原产地标识	
12	EEC 1907/90 号法规	1990-06-26	条款 5、7、10 ～ 13、15 规定了蛋品所需提供的相关信息、标识等	
13	EC 2295/2003 号法规	2003-12-23	条款 18 ～ 20 规定了蛋品的标识；条款 25 ～ 27 详细规定了蛋品在供应链生产、分级包装及其他环节所需保持的记录信息	EEC 1907/90 号法规的实施细则
14	EC 183/2005 号法规	2005-01-12	制定详细的饲料卫生规范并推行 HACCP，附件中对保持饲料追溯性的相关信息、文件做了详细规定	饲料卫生法案
15	EC 2065/2001 号法规	2001-10-22	条款 8、9 提出水产品的追溯要求，规定交易各环节的标识信息包括商业名称、生产方法、捕捞区域、专业名称，并在各成员国建立查核机制	
16	EC 1224/2009 号法规	2009-11-20	条款 58 提出针对水产品，包含最少标识信息在内的各项保证追溯的要求	
17	EU 404/2011 号法规	2011-04-08	条款 66 ～ 68 详细规定了水产品的批次信息、提供给消费者的信息；附件中定义了相关数据格式和登记表	
18	EU 931/2011 号法规	2011-09-19	针对特定动物源食品，规定经销商须向下一级分销商及主管部门提供如下信息：食品的准确描述；食品的体积或数量；上一级食品经销商的名称和地址，如发货地址与上一级经销商地址不同，则须提供发货人名称与地址；该批货物的标识；发货日期；同时要求信息每天更新	于 2012 年 7 月 1 日起实施

续表

序号	欧盟法案	颁布时间	主要内容与追溯条款	备 注
19	EU 208/2013号法规	2013-03-11	针对芽菜及其种子，规定了在生产、加工和销售各阶段的追溯性，要求记录并保存芽菜及其种子的名称、数量、批次、分销地点、分销商和次级分销商的名称、地址等信息，每天更新并及时提交给采购商和管理部门	

消费者可以通过访问欧盟健康与消费者保护网站（网址为：http://ec.europa.eu/dgs/health_consumer/index_en.htm），以及欧盟食品法律网站（网址为：http://eur-lex.europa.eu/collection/eu-law.html）查询相关的法律信息。

欧盟成员国根据欧盟发布的农产品质量安全法律，结合各国的特点，往往制定更严格、更具操作性的法律法规。

二、管理办法

（一）农产品生产与加工环节的管理

产地环境管理：首先从法律上规定了各种有毒重金属在食品中的最高含量，2004 年欧盟制定法律，规定了 140 多种禁止使用的各种农药和添加剂，这些农药和添加剂的残留量不允许在产品中检测出来；其次，对按照标准和原则进行生产的农户给予补贴，进行激励。

农业投入品管理：为了确保欧盟制定的农产品中各类农药的最高残留的规定得以顺利实施，欧盟加强了农业投入品的管理。管理分两部分：一是欧盟的监测机构对农产品（食品）进行农药残留检测，并制定了严格的处罚机制，对违规的农场处以重罚，直至禁止其从事农业生产。二是行业协会等自律组织自查，各种专业委员会对下属的协会开展技术培训、规定自查措施等。

产中的农产品质量监管：在农产品生产环节，欧盟推出了良好生产实践指南，农户只要按照指南进行生产即可。

产后加工环节的质量监管：在产后加工环节，欧盟采取的措施主要有：第一，所有的加工企业在加工环节必须按照工业产品标准化的生产方式生产加工；第二，所有加工企业必须采取 HACCP 系统进行自我安全控制，并有良好的记录，以供随时检查；第三，所有的农产品加工企业必须注册取得执业资格，只有当局认可的企业才能对农产品进行生产加工，否则被视为非法生产；

第四，对特殊的农产品，要求通过有机认证。

（二）市场管理环节的管理

农产品包装管理：包装管理的目标是确保各种农产品包装符合规定，在与农产品接触过程中不会把自身成分转移到农产品中，从而确保农产品的安全。第一，欧盟采取包装材料与物体管理，规定了10种可以使用的包装材料，并同时规定凡是用于包装食品的物体或材料，应在标签上注明“用于食物”或附上“杯与餐叉”的符号。第二，除了要求包装安全外，欧盟要求包装者根据农产品的性质与特点，选择不同的包装材料，以保证农产品在包装后能够保持原有风味，便于储存、运输，且有较长的保质期，同时不会引入污染或对环境造成污染。

农产品标识管理：农产品标识管理的主要目的是为消费者提供详细的信息，以此促进消费者的选择，并保护消费者不被误导与欺骗。当前欧盟农产品标识管理分两部分：一是通用标识，农产品标识中必须规定产品名称、组成成分、净重、有效日期、特殊存储条件或使用条件等内容；二是专项指令要求，对农产品的价格标识、成分标识、营养标识、转基因食品与饲料标识、有机农产品标识、牛肉标识等进行专项管理。

农产品追溯制度：采取农产品追溯制度有利于确定农产品的身份、历史和来源，增强通过生产和销售链追踪产品的能力，是农产品质量安全追溯体系的成功要素之一。该制度主要要求如下：第一，要求所有农产品生产、加工企业必须注册，以便采取严格的登记制度。第二，所有的生产和加工企业必须严格按照HACCP体系进行生产和加工，并有完整的记录；第三，所有上市的食品必须有严格的标识管理，所有生产信息记录在标识中；第四，严格的检测手段和快速检测方法；第五，严厉的处罚制度，或生产者从市场上撤回对消费者卫生存在严重危害产品的程序。

（三）市场准入准则

第一，严格执行动植物卫生检验检疫标准，提高进入门槛；第二，农产品质量、技术标准、标签和包装的检验检疫必须合格；第三，实施新型的“绿色壁垒”，即进口的农产品必须符合生态环境和动物福利标准；第四，实施新技术标准，对诸如转基因产品实施更加严格的准入。此外，欧盟还通过制订农药残留指标、农产品生产标准等措施保证农产品质量安全。

第三节 标准规范

欧盟农产品标准一般分为强制型和自律型两种，强制型标准由欧盟委员会负责，以法律法规的形式颁布，具有不可抗性，必须严格遵守。近些年来，欧盟委员会提出了“从农场到市场”的全程监控要求，即把从“田间到餐桌”的生产全过程纳入农产品安全监管体系。自律型标准是由欧盟委员会及各国政府委托标准制定机构或农产品、食品协会实施管理与监督，由社会自愿采用。目前，不包括各成员国制定的标准，单是欧盟制定的农产品和食品的标准就有550多个，只有符合了这些指令法规和标准，食品才能够进入欧洲市场。

一、管理标准

欧盟2008年推出《良好追溯流程》（*Good Traceability Practice*，GTP），包括内部追溯、供应链追溯、追溯核心可扩展标记语言、追溯信息电子交换指导手册，以及针对水产、蜂蜜、鸡肉和饮料的实施标准与指南。这些指南对导入流程、追溯单元和标识进行了规范，详细定义供应链中追溯信息获取和交换的可扩展标记语言（XML）格式，针对供应链加工与流通的复杂模型，着重处理追溯单元转换、合并、混合等复杂流程，保持原料来源与产品出货上下游对象的完整串联。

此外，欧盟一些大的零售商在原有供应商的采购标准的基础上修订、补充和完善了追溯的要求，例如，德国和法国零售商协会主导的《IFS国际食品标准》（*International Featured Standards Food*）都包含详尽的追溯条款，将追溯纳入农产品、食品安全管理与验证体系。

为了使质量安全标准既能适应国际市场要求又符合欧盟各国实际情况，一方面，欧盟食品安全标准在制定之初就注重和国际接轨，农产品标准从一开始就融入国际标准行列，如国际标准化组织（ISO）食品标准、国际食品法典委员会（CAC）食品标准等；另一方面，欧盟各成员国也会根据本国或地区的具体情况，由本国食品安全标准制定机构来负责具体标准细化工作，做到质量安全标准既与国际接轨，又具有可操作性。

二、质量认证体系

农产品质量认证对保证农产品质量安全发挥了重要作用，欧盟及其主要成员国除了会进行一些诸如 ISO 9000 和 ISO 14000 的国际标准认证外，还建立了欧盟统一的农产品质量认证体系。主要包括以下几方面认证体系。

（一）HACCP 体系认证

为从源头保障食品安全，要求生产者采用危害分析和关键控制点分析体系（HACCP），认证程序主要包括企业申请、认证审核、证书保持、复审换证四个阶段，这在欧盟和各成员国都是基本一致的。有关食品卫生的欧盟理事会指令 93/43/EEC（1993 年 6 月 14 日）包括了农产品、食品工厂要建立以 HACCP 为基础的体系，以确保农产品安全要求。该指令第 6 条项指出，如各成员国认为适宜，也可向农产品、食品工厂推荐欧洲标准 EN 29000 系列（ISO 9000），便于通用的卫生原则、准则实施。

欧盟委员会于 1994 年 5 月 20 日发布了 94/356/EC 决议《应用欧盟理事会 91/493/EEC 指令对水产品做自我卫生检查的规定》，要求在欧盟市场上销售的水产品必须是在 91/493/EEC 规定卫生条件下，应用 HACCP 体系实施安全控制所生产的产品。

（二）CE（Conformite Europeenne）标志认证

只有符合欧盟制定的安全、健康和环境方面标准的产品才能通过认证，这是一种欧盟指令强制要求的标志，可能影响到消费者安全健康的产品和领域必须通过该认证。

（三）有机食品认证

欧盟的有机食品认证标准既遵循欧盟的《关于农产品和食品有机生产委员会法令》，也遵循联合国粮农组织和世界卫生组织制定的有机食品标准计划，认证标准十分严格。

三、技术标准

所有上市销售的农产品必须具备可追溯性，不具备可追溯性的农产品禁止上市或进口。为此，欧盟已经要求各成员国采用国际物品协会的“全球统一标识系统”（GS1）。利用 GS1 系统可以掌握农产品、食品的全部必要信息，一旦发生威胁人类健康的突发性食品安全事件，可以立即追踪到生产、加工和储藏的各个环节，直至农产品种植或饲养的源头。该系统自 20 世纪 70 年代在欧洲诞生以来，得到了成员国的广泛应用。欧盟还制定了一系列配套的法律、法规和技术条例来确保农产品供应链上各个环节信息的真实、可靠。应用 GS1 后，蔬菜、水果等农产品销售商在供货时会多出一个编码，主要用于标识农产品的批次、种植过程、农田状况等信息。同一品种、同一生产条件、同一批次的产品使用同一个编码，专门用于产品追溯。拥有 GS1 编码的蔬菜、水果，就相当于颁发了“身份证”，欧盟可根据这种“身份证”了解产品的上游供应链，跟踪产品的下游消费者，将农产品对消费者产生的不良影响降至最低，同时也可以最大限度减少企业的损失。

2005 年，联合国欧洲经济委员会（UN/ECE）正式推荐 GS1 标准用于食品的跟踪与追溯。联合国欧洲经济委员会在许多分类文件中提及 GS1 标准，如在绵羊胴体和切割物的标准（*UN/ECE Standard for Ovine Carcases and Cuts*）4.3 中提及采用 GS1-128 标识 GTIN、重量、包装日期、保质期、批号等信息；在牛肉胴体和切割物标准（*UN/ECE Bovine Meat Carcases and Cuts*）4.1 中提到可以采用 EAN • UCC 系统（GS1 系统）的应用标识符来标识 UN/ECE 代码，附录 2 则详细介绍了 EAN • UCC 系统（GS1 系统），提到可以采用 EAN • UCC 系统的应用标识符 7002 来标识 UN/ECE 标准代码，并举例采用 GS1-128 条码标识 GTIN、重量、保质期、包装日期、批号和系列号等信息。采用的应用标识符包括 01（GTIN 应用标识符）、3102（重量应用标识符）、13（包装日期应用标识符）、15（保质期应用标识符）、10（批次应用标识符）、21（系列号应用标识符）等，并提到其他信息，如 UN/ECE 代码，制冷、等级和脂肪厚度等，可以通过 GTIN 作为关键字采用 EDI 进行数据交换（EDI-EANCOM8 消息）。

2012 年，新通过的两项“产品安全”与“产品召回”ISO 标准在重要位置引用了 GS1 标准。同时，经济合作与发展组织（OECD）搭建了采用 GS1 系统建立的全球产品召回平台。2014 年 1 月，针对某些非食品、非医疗产品的消费者安全法规在欧洲出台，欧盟委员会成立了产品追溯专家组，研究确认 GS1 是提升产品追溯性和消费者安全、快速召回的最佳方法。2016 年，为了满足欧盟 1169 号法规要求，匈牙利 GS1 组织与匈牙利农业部和食品安全局合作建设了国家食品追溯平台，主要是基于 GS1 标准的产品数据与食品安全监管部门和市场主体等相关部门的合作，覆盖的产品包括鱼肉、新鲜果蔬、乳制品及白酒等食品，采用GS1标准、GS1全球追溯关键控制点和一致性准则等标准。

此外，欧盟很多地区都颁布了基于GS1标准的追溯指南，采用GS1标准实施新鲜食品、果蔬、酒类、肉类等的追溯，如法国的加工蔬菜和生鲜家禽追溯，英国红酒追溯，德国肉类追溯，荷兰奶制品追溯，克罗地亚食品和饮料追溯，西班牙生鲜果蔬追溯，瑞士加工食品和肉制品追溯，德国肉类鱼类追溯，匈牙利肉类追溯，尼加拉瓜咖啡、虾等初级农产品追溯，爱尔兰的鱼类追溯，波兰的鱼类、沙拉追溯等。采用的标准涉及GTIN，SSCC，GLN，GS1-128等。

第四节　平台系统建设

一、流程模式

欧盟的溯源信息监管形成了政府、企业、科研机构、消费者共同参与的监管模式。为了提高欧盟食品安全追溯信息监管水平，加强对食品供应链的控制，欧盟建立了欧洲范围内的食品安全监管机构，即欧盟食品安全管理局以及食品和兽医办公室。在食品追溯信息监管中，欧盟食品安全管理局负责对食品供应链中追溯信息的监控，包括追溯信息的收集、分析、检验和发布等，从而监控追溯信息系统，保证追溯体系的有效运行。欧盟追溯信息的监管强调以法律的形式明确各主体关于提供追溯信息的责任。在食品追溯信息监管的每个环节，赋予食品和饲料经营者、成员国主管当局和欧盟明确的角色与职责，在出现风险时，都能作出恰当的回应。

为了提升食品安全追溯信息的透明度，欧盟在各种追溯系统中设置了消费者查询功能，并定期公布人类与动物健康安全风险和环境风险评估结果。通过提升信息透明度，加强公众监督，追溯信息监管多了一道保障。

欧盟农产品追溯体系包含两个功能，即追踪和追溯。追踪是指沿着供应链从开始到结尾追踪产品向下游移动的轨迹，即提供下游信息；而追溯是指通过记录沿着整个供应链向上游追踪产品来源，即提供上游信息。其中最核心的内容是对农产品从生产到销售的整条供应链中各环节（生产、加工、储存、运输、销售等）的各种相关信息进行记录和存储，并在产品出现质量问题时，可以通过信息技术手段，对整条信息链进行逆向追溯，快速查出质量问题的根源，并进行及时有效的处理。欧盟农产品追溯体系的流程模式如图 1-7 所示。

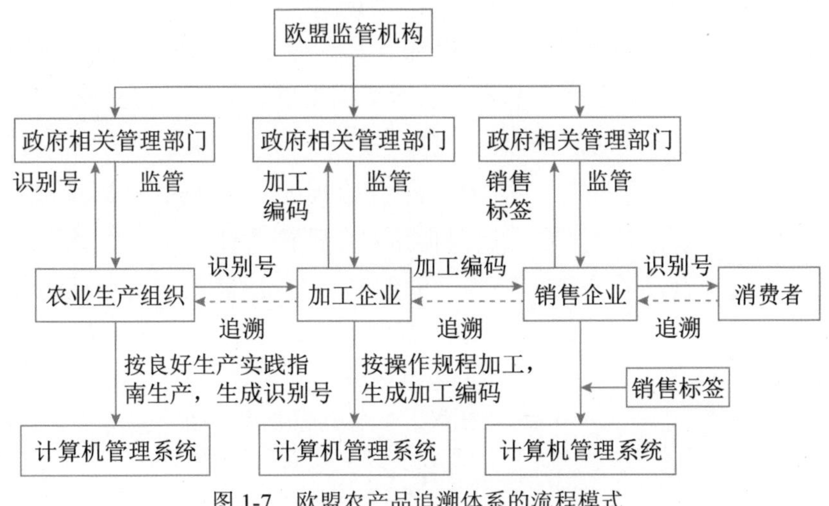

图 1-7　欧盟农产品追溯体系的流程模式

产品原料分析法与信息技术系统相结合，使实施有效的追溯体系成为必要和可能。加工商必须确保其产品符合食品法规的要求。这就要求所有的成分来源都能够被追踪，因此生产商必须证明其供应商能够提供完整的追溯。如果发现任何可疑问题，必须一直追踪到消费者。追溯适用于与食品安全有关的任何环节，如包装、加盖和封口等。追溯体系也包括产品生产包装和流通前、中、后期对产品所发生的一切事情。这涉及产品的组成、加工、检测和检测结果、环境（温度、时间和湿度）、所用资源（人、机器和刀）、运输方式及时间等。

二、快速预警系统

欧盟要求大多数国家对家畜和肉制品加工实施强制性可追溯制度。欧盟的畜产品身份和登记系统由耳标、计算机数据库（包含出生、死亡和迁移信息）、动物护照以及农场注册机构组成。此外，从 2002 年 1 月 1 日起，欧盟规定所有店内销售的产品必须具有可追溯标签，要求所有欧盟牛肉产品的标签必须包含如下信息：出生国别、育肥国别与牛肉关联的其他畜产品的引用数码标识、屠宰国别以及屠宰场标识、分割包装国别以及分割厂的批准号、是否是欧盟成员国生产等。这在欧盟家畜标识和注册系统已经实施，提供动物产品源头追踪，使饲料和饲养操作透明公开。

欧盟高度重视食品安全的预警和防范，并建立了食品安全预警机制和追溯制度。欧盟食品法体系建立了食品和饲料预警系统（rapid alert system for food and feed，RASFF 预警，网址为 http://ec.europa.eu/food/food/rapidalert/rasff_portal_database_en.htm），将欧盟委员会、欧盟食品安全管理局及各成员国的食品安全监管机构联系在一起，为食品安全监管机构提供有效工具，交流各自在应对食品检测中的严重风险时所采取的措施。根据 EC 178/2002 号法规，食品和饲料快速警报系统进行了完善，于 2002 年开始实施，它是欧盟成员国之间食品和饲料的风险信息的交流平台，通报食品安全预警信息，也涉及食品追溯和召回信息，并发布食品安全年度报告。欧盟 RASFF 预警系统执行流程如图 1-8 所示。

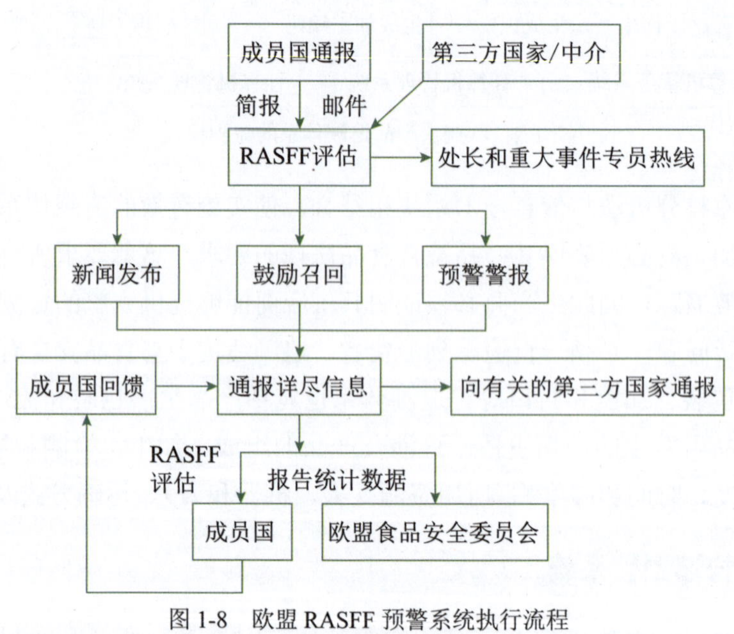

图 1-8　欧盟 RASFF 预警系统执行流程

三、主要的农产品质量安全追溯系统

（一）丹麦猪肉追溯系统

在丹麦，猪及猪肉在农场及屠宰场两个阶段开展标记核实，在从农场到屠宰场的生产链中不存在牲畜市场。在联合生产系统中，所有的农场直接与屠宰场签订协议，因此，对农场的追溯过程较为简单。所有的农场都有一个农场号，即国家畜牧业登记号码（CHR 号码），由国家农业部畜牧注册局记录，形成的数据库记录了每个农场的以下信息：CHR 号码；场主姓名、地址、电话；

单位管理人员姓名、地址、电话号码；牧场地址；畜牧生产类型（如屠宰猪）；动物平时饲养数量；负责该农场的兽医师姓名、地址、电话号码等。

丹麦规定所有从猪场转移的猪必须用批准的耳签标记，但以下情况除外：猪后腿已文身，并且直接运往销毁处；大群断奶仔猪的非出售转移；根据已签协议，大批断奶仔猪在买卖方之间的转移。

耳签必须经过丹麦食品和兽医管理局委员会批准，耳签必须包括CHR号码。从丹麦对猪只佩戴耳标的规定可见，并不是所有的猪只移动都必须挂耳标，而是视具体的情况，对某些移动环节不影响猪只可追溯的情形就予以免除，既有利于动物福利，又经济，值得借鉴。

在所有牧场中，接受及运出的猪只详细信息都要登记，包括供应方和接收方的CHR号码。丹麦大部分猪饲养于它们出生的农场中，有些仔猪在断奶后被迅速卖出，80%的断奶仔猪交易是根据双方农场签订的长期合作协议进行的，除价格之外，一般的转移协议还应包括健康声明中农场防疫保健水平信息。每群猪转移时必须带有转移文件，必须载明的内容如下：送出和接收猪只农场的CHR号码、名称、地址；运送方的名称及地址；动物数量；转移日期。另外将近20%的断奶仔猪交易通过联营渠道实现。收购方只从几个生产农场接收仔猪（也可以通过耳签进行标记）。仔猪在转移前就已经被订购，故收购方一般是事先知道的。除了农场要对转移猪只登记注册外，运载方也要登记运输日期、动物数量，以及所有不是直接运往屠宰场的猪只的接收方和提供方。

转移文件附于各种转移协议之后，以确保收购方了解供应方的情况。因此，在丹麦从未知农场接收猪只是不可能的。屠宰场仅接收从农场直接转移过来的猪只。屠宰猪的转移同样由屠宰场与每只猪的转移人员签订协议来实现。在转运中，转移人员必须记录转运起始点及动物所有者。在农场转运之前，在每只猪的后臀上，都要用5位数字进行编码（欧盟议会法案92 / 102 / EC）。这些号码为屠宰场标记了供应商的信息。在称重时，跗关节标记号码可自动识别，转运号码与这个标记号码有关，两个号码都存储于电脑中，并且相关联。在屠宰线中产生的所有信息（胴体重、瘦肉率、猪毛色、兽医评价等）都通过跗关节标记号码的自动阅读与计算机中存储的号码相联系。只有通过兽医检测的胴体才能被冷却和切割，重量和分级的数据用于胴体分类。猪只被屠宰并经公共兽医检测官宣布可以食用后，根据欧盟议会法案64/433/EC规定，所有胴体都要盖印由丹麦食品和兽医管理局分配给该公司的欧盟批准的授权号码。

根据欧盟议会法案 64/433/EC 规定，如果胴体由单独的分割公司进行分割，产品上要盖印该公司的授权号码。根据 77/99/EC 法案规定，如果肉产品由单独的加工公司进行加工，那么就要盖印该公司的授权号码；如果屠宰、切割和加工由一家公司完成，那就只需要使用一个授权号码。

按照 89/396/EC 规定，切割肉及肉产品必须注明属于哪一批代销品。如果日期是以有效期或保质期的形式给出，且如果这个日期范围包括至少一天或一个月，这个信息就可以作为承销人标记。对于没有提前包装的肉类产品，其代销信息可以在随带的转运文件中进行说明。为消费者提前包装好的肉产品必须根据欧盟 79/112/EC 法案的要求，注明卖方公司。

根据欧盟 79/112/EC 法案规定，必须在包装袋上注明猪只生产商或卖主。利用产品上的信息，对包装袋上注明的公司进一步追溯。零售包装袋上除了代销标记外，肉产品必须标有欧盟批准的该公司授权号码。利用该授权号码，所有鲜肉及肉产品都可以追溯到最后的加工商。如果肉产品在单独的公司分割或加工，则可以通过肉产品随带的转移文件追溯到屠宰场，屠宰场可以从标签或转移文件中追溯到生产此产品的日期和时间，根据这些信息，可以获得肉产品的更多信息（重量、瘦肉率等），以这些详细信息为基础，屠宰场一般可以追溯到肉产品所在的胴体群，胴体的编号与提供方的编号附在一起，以此为基础可以追溯到肉产品的各个生产者。

（二）荷兰禽蛋商品综合质量系统

荷兰是一个农业、畜牧业出口大国，20 世纪 90 年代初期，荷兰为保证生产链中所有重要活动都受控，推出禽蛋商品综合质量系统（KIB 系统）。禽蛋商品综合质量系统几乎覆盖了禽肉和禽蛋商品的每一生产链，并且每一条生产链上都各有特色。该系统监管从生产商至零售商每一个环节的生产链上的记录，这些信息将一直伴随家禽和家禽产品。其核心在于贯穿整个生产链的信息交换，从而保证生产链中的任一环节都能追溯到任何动物或产品的原始信息，最终为消费者保证产品的安全性。

从屠宰场或鸡蛋包装场到零售店，可以追溯每块鸡肉和每个鸡蛋的历史。零售商能确切知道他们销售给消费者的是什么样的产品，而消费者也能根据质量标志辨认出商店里某些产品是符合标准生产的。参加的公司必须在所有时间都能体现出它们是根据公司的规章制度进行操作的，即这些公司应记录在案，必须可以在任何时候接受检查。参加的公司、畜牧场只能使用来自认证的供应商的饲料和动物饲料，有良好生产操作规范，只能聘用认可的兽医师。兽医师应根据良好兽医操作规范开展工作。屠宰场则必须把良好卫生操作规范与有关转运中动物福利特别条款结合起来。

第五节　实 施 推 广

一、推广措施

欧盟食品安全追溯系统最大的特点是将其纳入法律强制执行，以产品为中心的模式进行全程追溯。要求所有的农产品生产经营者都必须建立可追溯体系，并将该项规定纳入法律框架下强制执行。

欧盟在 1997 年制定了追溯制度最初的规则，作为应对疯牛病的政策。可追溯体系最早被运用在牛肉制品及活牛的整个生产过程中，并逐渐被纳入法律框架下。2002 年 1 月，欧盟颁布了 EC 178/2002 号法令《一般食品法》，规定每一个农产品企业必须对其生产、加工和销售过程中使用的相关材料提供追溯信息，确保其安全性。同时，法令要求自 2005 年 1 月 1 日起，欧盟境内广泛实施农产品追溯要求，尤其是在欧盟销售的肉类食品必须能够进行跟踪与追溯，否则不允许上市销售。

在此基础上，欧盟部分国家陆续出台了一系列更为详细的法令用以指导在欧盟范围内销售的农产品追溯要求，牛肉及制品、动物源性食品、新鲜蔬果、有机农产品、禽肉、蛋品、水产品等都有明确的法律予以保障实施。

在法律法规的基础上，欧盟在 2002 年开始实施基于 30 多个子追溯计划的推进欧洲可追溯性的优质化与研究计划（promoting European traceability excellence & research，PETER），致力于促进欧盟农产品追溯的研究和实施。其中关键的 9 个子计划为：建立食品来源追踪体系（trace），发展良好追溯流程（GTP）；建立转基因与非转基因农产品共存的追溯与标识工具与方法（Co-Extra）；针对水产品建立追溯体系（sea food plus）；开发基于地理信息的全球追溯系统工具（GTIS CAP）；结合欧盟不同地域农场，整合管理软件进行追溯（Geo Trace Agri）；利用 DNA 进行新型食品全程追溯（DNA-TRACK）；建立橄榄油的追溯模式（OLIV-TRACK）；建立欧盟与拉丁美洲加勒比海双向追溯合作模式（ALCUEFOOD）；建立完整的食品供应的追溯模式（food trace）。

各子计划由各成员国根据各自农业特点进行合作推进。

欧盟一直致力于农产品信息追溯系统的开发和完善，在追溯系统的发展史中已建立起较成熟和有规律的体制。通过信息管理技术将产品的相关固定和流动信息进行记录与保存，确保通过该系统能最终追查到某产品的来源质量和周边管理记录。

二、实际应用案例

（一）德国农产品质量安全追溯体系

德国农业生产经营的特点是以家庭式农场为主的企业化经营，实行有机生产的农场约占 5%，畜牧业在德国农业中占极其重要的地位。

德国对农产品质量安全的策略主要体现在“三项目标”“七项基本原则”和“八大体系”上。

所谓“三项目标”是指保护消费者健康，仅允许生产和提供安全的农产品；保护消费者不受欺骗，严防欺诈行为；维护消费者知情权，向消费者提供实事求是的信息。

“七项原则”是德国联邦食品、农业和消费者保护部（BMELV）确立的，包括：①食品链原则。所有保障措施必须沿着“从土地到餐桌”食品链连贯地进行，任何一个环节的失误将会影响整条食品链。基于此，德国 2005 年将食品法和饲料法合并为共同的食品法典（LFGB）。②企业家责任原则。每个农产品生产商（包括种植者、养殖者、加工者）都得承担起农产品安全的首要义务和责任。生产商从原料选择开始到产品，需达到一流水准，包装加贴正确的标识，离开企业后，生产商的义务才算完成。③可追溯原则。每件农产品包装上必须应用条码信息技术，按要求输入相应信息。万一发生安全事件，生产商和监督机构能快速查到原因。④独立科学的风险评估原则。德国要求联邦风险评估研究所（BFR）必须独立从事研究，完成农产品安全风险评估，不受任何政治、社会、经济团体影响，提供客观翔实、科学公正的风险评估报告。⑤风险评估与风险管理分离原则。双方有明确的分离，互不干扰。⑥预防原则。德国始终强调“预防为主、防重于治”，从科学角度出发，风险始终不可能完全排除，但风险管理可以在生产过程中采取积极预防措施，将风险降到最低程度。⑦风险沟通透明化原则。要求消费者能够了解真实的食品安全风险信息，要有透明化的风险沟通。

基于上述七项原则，德国保障农产品质量采用的“八大体系”是指法律法规体系、技术标准体系、质量安全监管体系、安全检测体系、认证体系、追溯体系、风险评估和风险管理体系、职业教育体系。

德国政府非常重视农产品安全的立法管理工作，早在1879年就颁布了《食品法》。近年在欧盟EU 178/2002法规基础上，细化制定了《食品、烟草制品、化妆品和其他日用品管理法》等一系列法律法规。在法律结构上，形成了以178/2002法规为基本框架，以《食品和日用品管理法》、《食品卫生管理条例》、HACCP方案和GAP[①]的《指导性政策》为四大基础支柱的200多部法律法规，如《禽肉卫生法》《混合碎肉管理条例》《鱼卫生条例》《奶管理条例》《蛋管理条例》《德国食品汇编集》等。在执法上，各州自然环境、农业和消费者保护局或机构是法律执行情况的监督主体。一旦生产中发生问题，警方立即介入调查和执法。

基于相关法律，德国在欧盟基础上制定了更为详尽的一套技术标准，涉及食品安全、环境保护、卫生等各个领域，对生产、加工、销售、包装、运输、储存、标签、品质等级等都有详尽的规定。同时，每个州针对自身的情况制定了便于执行的规定和操作标准。

德国按照欧盟的要求对农产品生产、加工、流通的各个阶段强制实行追溯制度。无论是国产食品还是进口食品，在包装标签上都须注明商标、成分和有效期，以及商检机构质量认证的显著标志。同时，生产商生产过程结束时，每件产品都获得一个编号。通过编码信息技术可以了解到该产品的所有信息。由此生产商、监督机构和消费者都能够辨别产品。万一发生一例产品污染，能很快找到责任人、污染原因，并采取措施。

此外，德国对职业农民的要求也很严，农业从业者在正式上岗之前必须经过3年的正规职业教育，上岗后还必须经过5年的生产实践，并参加行业协会组织的职业技能鉴定，取得职业资格后可享受国家对农民实施的各种优惠补贴政策。良好的从业者素质，便于农产品质量安全追溯的实施。

① GAP（good agriculture practices，良好农业规范）作为一种适用方法和体系，通过经济的、环境的和社会的可持续发展措施，来保障食品安全和食品质量。GAP主要针对未加工和最简单加工（生的）出售给消费者和加工企业的大多数果蔬的种植、采收、清洗、摆放、包装和运输过程中常见的微生物危害进行控制，其关注的是新鲜果蔬的生产和包装，但不限于农场，包含“从农场到餐桌”的整个食品链的所有步骤。

德国农产品信息追溯系统利用现代化信息管理技术，在每件商品上都标上号码，保存相关的管理记录，从而便于进行历史信息追溯，该系统可以确认食品生产中各种相关产品的来源去向，追踪检查各个生产环节，出现事故时能够及时、有效地处理质量问题，追究责任，从而提高农产品安全水平。

以超市鸡蛋的质量安全追溯情况为例，德国超市中的鸡蛋通常是包装在硬纸盒里，纸盒大小不一，一般是6或10颗鸡蛋一盒，每颗鸡蛋上都印有一个编码，这就是每颗鸡蛋的“身份证”。每颗鸡蛋上的编码由10位组成，纸盒盖内侧详细印有“解码指南”（图1-9）。编码第一位数字代表下蛋母鸡的“生活方式”：“0”代表有机饲养，“1”代表自由散养，“2”代表无笼平面饲养，“3”则代表鸡笼饲养。第二、三位的字母代表母鸡的“国籍”，在德国销售的鸡蛋通常来自5个国家——“DE”德国，“BE”比利时，“DK”丹麦，“FR”法国和“NL”荷兰。后7位数字则为所在养鸡场对应的编号。

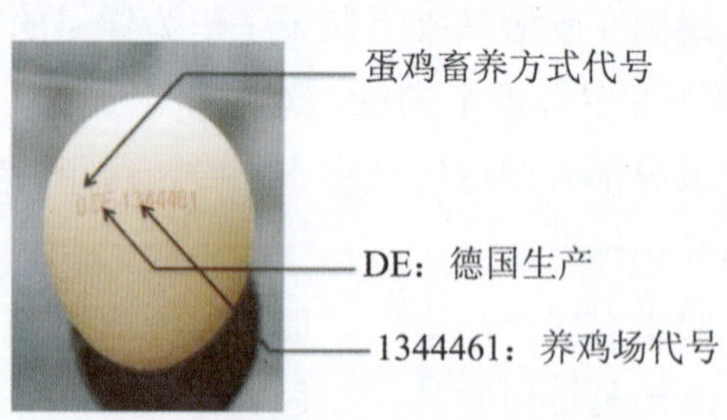

图1-9　德国超市鸡蛋“身份证”的解释

通过上网搜索10位编码就能准确查到鸡蛋的产地（包括国家、具体地点、养鸡场、鸡笼），还可进一步查到母鸡的状态和鸡蛋的种类。例如，鸡蛋编码为“0-DE-1344461”，即表示这些鸡蛋来自德国某养鸡场的有机饲养鸡舍。下这颗鸡蛋的母鸡生活在大自然的环境中，自由觅食，不限制活动在某一鸡舍中，所以也不会吃任何有化学添加剂的饲料，除了生病平时不会打预防针。如果鸡蛋质量出现问题，通过最后的养鸡场代码，食品检测部门立刻会查到养鸡场的情况。此外，德国的鸡蛋包装上还标有大小之分，S号鸡蛋：重量小于53克；M号鸡蛋：重量在53～63克；L号鸡蛋：重量在63～73克；XL号鸡蛋：重量超过73克。

目前，德国的食品从田间到餐桌整个过程都处于管控之下。如果某个联邦州食品监管部门确定某种食品或动物饲料对人体健康构成损害，会立即报告联邦消费者保护和食品安全局。安全局会将相关产品种类、原产地、销售渠道、危险性以及应采取的措施报告德国联邦政府，并通报全国。必要时通过媒体以新闻公告形式向公众发出警告，并尽早中止有害食品的流通。同时，消费者也可以随时拨打德国联邦食品、农业和消费者保护部设立的24小时免费投诉电话。“食品警察”会马上登门采样，并及时送到权威机构检测，并在第一时间把结果告知举报者。若发生食品安全问题，相关部门会立即处理。2011年，德国发生鸡蛋中二噁英超标的恶性食品安全事件。当时，德国食品安全管理部门通过追溯系统，第一时间追溯到荷州一家饲料厂。与此同时，问题饲料还流向了数个联邦州的4 700多家农场，被污染的农产品从禽类扩展到猪肉。于是，政府根据追溯信息迅速启动召回并销毁问题食品，数万颗鸡蛋被销毁，数百头生猪被宰杀，有效防止了此次事故的扩大。

（二）意大利农产品质量安全追溯实地调查

在意大利佛罗伦萨unicoopfirenze超市中，可以看到部分农产品包装上都有追溯码信息，明确标注出产地信息。如果发生安全问题，相关部门可以迅速通过追溯码查询到各个环节的质量信息。但对于普通消费者没有明确的查询追溯信息的指示。当地大部分消费者表示信赖超市中产品的质量，基本只查看包装上的产地信息，很少关注追溯码的使用。

第六节 小　　结

欧盟可谓是全球农产品追溯的先驱，在2000年1月发布的《食品安全白皮书》中，首次将“从田间到餐桌”的全过程管理纳入食品安全追溯体系。2002年1月，欧盟颁布《一般食品法》，要求农产品经营企业对其生产、加工和销售过程中使用的相关材料也要执行追溯标准，同时规定自2005年1月1日起，欧盟境内的农产品都要具有可追溯性，特别是在欧盟销售的肉类食品，不具备追溯条件的不允许上市交易。目前，欧盟采用国际通用的GS1系统对农产品进行追溯，在产品标识和追溯方面走在世界前列。

（1）欧盟农产品质量安全追溯的相关法律相对健全，实施强制性追溯管理，对牛肉和转基因食品的要求更为严格。《食品安全白皮书》提出以控制“从田间到餐桌”全过程为基础，明确所有相关生产经营者的责任。《一般食品法》规定每一个农产品企业必须对其生产、加工和销售过程中所使用的原料、辅料及相关材料提供保证措施和数据，确保其安全性和可追溯性。在此基础上，欧盟先后发布了针对动物源性产品、蔬菜水果、谷物、水产品等农产品的专门法律，明确各类农产品的验证注册体系，要向消费者提供足够清晰的产品标识信息，但并未要求企业确保内部追溯。

（2）坚持供应链全程追溯理念。欧盟农产品安全追溯包括了从饲料到食品产业链物质成分和生产经营主体（不含终端消费者）的全程追溯。EC 178/2002 号法规第 18 款规定，所有的生产、加工和销售阶段，食品、饲料、食用动物及其他预计要混合到食品或饲料的成分应建立良好的追溯性；食品经营者必须明确与其直接相关的上游供应商和下游接收商，有义务根据主管部门的要求提供相关追溯信息，说明了追溯需要双方交易的完整信息，具有追溯义务的食品经销商必须保留供应商和接收商的名称、地址、供应或配送产品的识别、日期，以及必要的交易或配送时间，重量、数量信息等。EC 178/2002 号法规基本原则第 29 条规定，食品经营者应可识别提供食品或原料的“任何人”，应确保在食品链中实现充分的追溯。

（3）欧盟在实施农产品质量安全追溯的过程中，制订了详细分步的措施。在法律法规的基础上，欧盟从 2002 年就开始实施基于 30 多个子追溯计划的推进欧洲可追溯性的优质化与研究计划，致力于促进欧盟农产品追溯的研究和实施。既有整体的实施要求，又有不同类别农产品和进口农产品的实施要求，同时对构建农产品质量安全追溯系统提出了指导性意见。

（4）欧盟要求各成员国采用国际物品协会的 GS1 系统。利用 GS1 系统，可以掌握农产品、食品的全部必要信息，一旦发生威胁人类健康的突发性食品安全事件，可以立即追踪到储运、加工和生产的各个环节，直至农产品种植或饲养的源头。运用统一的快速预警系统及时追溯解决安全问题。此外，欧盟很多国家都颁布了基于 GS1 标准的追溯指南。

（5）欧盟形成了有效预警、强制召回机制，食品安全管理局每周发布一次预警及信息通报，当欧盟的任何一个部分出现问题时，信息可通过快速预警系统在几分钟内通报到欧盟的各成员国，成员国得到信息后，就会迅速销毁或强制召回问题产品。

第二章

美国农产品质量安全追溯体系

第一节　主管机构
第二节　法律法规与管理办法
第三节　标准规范
第四节　平台系统建设
第五节　实施推广
第六节　小结

在美国，农产品质量可追溯系统主要是企业自愿建立，政府只起到推动和促进作用。从2003年起，美国开始建立家畜追溯体系，要求所有牛、羊等家畜从出生开始就要终身佩戴耳标，并计划最终使用电子微芯片取代耳标。2003年5月，美国食品和药品管理局（FDA）颁布《食品安全跟踪条例》，要求所有涉及食品流通的企业都要进行全过程跟踪记录，并且在2006年底所有企业都必须建立起食品质量可追溯制度。美国的众多食品企业采取自愿性可追溯体系，并由政府作为导向进行全程监控。

FDA根据《公共健康安全与生物恐怖应对法》明确了企业建立食品安全可追溯制度的实施期限，即大企业（500名雇员以上）在法规公布12个月后必须实施，中小型企业（11～499名雇员）在法规公布18个月后必须实施，小型企业（10名雇员以下）在法规公布24个月后必须实施，即2006年底所有与食品生产有关的企业必须建立产品质量可追溯制度。

美国的行业协会和企业建立了自愿性可追溯系统，由70多个协会和100余名畜牧兽医专业人员组成了家畜开发标识小组（United States Animal Identification Plan，USAIP），共同参与制订家畜标识与可追溯工作计划，其目的是在发现外来疫病时，能够在48小时内确定所有与其有直接接触的企业。

第一节　主管机构

一、主管机构及职责

美国政府对食品安全高度重视，至少有10个联邦部门来管理食品安全，在这种多部门联合监管模式下，主要监管部门对所负责的农产品都实行“从农场到餐桌”的全程性监管，管理环节涵盖了各自所管辖农产品的生产、加工、销售及进出口等各个阶段。从整个管理体制上看，美国实行多部门联合监管的模式，但从特定农产品的角度看，则实行单一部门监管的管理模式。

美国涉及农产品（食品）安全管理的部门主要有农业部（USDA）、卫生和公众服务部（DHHS）以及国家环境保护署（EPA），如图2-1所示。

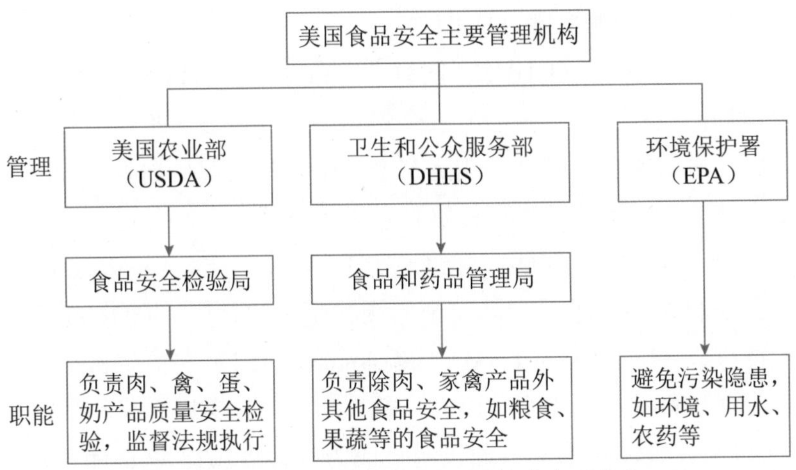

图 2-1 美国联邦政府食品安全政府机构与职能分工

（一）农业部（USDA）

农业部（USDA，网址为：http://www.usda.gov/wps/portal/usda/usdahome）属于联邦内阁 13 个组成部分之一，是重要的经济管理部门，在农产品质量安全管理和行政执法中担负着十分重要的责任，负责农产品质量安全标准的制定、检测与认证体系的建设和管理。承担农产品质量安全管理的主要机构有食品安全检验局（FSIS）、动植物健康检验局（APHIS）和农业市场局（AMS）。

食品安全检验局（FSIS，网址为：http://www.fsis.usda.gov/wps/portal/informational/aboutfsis）负责制定并执行国家残留监测计划，肉类及家禽产品质量安全检验和管理，并被授权监督执行联邦食品动物产品安全法规。

动植物健康检验局（APHIS）：负责对动植物及其产品实施产品出口认证，审批濒危野生动植物国际贸易公约（CITES）对转基因植物和微生物有机体的管理约束。

农业市场局（AMS）的新鲜产品部（FPB）主要负责向全国的承运商、进口商、加工商、销售商、采购商（包括政府采购机构以及其他相关经济利益团体）提供检验和分级服务，并收取服务费用；颁布指导性材料及美国的分级标准，以保持分级的统一性；现场实施对新鲜类农产品分级活动的系统复查；在影响食品质量及分级的官方方法与规定方面，它还作为与食品和药品管理局、其他政府机构、科学团体的联络部门；定期监督检查计划的有效性，考察是否遵守公民平等就业机会和公民权利的要求。

（二）卫生和公众服务部（DHHS）

卫生和公众服务部（DHHS，网址为：http://www.dhhs.gov/）下属的食品和药品管理局，在农产品（食品）安全管理方面，主要负责除肉类和家禽产品以外的国内和进口的食品安全，制定畜产品中兽药残留最高限量标准，保护消费者免受不纯、不安全和欺诈性标签食品之害。

食品和药品管理局（FDA，网址为：http://www.fda.gov/Food/default.htm）委托美国食品科技协会进行食品安全追溯的研究和推广。自1999年以来，美国食品科技协会（Institute of Food Technologists，IFT）与监管机构、学术界和行业一起在食品科学上合作开展研究、教育和推广。美国食品科技协会（IFT）自2008年以来在食品可追溯方面已明显成为领袖。2012年6月，美国食品科技协会（IFT）完成了在食品安全现代化法（FSMA）中强制美国食品和药品管理局（FDA）开展的两个食品追溯试点项目。

（三）国家环境保护署（EPA）

国家环境保护署（EPA，网址为：http://www.epa.gov/）在农产品（食品）安全管理方面的主要使命是保护公众健康、保护环境不受杀虫剂强加的风险、推广更安全的害虫管理方法，负责饮用水、新的杀虫剂及毒物、垃圾方面的安全管理，制定农药、环境化学物的残留限量和有关法规。

其中，农业部的食品安全检验局（FSIS）负责肉类和家禽等产品的管理，卫生和公众服务部下属的食品和药品管理局（FDA）负责除肉类和家禽以外的其他食品安全管理等。美国与食品追溯有关的机构见表2-1。

表2-1　美国与食品追溯有关的机构

机　　构	下属机构	监管范围	职责权限
卫生和公众服务部	食品和药品管理局	除家禽和肉类外的食品；瓶装水；非酒类饮料和酒精含量小于7%的葡萄酒饮料	检查储存仓库，对样本进行抽检；检测食品添加剂、动物饲料、进口食品的安全性；检查用药对食品的安全性；制定相应的法规和行业生产标准；监督对检测不合格产品的回收
	疾病控制和预防中心	所有食品	对食品传染病进行研究；调查食品传染病的来源；对检测人员进行培训
农业部	食品安全检验局	肉类及相关产品；蛋类及其相关产品	检测肉类、蛋类、生产商的食品添加剂以及生产工艺；对进口和国内生产的样本进行分析；资助相关研究工作；监督对检测不合格产品的回收

续表

机　构	下属机构	监管范围	职责权限
农业部	各地区的服务中心和信息中心		监管区域内的相关食品；制订以消费者为中心的研究宣传计划；建立相关资料库供消费者查询
环境保护局		饮用水	制定饮用水安全标准；监管废料等进入环境以及消费体系情况；监督区域内的饮用水安全并制订治理办法；测定和监督杀虫安全
商业部	国家海洋和大气管理局	鱼类及相关海产品	检测鱼类及相关海产品的生产、加工、销售环境的卫生情况
财政部	烟酒火器管理局	除发酵果汁外的所有酒精饮料	检测生产和销售过程是否符合相关标准；检查假冒伪劣酒类产品
	海关总署	所有进口食品	检测是否符合美国进口食品卫生许可标准
司法部		所有食品	起诉伪劣食品的生产销售人员；扣押所有上市或未上市的不安全食品
联邦贸易委员会		所有食品	执行各种行业标准和法律规范；取缔虚假宣传
州及地方政府		区域内所有食品	监督区域内所有生产企业和销售企业的生产环境；取缔区域内的不安全食品

二、农产品安全监管体系

美国农产品安全监管体系主要由多个政府部门和其他民间机构组成，这些部门和机构在制定农产品安全标准、实施农产品安全监管、进行农产品安全教育等方面各司其职，形成了一个对农产品安全实行“从农场到餐桌”的全程监管体系，联邦州和地方行政部门在农产品和农产品加工设施管理方面对保证食品安全起到相互补充和互相依赖的作用。

美国的农产品安全监管体系分为联邦、州和地区 3 个层次，主要监管机构有 20 多个。在联邦层面上，负责农产品安全的机构主要有：卫生和公众服务部下属的食品和药品管理局（FDA）以及疾病控制和预防中心（CDC），农业部下属的食品安全检验局（FSIS）以及动植物健康检验局，还有环境保护局与国家海洋和大气管理局。州和地区机构的职责是配合联邦机构执行各种法规，检查辖区内的农产品生产和销售点。

在这些监管部门中，FDA 的管辖范围最宽，涉及肉类和家禽以外的所有食品；肉类、家禽和相关产品由 FSIS 负责；动植物健康检验局（APHIS）在食品安全方面的主要职责是负责动物疫病的诊断、防治、控制以及对新发疫病的监测，保护和改善美国动物和动物产品的健康、质量。EPA 监管饮用水的安全性以及食品中的农药残留问题；海洋和大气管理局监管鱼类和其他海产品的卫生状况；CDC 监管所有食源性疾病的调查和防治。

美国政府充分利用网络优势为消费者提供食品安全信息，帮助公众预防食品安全事故。联邦政府专门设立了一个“政府食品安全信息门户网站”，通过该网站，消费者可以链接到与食品安全相关的各个站点，查找到准确、权威并及时更新的信息。除政府机构外，民间团体也是食品安全监管的重要力量。

第二节　法律法规与管理办法

美国有关农产品质量安全的法律条例达 35 种之多，由白宫以及参议院监督这些法令的执行。

美国政体的三个分支——立法、执行和司法机构联合作用。议会颁布确保农产品质量安全的法律，并建立国家范围的保护体系。而行政部门和机构则负责执行法律，为有效执行它们还会发布相应的法规。美国政府部门还非常重视与企业、消费者以及各相关利益方的联系，通过网上公布和出版小册子等多种形式向公众广泛宣传相关农产品质量法规。政府发布的所有法规草案，均要求在网上发布并组织听证。美国食品安全计划以风险管理为基础，确保公众健康不受不安全农产品的影响。

一、《公共健康安全与生物恐怖应对法》

2002 年美国国会通过了《公共健康安全与生物恐怖应对法》(*Public Health Security and Bio - terrorism Preparedness and Responses Act*)，将农产品安全提到国家安全战略高度，提出“实行从农场到餐桌的风险管理”。国家对农产品安全实行强制性管理，要求企业必须建立产品可追溯制度。其主要做法体现在以下几个方面。

一是明确产品生产和进口要求。所有生产企业必须按 FDA 制定的规则进行生产，所有进口到美国的食品必须经过 FDA 或 USDA 的登记，经检验合格的才允许进口。

二是明确生产环节的违法行为。加工车间有泥土；存在不卫生行为；把产品中主成分提走；采用政府未规定的辐射；在鲜食产品中添加色素；产品不经检测或调查直接判断合格等都将认定为违法。

三是明确种植和生产企业必须建立食品安全可追溯制度。种植环节推行良好农业操作规范（GAP）管理体系，在加工环节推行良好生产操作规范（GMP）管理体系，以及危害分析和关键点控制（HACCP）食品安全认证体系。无论在哪个环节出现了问题都可以追溯到责任者。

二、《2009 年食品安全加强法》和《FDA 食品安全促进法》

2009 年，美国相继通过《2009 年食品安全加强法》和《FDA 食品安全促进法》，加强对食品加工厂商的检查与监督，扩大食品药品监督管理局的权限，包括赋予该机构制定农场初级原料生产标准和召回追溯系统、强制召回受污染食品、扣留不安全食品、限制或禁止来自某个地区的不安全食品流通以及就可能违规情况索取相关数据等。

三、《联邦杀虫剂、杀菌剂和杀鼠剂法》

为使相应法律法规有效实施，美国环境保护局于 1998 年实施了农药重新评估和注册计划。按照新修订的《联邦杀虫剂、杀菌剂和杀鼠剂法》规定，对已取得注册的农药要实行再注册，即重新评价已经注册的农药对人类健康和环境的影响，以决定是否继续使用。同时规定，2002 年以后取得注册的农药产品，在 15 年内应有计划地进行再注册评估，以保证现有的农药能够满足当前科学和法规标准发展的需要。到 2006 年 8 月，完成了对现有的 9 721 个农药最大残留限量的再评估。另外，还强制实行国家残留监控计划，其中“农药残留监控计划”（FDA Pesticide Program Residue Monitoring，PPRM）从 1987 年开始实施，其计划制订和组织实施的部门为 FDA，监督对象是国内和进口农产品与饲料中的农药残留，监控的农产品主要是谷物及制品、蔬菜、水果、带壳的禽蛋、奶制品、水产品及其他非 FSIS 监管的农产品。

美国为确保农产品产地环境安全，制定《食品质量保护法》（FQPA）、《联邦杀虫剂、杀菌剂和杀鼠剂法》（FIFRA），目标是对农药和食品中的农药残留限量调整和管理，实施措施是制定农药、环境污染物残留量标准及安全使用方法。同时，为保证相关法律的有效执行，1967 年和 1987 年美国强制实施两大残留监控计划。

四、《食品安全现代化法》

2011 年，美国出台了《食品安全现代化法》，一方面对以前颁布的一系列法规进行修订，另一方面把食品可追溯性与召回作为应对食品安全问题的预防控制手段。《食品安全现代化法》提出制定高风险食品的记录保存要求，如仅涉及合理有用和适当的信息、记录的科学依据、与食品已知的安全风险相称、确保 24 小时内向卫生部提供，但不规定具体的记录保存方法、不要求重复记录、尽量不改变企业的管理体系，不规定与本环节之外的其他购买商、最终消费者信息，确保公共卫生利益超过为达到该要求付出的成本，一般不超过 2 年的记录期。美国《联邦肉类检验法》第 320 部分对肉类记录、注册和报告制度做了相关规定。美国《联邦禽类产品检验法》规定了禽类产品检验、免检、官方注册、官方标记、项目雇员、标签与容器、进口、封存等的具体要求。法案规定，一旦食品存在质量安全问题，企业必须按照食品和药品管理局的召回通知召回产品，否则企业将会受到严厉的处罚。

《食品安全现代化法》对农场生产和包装销售食品、混合农业原料食品、超市做了专门规定。对于在农场生产和包装的食品并附有识别与保存的标签，如果能保持产品的完整性和防止后续污染，且食品标签包括了名称、完整的地址和农场电话等信息，则不受本法案的记录条款所要求。对于混合农业原料食品（指收获后组合或混合但未加工的商品，不包括水果、蔬菜及加工食品）应建立以源头和接收为依据的记录与保存，依据《联邦食品、药品和化妆品法》，制造、加工、包装或持有这类食品需向秘书长注册，应备存记录以查明直接源头和接收方。对于直接销售给消费者的超市交易与农场销售给顾客的，不要求保持分销记录。在食源性疾病暴发的主动调查中，卫生部认为如果有必要，可要求农场提交相关的日常业务记录（不包括财务、价格、个人信息）。

2011—2016 年，美国 FDA 发布了 7 项与《食品安全现代化法》相配套的核心法规，包括《人类食品现行良好操作规范和危害分析以及基于风险的预防控制措施》《动物食品现行良好操作规范和危害分析以及基于风险的预防控制措施》《人类食用农产品的种植、收获、包装和储藏标准》《人类和动物食品进口商国外供应商验证计划》《认可第三方认证机构进行食品安全审核并出具证书》《人类和动物食品的卫生运输》《保护食品免于蓄意掺杂的缓解策略》。此外，还修订了 4 项相关法规，包括《人类或动物消费食品行政扣留令的标准》《记录的建立、保存和可用性：修订记录的可用性要求》《进口食品预通报要求的信息》《食品企业注册》。因此，美国在不断完善食品安全预防控制制度，进而推动食品可追溯制度进一步实施。

五、《食品安全跟踪条例》

美国食品和药品管理局于 2005 年公布了《食品安全跟踪条例》，要求所有涉及食品运输、配送和进口的企业要建立并保全相关食品流通的全过程记录。

该项规定是 FDA 依据美国 2002 年《公共健康安全与生物恐怖应对法》制定的一系列对食品污染事件作出快速反应的计划中的一部分。该规定不仅适用于美国食品外贸企业，而且适用于美国国内从事食品生产、包装、运输及进口的企业。

该规定要求，易腐食品的相关记录要保存 1 年，所有其他食品记录要保存 2 年。应 FDA 要求，相关企业在正常营业时段须在 4 小时内出具相关记录备查，在夜间及周末时段，须在 8 小时内提交相关记录备查。对该项条例的执行，一般公司从发布日起有 6 个月宽限期，小公司将有 12 个月的执行宽限期。

美国在农产品质量安全方面，具有较为完善的法律法规，这也是美国农产品质量安全程度较高的原因之一，如在农药使用方面，法律除了规定其使用限量外，还从根本上规定食品生产商必须确保所使用农药对消费者无害，即做到食品安全"零风险"。具体表现在：①以食品安全法律为基础。既有以食品安全法为基础的综合型法律（如《联邦食品、药品和化妆品法》和《食品质量保护法》等），又有相当具体的、起辅助作用的配套规定（如《食品添加剂修正案》《婴儿食品配方法》《色素添加剂修正案》等）。②以配套的法律为基础和依据。例如，自 1906 年以来，美国关于禽畜食品安全检验法规经过了多次重新制（修）订，并相继颁布和出台了《健康肉类法》《联邦肉类检验法》《健康禽产品法》《肉类和家禽管理条例》《美国肉禽食品检验新法规》等，这些法律法规将作为禽畜食品的生产、加工和销售企业的操作指南，并加强食品安全预警，实行食品采购、生产、销售的无缝连接和全程监管。③ 以食品标签立法为指导。美国早在 1990 年和 1994 年就分别颁布出台了《营养标签与教育法》和《食品标签法》，明确要求全部预包装和出售的食品必须有统一格式的、强制性的标签。美国农产品质量安全相关法律见表 2-2。（查询网站网址：http://www.fda.gov/Food/GuidanceRegulation/FSMA/ucm359436.htm）。

同时，美国制定了"行政程序法""联邦咨询委员会法"和"信息公开法"，以法律的形式保证农产品安全管理的公开和透明，让公众参与和了解农产品安全管理过程。这不仅使制度更加完善、管理更加有效，而且使公众对农产品安全更有信心。

表 2-2　美国农产品质量安全相关法律

美国法案	颁布时间	主要内容与追溯条款	备　注
《联邦食品、药品和化妆品法》	1938 年	对食品和药品管理局进行了授权；在加工生产环境和卫生条件、企业资质认证、标准监管程序、食品掺假和贴标错误、紧急召回食品控制等方面制定了详细规则	奠定了美国食品安全体系的基础
《公共健康安全与生物恐怖应对法》，简称《生物反恐法》	2002-06-12	主要包含生物恐怖和公共健康突发事件的国家防备、加强控制危险生化试剂和毒素、保障食品药品安全、饮用水安全和附加条款 5 部分内容，其中第 306 节为食品记录建立、保持与检查制度，要求食品从业者对所有生产、加工、包装、运输、分销、接收、储存或进口环节建立并维持食品来源和流向记录等	将食品安全提升到国家安全战略的高度，提出"从农场到餐桌的风险管理"，于 2003 年 12 月 12 日施行
《基于生物反恐法案的建立与保持记录最终条例》	2004-12-09	基于《生物反恐法》具体规定了所需建立和保持的记录中所要求的各项信息、建立食品运输记录的对象，以及记录的保留格式、可及性、可豁免部分、保持时限、保密性，满足条例要求的替代方法、遵守日期等要求	2003 年 5 月 9 日提出草案，2005 年 2 月 7 日生效
《食品安全跟踪条例》	2005-12-27	从流通的角度要求全美所有涉及食品运输、配送和进口的企业都要对食品流通过程的信息进行记录并保全，同时要求各企业在规定时限内建立可追溯体系	一般公司从发布日起有 6 个月宽限期，小公司将有 12 个月的执行宽限期

续表

美国法案	颁布时间	主要内容与追溯条款	备注
《食品安全加强法》	2009-07-30	内容包括食品安全的预防、干预和反应3部分。其中第106节涉及检查过程中和远程的记录获取，规定记录获取的权限、范围、提交方式等以及农场记录获取的限制。第107节涉及建立美国本土和输入美国食品的追溯系统，确定追踪食品流通史的技术和方法，保持食品原料的完整谱系；相关法规的制定以及豁免和限制。第110节内容涉及问题食品的禁止销售、召回及后续行动。第202节对原产国标注进行了规定	对《联邦食品、药品和化妆品法》进行了修订
《食品安全现代化法》	2011-01-04	包含预防控制、进口食品安全、检测、遵守和应对、加强合作等方面内容。其中第101节准许食品相关部门在适当时间、范围和方式下查阅并复印保留所有从生产、加工、包装到配送以及进口从业者的记录。第204节要求加强食品追溯和记录保存，涉及制定和演示快速、有效跟踪和追溯食品的方法；追溯数据收集；各种追溯技术的成本、收益及在不同规模和领域企业的适用性；制定产品追溯体系；高风险食物的额外记录保持要求；等等。第206节加强FDA在必要时执行强制性食品召回权限	对《联邦食品、药品和化妆品法》进行重大修订，是美国食品监管体系的重大变革，标志着美国食品安全监管从单纯依靠检验为主过渡到以“预防为主”
《记录的建立、保持和可用性：修订记录的可用性要求临时最终例》	2012-02-23	主要是扩大记录访问权限。将原有针对特定可疑食品成分的原记录访问权，扩大到卫生与公共服务秘书处认为有可能受类似影响的，除特定可疑食品成分记录之外的任何其他食品记录；准许FDA读取秘书处认为食品的使用及暴露存在严重威胁健康或导致人 / 动物死亡可能的相关食品记录及可能会受相同影响的任何其他食品记录	对《联邦食品、药品和化妆品法》进行了修订；提高FDA应对和遏制威胁健康的食品安全事件的能力
《牲畜跨州移动追溯最终法案》	2013-01-09	建立对跨州移动牲畜进行追溯的最简化官方标识和文档需求；除特别豁免外，牛、禽、马、羊等牲畜，在跨州移动时必须进行官方标识并附有州际兽医检验证书及相关文档；详细规定了每种牲畜官方认可的标识形式，也允许一些其他形式的标识	旨在提高在疫病中跟踪牲畜的能力，于2013年3月11日施行

续表

美国法案	颁布时间	主要内容与追溯条款	备　注
鲜活农产品法（PACA）、联邦谷物标准法（USGSA）、蛋品检验法（EPIA）、联邦肉类检验法（FMIA）、联邦禽类产品检验法（PPIA）		主要食品产品安全法。对蛋类、肉品、禽类等具体产品形式的卫生、包装、屠宰、认证、销毁、处罚标准进行了详细规定	
正确包装与标签法（FPLA）、食品运输卫生法（SFTA）、联邦进口乳品法（FMA）		对食品流通过程中的各个环节进行具体规定，包括工具使用、检查、管理、处罚、豁免等	

第三节　标准规范

一、管理标准

美国国会通过《生物反恐法》后，法律赋予国家食品和药品管理局（FDA）制定与食品、药品相关的安全生产规定。规定有9册，其中涉及食品安全生产方面的规定有3册。

基于《生物反恐法》等法案，美国食品和药品管理局（FDA）相继推出《建立与保持记录管理条例须知》;《行业指南：产品召回，包括清除和修正》;《企业指南：关于生产、加工、包装、运输、分销、接收、保存或进口食品者建立和保持记录的问答》（最新为第5版）等规范，针对行业推广进一步明确追溯规定并对相关条款进行阐释。针对动物，美国农业部在2004年5月推出《肉、禽产品召回指南》（http://www.haccpalliance.org/sub/news/8080.pdf），详尽规定了召回职责、公众信息发布、实施流程等；在2007年推出《国家动物标识系统（National Animal Identification System，NAIS）程序标准和技术参考》2.1版和《NAIS用户手册》以推进NAIS系统的实施；在2013年1月又推出《动物疾病追溯通用标准》2.1版，详细规定了动物编码体系和标识装置。（标准查询网站网址：http://www.ams.usda.gov/grades-standards。）

针对生鲜农产品，2002年11月，由美国生鲜产品运销协会（Produce Marketing Association，PMA）和加拿大生鲜产品运销协会（Canadian Produce

Marketing Association，CPMA）联合成立的追溯项目推进小组（CPMA/PMA Traceability Task Force，CPTTF）首次发布《北美生鲜产品最佳追溯规范》；而后，又分别在 2005 年 3 月、2006 年 10 月相继推出《生鲜农产品追溯实施指南》的第 1、2 版，还编写了一系列追溯指导和实施手册。

美国食品饮料和消费品制造商协会（Grocery Manufacturers Association，GMA）发布了《食品供应链手册》《食品标签手册》《成功管理产品的召回与下架》等追溯相关指导；食品质量与安全协会负责修订并被美国、加拿大、墨西哥等国的供应商广泛采用的《SQF Code 食品质量与安全标准》（*Safe Quality Food Institute Code*）也加入了产品标识、追溯和召回条款，完善了认证体系。

二、质量认证体系

除了 HACCP 和 GAP 两种国际通用的农产品质量安全认证外，美国各大品牌农产品广泛应用有机认证。美国最权威的有机认证（标签如图 2-2 所示）是美国农业部的 USDA 标准（网站网址：http://www.ams.usda.gov/rules-regulations/organic/handbook/sectiona）。美国各州除了依美国农业部制定之 National Organic Program（NOP）法规为标准有各个认证机构外，产品之有机成分超过 70% 才能得到认证，95% 以上皆可在包装上标有 USDA ORGANIC 字样之有机认证标章。USDA 的标准极为苛刻。产品包装上印有 USDA 标识的产品是官方认证 100% 使用了有机成分的产品。

图 2-2 USDA ORGANIC 标签

USDA 具体标准如下。

（1）使用成分不含任何化学合成物质，如化肥、杀虫剂、抗生素、食品添加剂以及转基因动植物。

（2）使用成分所生长的土壤，至少 3 年以上没有使用过化学合成物质。

（3）定期检查生产和销售记录。

（4）保持有机认证产品的严格物理隔离。

（5）检验有机产品的生产设施厂房。

（6）全部是有机成分的产品可以使用标签注明“100% 有机”或使用 USDA 徽标。

（7）使用超过 70% 有机成分的产品可以称作“使用有机成分制造”，但不能使用 USDA 徽标。

美国农业部在美国境内认定 55 家机构对产品成分进行 USDA 审核。例如，OTCO（Oregon Tilth Certified Organic）俄勒冈州有机认证机构。

三、技术标准

在美国的动物及企业编码体系中，养殖场的编码为养殖场标识码（personal identification number，PIN）。当动物从一个养殖场转移到另外一个养殖场时，动物将用唯一的动物标识码（animal identification number，AIN），进行标识。如果动物是一群，作为生产链来进行管理，则用群体性标识码（group identification number，GIN）进行标识。PIN、AIN、GIN 标识码是有机结合起来的，并主要推广条形码结合数字编码的耳标，将电子识别与传统的肉眼识别结合起来。动物个体的识别码由 15 位数字组成，前三位为国家代码，后 12 位为动物在本国的顺序号，而对组群的识别则由 13 位数字组成。

美国追溯系统的编码方式如图 2-3 所示。

NUES eartags are designed for one-time use (tamper evident) and are imprinted with the NUES number and the Official Eartag Shield. The NUES number is formatted with 9 characters for large livestock and 8 characters for species with smaller ears requiring smaller eartags. Further explanation of NUES formats are provided in the following examples:

Official Eartag Shield

9 Character Format:
23 ELV 4574 or PA ELV 4574
- 2 character State or Tribe code
- 3 alpha characters
- 4 numeric characters

8 Character Format:
23 DX 4574 or PA DX 4574
- 2 character State or Tribe code
- 2 alpha characters
- 4 numeric characters

图 2-3　美国追溯系统的编码方式

美国动物追溯系统的耳标如图 2-4 ～图 2-7 所示。

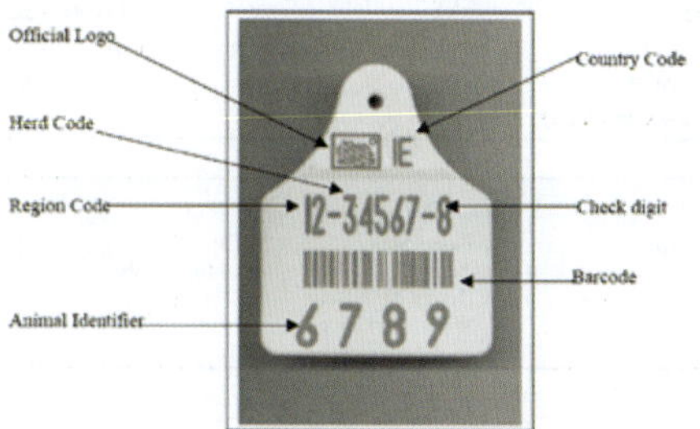

图 2-4 耳标 1

图 2-5 耳标 2

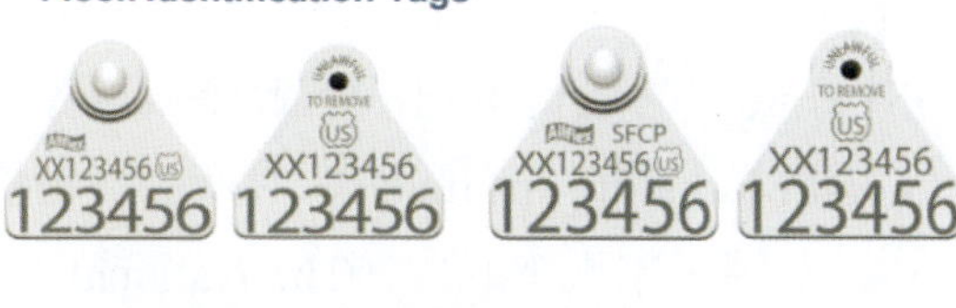

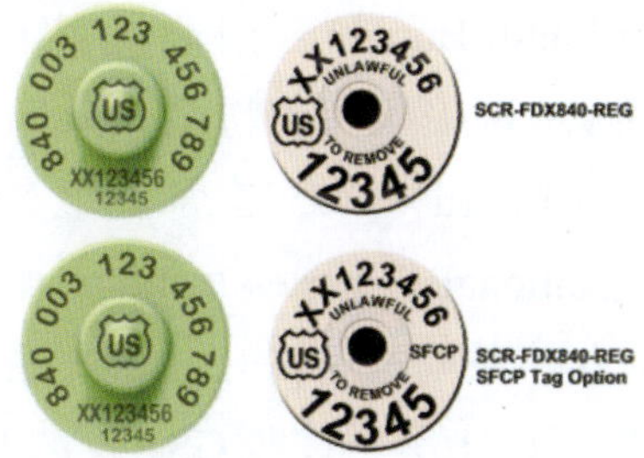

XX represents State postal code.

图 2-6 耳标 3

Y-Tex Corporation
P.O. Box 1450
1825 Big Horn Avenue
Cody, Wyoming 82414-1450

Phone: (307) 587-5515
Fax: (307) 527-6433
www.Ytex.com

VISUAL PIN TAGS

	Tag Name	Type	Panel Size	PIN Product Code	Species
1.	SwineStar Max Official Premises Tag	Panel/Button Eartag	Height = 38.1 mm Width = 54.38 mm	AIN 0065	Slaughter Swine

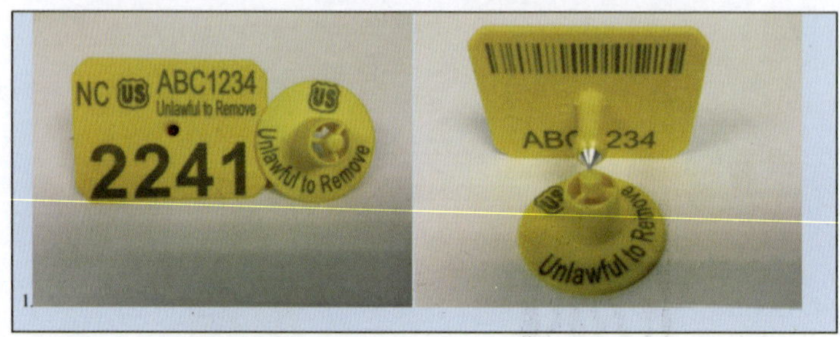

图 2-7　PIN 耳标

在美国食品和农产品领域，FDA 并未指定采用哪个具体的标准来实施追溯，但是提出要使用目前行业广泛应用的标准（很大程度上是指 GS1 标准）。在美国，食品生产企业广泛使用 GS1 体系进行追溯。GS1 建立了全球追溯一致性程序来帮助企业实施追溯，确保符合法规、HACCP 食品安全要求和 GSFI 标准。GS1 受到美国国家经济和社会委员会（United Nations Economic and Social Council）的认可。

GS1 美国作为 GS1 在美国的成员组织，不断加强与各行业协会，如美国食品市场营销协会（Food Marketing Institute）、农产品营销协会（The Produce Marketing Association）、美国国家火鸡联盟（The National Turkey Federation）、美国羊肉委员会（American Lamb Board）、国际乳品 • 熟食 • 焙烤食品协会（国际乳品 • 德利 • 焙烤协会）、美国牛肉协会（National Cattlemen's Beef Association on behalf of the Beef Board）、美国养鸡协会（National Chicken Council）、美国鱼类协会（National Fisheries Institute）、国家猪肉委员会（National Pork Board）等的合作，共同推动 GS1 标准在相关产品领域的追溯。2010 年，6 个美国肉制品协会和 GS1 美国按照 GS1 畜禽肉追溯标准制定了牛肉和禽肉追溯指南；2011 年，美国渔业学会和 GS1 美国共同制定了海产品追溯指南；2013 年，美国乳品协会、国际乳品 • 熟食 • 焙烤食品协会和 GS1 美国共同制定了乳制品、熟食和焙烤食品追溯指南。在这些标准里都涉及 GTIN（全球贸易项目代码），SSCC（系列货运包装箱代码），GLN（全球参与方位置代码），GS1-128 等 GS1 标准。

另外，美国农产品营销协会、美国新鲜农产品协会、GS1 美国与加拿大农产品营销协会等共同发起了农产品追溯行动倡议 *produce traceability Initiative*（PTI）。这个行动倡议采用了全球水果蔬菜追溯实施指南和 GS1 所建立的工具，在新鲜水果和蔬菜行业供应链来进行产品追溯，以提高追溯的效率。用到的主要标准包括 GTIN，SSCC，GLN，GDSN（全球数据同步网络）等。目前参加倡议的有上百家生产商、制造商和零售商。

美国未来会继续推动新鲜产品的每个销售包装上采用 GTIN，箱包装上采用条码或者射频识别（RFID）标签，里面包含 GTIN、批号、重量、有效期。定量的农产品的箱子必须含有 GTIN 和批号信息的 GS1-128，所有随机重量的产品应该标识 GS1 Data Bar，信息至少包括 GTIN、重量、价格、批号和有效期，销售单元上必须有包含 GTIN 的 GS1 data bar。

2016 年，在新鲜食品领域，GS1 美国和其他国家组织合作，共同推进了 APEC（亚太经济合作组织）追溯项目的试点：包括墨西哥到美国的酒和龙舌兰，秘鲁到美国的芦笋，采用的标准有 GTINs，SSCCs，GLNs，GS1-128，GDSN，EDI（despatch advice），EPCIS（产品电子代码信息服务）。在食品饮料行业，GS1 美国与全球食品追溯中心（GFTC）合作，推进 GS1 标准（GTINs，SSCCs，GLNs，GS1-128，GDSN，EDI，EPCIS）在全球追溯解决方案中的实施和应用。

第四节　平台系统建设

一、流程模式

美国联邦机构对管辖范围内的事务实行从上到下的“一揽子”垂直管理。如食品和药品管理局及食品安全检验局对各种食品实行的是“从田间到餐桌”的全程监管，疾病控制和预防中心对食源性疾病则是从预防、治疗直至后期研究负责到底。美国农产品物流追溯体系的流程模式如图 2-8 所示。在市场经济高度发达的美国，农产品追溯体系主要是企业自愿建立，政府主要起推动和促进作用。

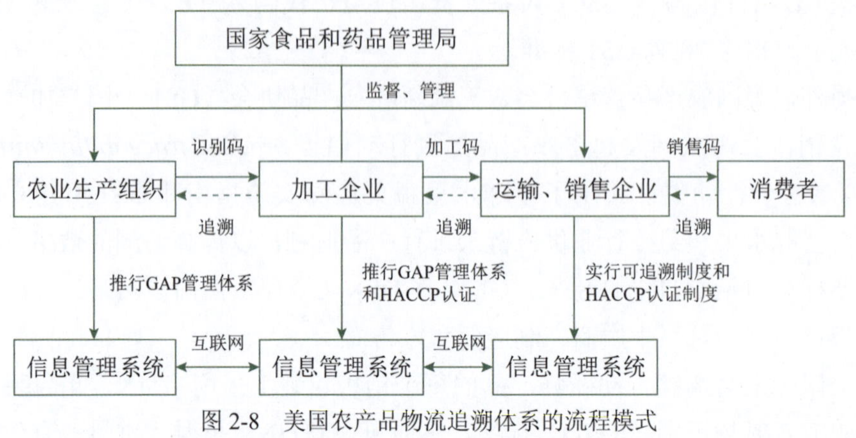

图 2-8　美国农产品物流追溯体系的流程模式

在具体执行过程中，美国农产品物流追溯体系主要从农业生产、包装加工和运输销售三大主要环节进行控制和管理，通过产品供应商（运输企业除外）建立的前追溯制度和后追溯制度形成完整的可追溯链条，当任一环节出现问题时，通过前追溯制度可以查到问题的根源并进行及时处理。运输和销售过程实行食品供应可追溯制度和 HACCP 认证制度，运输企业主要负责将供应商后追溯信息转给批发商或零售商。

农产品追溯体系建设最核心的内容是对农产品从生产到销售的整条供应链中各环节（生产、加工、储存、运输、销售等）的各种相关信息进行记录和存储，并在产品出现质量问题时，可以通过一定的信息技术手段，对整条信息链进行逆向追溯，快速查出出现质量问题的根源，并进行及时有效的处理。

在生产环节，由各个农场主记录农产品生产阶段的各类信息，包括农产品名称、种子供应者、生产者、生产地、生产过程中使用农药和化肥的名称、使用时间、使用次数、使用量、收获和上市时间等。

在加工、流通环节，经营者对供应商提供的产品进行验收，并以加工生产批量为单位，用条码的形式详细记录原料从进货到出货的详细信息，包括加工过程中加入的原材料，添加剂的名称、数量，加工时间，出厂时间和流通过程中的产地批号，入库时间，出库时间，重量，体积等详细信息，通过扫描条码把相关物流信息读取到经营者的信息管理系统中，并以此为基准管理该批次农产品的库存。

在销售环节，零售商根据商品条码通过信息系统对商品进行管理，价格的变动、商品的促销等由系统完成。商品销售后，可以通过商品条码查到该商品之前的生产、加工、流通的相关信息。如果发现所购买的商品有质量问题，可以追溯销售商家的责任；如果销售商家发现商品有问题，则可以追溯加工、流通企业的责任；同样，如果加工、流通企业发现原料有问题，则可以追溯农产品生产者的责任。同时对问题产品实施召回，并对责任单位或个人惩罚。

在农业生产环节可追溯制度中，美国政府对种植生产以及农药的使用都有严格要求和监管措施，使用农药一般要请专业的农药服务公司执行作业，并将农药用量控制在合理浓度与使用范围内。使用毒性较高的农药时，必须事先通知县农业局，在县农业局备案。在使用过程中，县农业局派人到现场监督并指导农药使用。在收获日前 7 天之内禁止使用任何农药。在采摘过程中，工人必须穿工作服，戴手套，必要时还要洗手。生产基地必须是洁净的，远离污染源。所有废弃物必须经过处理，不能随意丢弃。所有生产过程，从种子处理、土壤消毒、栽培方式、灌溉、施肥、使用农药到收获采摘都要记录。即使是跨国生产基地的产品，如在墨西哥生产的马铃薯也必须执行 GAP 管理体系。

明确规定标签基本要求。规范基本标签；食品名称必须表示明显，净含量必须标注准确，主要成分必须标明，含量最多主成分置前，必须标明生产企业的名称和地址。每个标签必须真实、可靠，不能误导消费者，标签不真实或写错都将视为违法。

上有严格监管，下有激烈竞争，若被查出食品安全有问题，生产商或销售商都会受到处罚，且要花巨额费用召回相关食品。因此，美国近来虽然时有食品安全事故发生，但大都是疏忽导致的意外，奸商故意造假、掺毒的行为没有容身之地。2009 年《食品安全加强法》规定，FDA 将以更高的频率对企业进行检查，企业面临因检查不合格而失去输美登记资格的风险；如果首次检查不通过，复查时企业还要支付给 FDA 费用。当有证据表明某种农产品存在风险时，FDA 不需要提出确切的证据即可要求企业自愿召回或下达强制召回令，所产生的费用由企业承担。因此，出现需要召回产品的情况会有所增加。同时，企业违反法案受到的处罚更加严厉，规定任何人如果故意违反《食品、药品和化妆品法》第 301 条有关“掺杂”和“错误标签”食品的规定，将处以 10 年以下监禁，或并处罚款。而民事处罚方面，罚金最多则可达 750 万美元。此外，法案还包含了原产地标注规定、信息通报制度、食品追溯制度、食品农产品标准制定等。

二、主要的农产品质量安全追溯系统

（一）NAIS美国国家动物标识系统

2004年，美国开始启动国家动物标识系统项目（NAIS）（其数据库包括国家养殖场信息库和国家动物记录信息库），通过对养殖场和动物个体或群体转移进行标识，确定其出生地和移动信息。该项目覆盖牛、猪、马、鸡、火鸡、鹿、山羊、绵羊以及水产等多种动物。要求在动物疾病发生48小时之内，追溯到70%数量的可疑动物信息。美国农业部实施NAIS有以下4个指导原则。（网址：http://tech.rfidworld.com.cn/2007_3/2007372317536573.html）

（1）该系统必须能够允许在48小时内追踪从起源到加工的动物，而不给生产者和其他利害关系人造成不必要的负担。

（2）该系统的体系结构发展，不能过度增加政府的规模和作用。

（3）该系统必须足够灵活，能利用现有技术，并能在新的身份识别技术很发达的时候进行整合。

（4）动物迁移数据应当在一个秘密系统里维护，必要时州和联邦动物卫生权威机构能立即访问该系统。

该项目分为“养殖场注册”“建立动物标识”和“建立动物追溯数据库”（animal tracking databases，ATDs）3个实施步骤。

NAIS核心的编码系统包括牧场标识码（PIN）、畜群标识码（GIN）、动物个别标识码（AIN）。

2007年，美国农业部为NAIS项目引进了一个“七点商业计划”，七点商业计划旨在推进美国动物的可追踪性并为此目的而提供一些策略。这些策略包括增加与家畜产业、各州、部落以及推销区域的合作，同时将收集数据的方法标准化。该计划中的要点之一就是号召使用标准的动物识别号码（AINS）。这将要求废除与ISO不相符的所有的AINS，用15位以美国国家代号（840）开始并与动物标签ISO 11784和11785 RFID标准相符的身份号码，而非使用带有私人AINS标签的以3位生产商代号开头的身份号码。但是，尽管农业部推荐了具体的RFID标准与ID号码，但这一项目并不要求参与者采用RFID技术。例如，有些生产商采用可见数字标签来完成对动物的跟踪。

美国农业部会在其被提供给一家授权标签制造厂商时分配并保存有关标准化了的AIN号码的记录。使用专有AINS的标签将会在其可以被淘汰之前扩大贴现。使用了官方的“840”AINS后，当家畜饲养者向提供商购买标签时，卖主首先要验证买方的农场身份号码。只有农场号正确有效，订单才会被接收。当卖主运送经过允许的耳标或者印入或嵌入AIN里的可注入式收发机时，公司需要报告其AIN、标签种类、运输日期以及接收标签的生产商的农场号码——如果被送到经销商，则为非生产商参与者的号码。若标签是通过经销商分发的，这些商家将负责向AIN管理系统报告分发记录。在这个数据库中，美国农业部保存有由哪一特定AINS流向哪一农场的完整列表。在调查生病的动物或者受感染的肉类时，这些信息将为确定动物的出生地或对其进行首次添加标签时的位置提供一个开端。利用嵌有私有AINS的RFID标签，标签制造商保留了自己的记录：若动物健康部门发现一只动物处于病危或对公共健康构成威胁，将会检查该动物的标签，打电话给标签生产商，让其确认该标签最初运达的农场。但是标签生产商并不需要保存或提供这些记录。若标签被运到分销商，动物健康部门会致电分销商并要求其提供有关标签送往何处的信息。分销商也不是必须保存提供这些信息。有关人士介绍：“他们提供的记录可能仅仅是一个没有固定地点的邮箱。”

另外，美国农业部一直与一些主要的动物跟踪信息技术公司（如农业信息联合公司和微牛肉技术公司），共同开发动物跟踪处理系统（ATPS），这将帮助美国农业部在传染病暴发时更快获取数据。美国动物跟踪处理系统整体架构如图2-9所示。

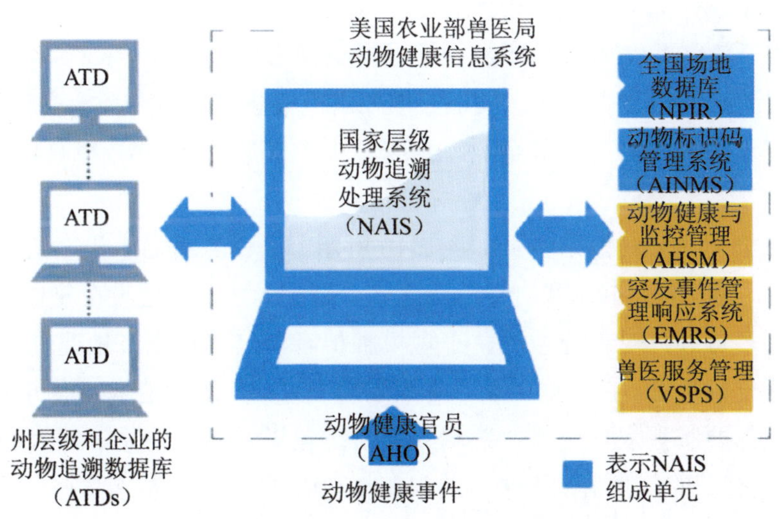

图2-9　美国动物跟踪处理系统整体架构

ATPS 系统包含一个与信息技术公司网络相连的消息系统，这使得美国农业部能够直接进入到一个指定的公司并找到有关某一动物的四方面信息——动物身份号码、农场号码以及每一个 RFID 标签的日期与事件读数。信息技术公司需要将这些数据提供给美国农业部，同时还可提交其他信息，例如动物种类以及健康情况，尽管这些信息不是必需的。（http://www.iotworld.com.cn/html/RFIDNews/2b0f58af2449838d.shtml）

然而由于 NAIS 规划过于繁杂，极大地加重了农户的负担，迫于农业各方的压力，美国农业部于 2010 年 2 月终止了 NAIS 规划，转而在 2011 年提出了动物疾病追溯规划（animal disease traceability，ADT，http://www.aphis.usda.gov/wps/portal/aphis/ourfocus/animalhealth/sa_traceability），专注于采用低技术含量的标识来监管跨州畜禽贸易，目前这一改进的计划正在持续推进中。

（二）Dole 公司和 BOSKOVICH 企业的追溯系统

美国的农产品追溯系统主要是企业自愿建立，政府起推动和促进作用。许多农产品企业和行业协会自发建立了内部追溯系统，以追溯自己业务范围内的产品信息。此处介绍大型企业代表的追溯系统。

美国农产品可追溯制度按农产品的环节可分为 3 类，即农业生产环节可追溯制度、包装加工环节可追溯制度和运输销售过程可追溯制度。美国农产品可追溯制度是一个完整的链条，任何一个生产环节出了问题，都可追溯到上一个环节。

（1）在农产品生产过程中实行的可追溯形式有两种，即 GAP 和 HACCP 管理体系。GAP 和 HACCP 都是以第三方认证形式建立的产品质量可追溯制度，美国政府虽然不强调产品认证，但要求产品生产的每个环节必须是可控、安全和可追溯的，由此许多企业在生产过程中都选择了 GAP 和 HACCP 管理体系。

Dole 公司（公司网站主页如图 2-10 所示）是世界著名水果、蔬菜、鲜切花生产商，也是世界较大果汁生产商之一，该公司生产基地设在秘鲁、洪都拉斯、厄瓜多尔等，对于分散的、小规模种植者，公司在生产地建立小型消毒池，进行产品处理。在哥伦比亚，香蕉采摘下来，先进行消毒处理再装箱。该公司每天都要掌握农户生产、装船、海上运输以及到货信息，每天必须把与 1 000 多人有关的信息记录下来，通常在收割前 24 小时就基本掌握了信息，当天出现的问题都可以追溯到责任人，并及时通报给美国 FDA。哥伦比亚的货船一次能装120万个纸箱，每一个纸箱都带有生产商信息的条形码。不仅每个纸箱上有条形码，每个货柜也有相应的信息。每个集装箱装满后，用唯一的号码条封存，如果有人开箱，密封条将被破坏。这些系统信息用扫描仪扫描，直接输入电脑，通过互联网很快传入Dole公司总部，即便是千里之外，也能掌握每箱产品的信息。

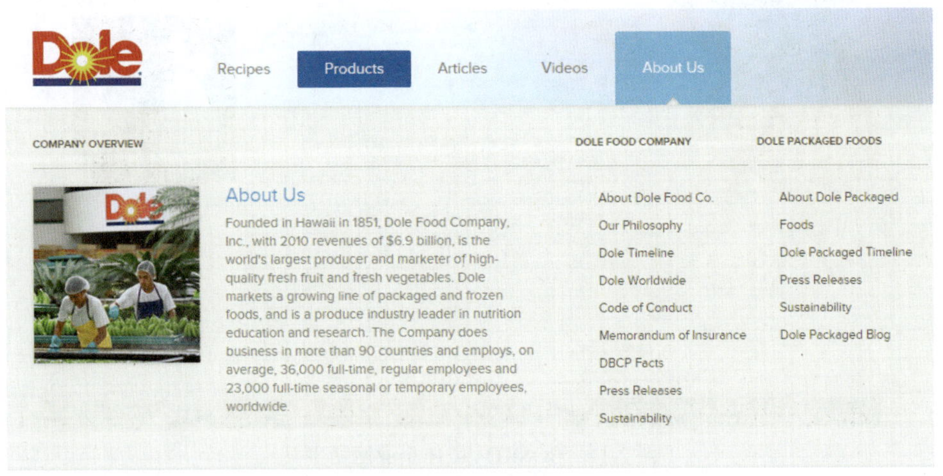

图2-10 Dole公司网站主页

（2）在农产品包装加工环节，美国法律要求所有农产品供应商（非运输企业）必须建立产品可追溯制度。前追溯制度主要记录内容有：企业的名称及其所拥有的信息（国内或国外的）；产品名称、产品出产日期；产品商标、产品类型、产品品种特性、产品等级等；产品生产者、主要生产过程、产品包装者；生产区域信息；单位包装数量或重量。后追溯制度主要记录内容有：产品接收者企业名称所拥有的信息（国内或国外的）；描述产品交割的类型，包括产品商标名称、产品品种特性等；产品交割日期；谁生产、生产工艺如何、谁包装，以及带有产品识别条码信息等；产品单位包装数量（重量）；外包装损坏程度；产品的保存期；产品的保质期，指失去价值或风味发生变化的时间；产品运输企业名称以及与运输企业相关的产品后追溯信息。

在美国，鲜食农产品生产从种植到包装往往是一体化的，有些产品往往在田间就进行了初加工。如BOSKOVICH企业（公司网站主页如图2-11所示）生产的芹菜、生菜等。在田间按标准进行了分级，保持产品规格一致；芹菜去掉叶子、老叶和根部（不清洗），装入包装箱；在包装外贴上标签以及带有生产企业和产地信息的条形码，进入保鲜库储存。

图 2-11　BOSKOVICH 企业网站主页

（3）运输、销售过程主要实行食品供应可追溯制度和 HACCP 认证制度。

运输企业主要是承接供应商给出的信息并将产品主要信息转给批发、零售商。

批发商除将产品供应商提供的信息输入电脑外，还要对产品进行分类标识，建立本企业的条形码信息，该条形码信息主要记录有：反映本企业信息；对入库产品进行货柜编号；标出每一货柜的产品信息，包括产地信息；进口产品需请美国农业部检疫局进行产品检验，合格产品盖有标识章；经过 HACCP 认证的产品，贴有 HACCP 认证机构的标识，通过有机认证的产品，贴有有机产品认证标识；产品的接收企业所拥有的信息（国内或国外的）。

零售商同样需要了解以上信息，同时建立零售企业条形码。该条形码记录的主要内容有：产品的产地、属性；产品集装箱号码；产品包装类型、包装容器；产品种类、产品形式；产品品种；产品质量；是否有机认证、HACCP 认证等。

如 BOSKOVICH 企业，菠菜一进厂就进行负压清洗，然后是金属探视、消毒、人工去黄叶、速冻、包装，对每个关键点都进行质量控制，每个环节都有生产操作规程。对洗涤剂和大肠杆菌实行严格控制，因为洗涤剂是化学品，含有对人体有害的氯离子，大肠杆菌是食品法律不允许超标的。企业生产的产品每天都要送到独立化验室检测，合格的产品才被允许贴上标志及条形码，送入冷藏保鲜库。

第五节 实施推广

美国在推行农产品质量安全追溯的过程中，以立法的高度强调农产品质量安全追溯的必要性，号召全国范围内尽快建立农产品质量安全追溯制度。同时，鼓励供应链中的大型企业先行做表率，运用大型企业的号召力和地位尽快地自行构建农产品质量安全追溯体系，同时对供应链中的其他各方制定了无形的准入制度。

美国从“生物反恐”的角度把农产品物流追溯体系建设上升到国家战略安全的高度，于2002年通过《公共健康安全与生物恐怖应对法》，提出“实行从‘田间到餐桌’的风险管理”，要求相关企业必须建立可追溯体系；同时，对输入美国的生鲜农产品要求必须提供详细的档案信息且能在4小时之内进行回溯，否则美国将有权对该批农产品就地销毁。2005年12月，美国食品和药品管理局（FDA）又公布了《食品安全跟踪条例》，要求涉及食品运输、配送和进口的企业对食品流通过程中的全部信息进行记录并保全，并要求大企业的可追溯体系必须在一年内建立。2004年，美国启动国家动物标识系统（NAIS），对动物个体或群体的出生地和移动信息进行标识，确保在发现疫病时，能在48小时内确定所有与之发生直接接触的企业。2005年，美国《鱼贝类产品原产国标签暂行法规》正式实施，对鱼贝类产品包括进口产品或混合产品的原产地信息和产品生产方式信息的标注进行了严格的规定。

其中，《食品安全跟踪条例》明确要求所有涉及食品流通的企业都要进行全过程跟踪记录，并且在2006年底所有企业都必须建立起食品质量可追溯制度。美国的众多食品企业采取自愿性可追溯体系，并由政府作为导向进行全程监控。FDA根据《公共健康安全与生物恐怖应对法》明确了企业建立食品安全可追溯制度的实施期限，即大企业（500名雇员以上）在法规公布12个月后必须实施，中小型企业（11～499名雇员）在法规公布18个月后必须实施，小型企业（10名雇员以下）在法规公布24个月后必须实施，即2006年底所有与食品生产有关的企业必须建立产品质量可追溯制度。

在具体执行过程中，通过产品供应商（运输企业除外）建立的前追溯制度和后追溯制度形成完整的可追溯链条，当任一环节出现问题时，通过前追溯制度都可以查到问题的根源并进行及时处理。运输和销售过程实行食品供应可追溯制度和 HACCP 认证制度，运输企业主要负责将供应商后追溯信息转给批发商或零售商。

以美国为典型的发达国家的农产品质量追溯体系，最大的特点是以强大的经营主体为基础。大型农业产品加工企业，农业专业合作组织，大型流通企业等，这种以强大的产业组织发展为本的农业产业化为一个高效运作的农产品质量追溯体系奠定了坚实的基础，大型的农业企业和集团往往成为构建农产品质量追溯体系的促成者和推动者。因此，加强龙头企业建设，培育强大的产业化组织，将有利于建立农产品质量追溯体系。

美国由 70 多个协会、组织和 100 余名畜牧兽医专业人员组成了家畜开发标识小组（USAIP），共同参与制订并建立家畜标识与可追溯工作计划，其目的是在发现外来疫病的情况下，能够在 48 小时内确定所有涉及与其有直接接触的企业。生鲜农产品方面，从 2002 年开始，PMA、CPMA 与国际生鲜农产品联合会（United Fresh）共同倡议生鲜农产品追溯行动计划（produce traceability initiative，PTI），一直致力于推动 GS1 编码体系进行追溯信息管理并在大型集团企业实施。

同时，FDA 委托食品科技协会（IFT）进行追溯调研和农产品、加工食品两种类型项目示范，并于 2009 年和 2012 年两次提交追溯报告，总结示范经验，指出美国食品企业在追溯实施过程中的诸多问题并给出改进建议。2012 年 6 月，美国食品科技协会（IFT）完成了在食品安全现代化法（FSMA）中强制美国食品和药品管理局（FDA）开展的两个食品追溯试点项目。

2013 年 7 月 12 日，经过反复商讨，IFT 决定成立“全球食品追溯中心”，旨在保护和改善全球食品供应。这个全球食品追溯中心将作为食品追溯的一个权威、科学、公正的机构。这个中心定位于食品追溯全球资源库与权威，着力于整合和统一企业、政府、学界、基金会、消费者等各方力量共同推动追溯在食品供应链系统的合作，着力推行针对农产品完整供应链的全链追溯，并将追溯技术研究、协议和标准制定、教育和培训、技术转化作为工作目标，以弥合追溯研发与食品供应链系统实施需求的巨大差距。该中心的建立是美国食品科技协会（IFT）在 2011 年举办的 3 次可追溯性研究峰会的结果。这些峰会是由美国食品科技协会（IFT）发动的可追溯性提升计划的一部分，种子基金支持来源于巴斯夫化学公司、美国保险商实验室和美国国家渔业协会。在行业眼中，美国食品科技协会（IFT）有能力解决冲突，公正有远见，关注科学而不认定某种特定的解决方案。

全球食品追溯中心的创始发起人包括嘉吉公司、美国食品营销协会、GS1美国、国际食品保护协会、天祥集团、Lyngsoe系统、玛氏公司、美国国家渔业协会、美国农产品营销协会、沃尔玛和圭尔夫大学。[①]

第六节 小 结

美国政府对农产品质量安全高度重视，制定并修订了全面的保障农产品质量安全的法律，其中包含许多关于农产品质量安全追溯的条款。

（1）立法推动追溯管理。2002年美国通过了《公共健康安全与生物恐怖应对法》，2005年12月推出《食品安全跟踪条例》，将食品安全提到国家安全战略高度，确保食品（农产品）质量安全追溯有法可依、有章必循。《食品安全跟踪条例》要求所有涉及食品流通的企业都要进行全过程跟踪记录。《公共健康安全与生物恐怖应对法》也明确了企业建立食品安全可追溯制度的实施期限。《食品安全现代化法》《联邦肉类检验法》等法律规定了较为具体的信息记录内容。

（2）美国对农产品追溯采用垂直管理的方式，即一种农产品从田间到餐桌的追溯由一个部门主体负责，相关部门做辅助工作。虽然美国农产品质量管理涉及多个部门，但由于法律授予的各部门权限，各部门配合得十分默契。美国联邦政府与各州针对农产品质量安全管理上下互动，管理体系健全、管理到位、执法严格。一种农产品的质量安全问题由一个部门从源头深入管理。因此，从整个管理体制上看，美国实行多部门联合监管的模式，但从特定农产品的角度看，则实行单一部门监管的管理模式。

（3）美国对于大部分农产品并未实施强制性追溯，NAIS对动物个体或群体的出生地和移动信息进行标识，确保在发现疫病时，能在48小时内确定所有与之发生直接接触的企业。美国的农产品质量追溯体系，以强大的经营主体为基础，这种以强大的产业组织发展为本的农业产业化为一个高效运作的农产

① 引自中国物品编码中心应用推广部。

品质量追溯体系奠定了坚实的基础，大型的农业企业和集团往往成为构建农产品质量追溯体系的促成者和推动者。大型企业可自行构建农产品追溯系统，由政府作为导向进行全程监控。

（4）美国食品（农产品）质量安全追溯制度分为生产环节可追溯制度、包装加工环节可追溯制度、运输销售过程可追溯制度。生产环节，通过推行 GAP 和 HACCP 管理体系实现对生产全过程的质量管理，使每个生产环节可控、安全、可追溯；包装加工环节，所有包装加工企业要建立追溯制度，对接收产品信息和加工包装信息进行记录，并利用条码标识技术将追溯信息与产品批次准确对应。运输销售环节，实行食品供应可追溯制度和 HACCP 认证制度，运输企业、批发商和零售商之间通过各自建立相应的承接产品信息记录，实现食品供应可追溯。

（5）高成本召回制度和企业认证体系。美国形成了严厉的处罚与高昂的召回制度，当有证据表明有质量风险时，FDA 不需要确切的证据即可要求企业召回且费用由企业承担，发现质量问题除召回外，生产商、销售商要受到严厉的处罚。美国普遍推行注册食品企业第三方认证管理，由于相关法规对风险防护的具体规定要求，实际上已经成为一项强制性、普遍性认证制度。大多数农产品都是通过第三方质量认证管理体系建立内部记录与质量控制规范。同时，《食品安全现代化法》第 102 节规定食品企业两年一次的注册复查制度。这些制度都增加了企业出现产品质量和记录不当的成本，从而有效推动了企业建立完善的质量内控体系和内部质量追溯管理体系。

第三章

日本农产品质量安全追溯体系

第一节　主管机构
第二节　法律法规与管理办法
第三节　标准规范
第四节　平台系统建设
第五节　实施推广
第六节　小结

日本在2001年建立了肉牛可追溯系统，要求肉牛业强制性推行从零售点到农场的可追溯系统，该系统允许消费者通过互联网输入包装盒上的肉牛身份证号码，获取所购买牛肉的原始生产信息。2002年5月，日本制定了肉牛身份证制度，并开始向大米、牡蛎等产业延伸。消费者通过大米包装上的电子标签可以了解大米的产地、生产者、生产过程中使用农药和化肥以及加工等具体信息。2003年4月，日本政府制定并公布《食品可追溯指南》，为农产品生产经营企业在生产、加工、流通等不同阶段建设可追溯系统提供详细指导。同年，日本对牛肉的生产、加工、流通到销售整个供应链实现全程追溯。2005年底，日本建立了农产品认证制度，对进入日本市场的农产品实施身份编码识别制度，要求提供产地、生产者、化肥及农药使用等详细信息，方便消费者查询。2008年12月，日本农林水产省发布WTO /TBT通报，提出建立大米的可追溯体系。目前，日本实施的可追溯管理模式已覆盖所有农产品。日本不仅制定了相应的法规，而且在大部分超市安装了农产品可追溯终端，供消费者查询产品信息。

第一节　主 管 机 构

一、政府机构及职责

日本负责农产品质量安全的相关政府机构包括食品安全委员会、农林水产省和厚生劳动省。日本法律明确规定食品安全的管理部门是农林水产省和厚生劳动省，其职责涉及农产品质量安全追溯管理，二者按照生产、加工、销售等不同环节分别确定各自的管理职责，直接面向农产品的生产者、加工者、销售者和消费者。

（一）食品安全委员会

食品安全委员会（FSC，网址为http://www.fsc.go.jp/index.html）于2003年7月设立，直属于内阁。负责食品安全的风险评估，使日本食品安全监管的风险评估与风险管理职能相互独立，并监督农林水产省和厚生劳动省的工作，以及进行风险信息沟通与公开。食品安全委员会有权独立对食品添加剂、农药、肥料、食品容器，以及包括转基因食品和保健食品等在内的所有食品的安全性进行科学分析、检验，并指导农林水产省和厚生劳动省的有关部门采取必要的安全对策。食品安全委员会不同于农林水产省和厚生劳动省，其性质相当于审议机构，而非行政管理机构。

（二）农林水产省

日本是实行地方自治的国家，政府机构分中央政府和地方政府。在地方政府中，又分都、道、府、县和市、町、村两个层次，它们都是自治体，没有上下级关系。

农林水产省是日本中央政府内阁12省之一（官方网址为http://www.maff.go.jp/index.html），其前身是成立于1881年的农商务省，先后改为农林和商工两省、农商省、农林省等，从1978年起改为现名。农林水产省在地方设有各种派出机构：地方政府中，都、道、府、县一级设有农林水产部，市町村一级根据所在地的经济类型，或单设农林水产课，或和工商管理合一设产业课。此外，中央和地方的农林水产机构都有一些外围组织，如特殊法人、认可法人等。

日本农林水产省的主要职能是：①促进农林水产业的稳定发展，进一步发挥农林水产业的作用；②保障农产品的正常供给，不断提高国民的生活水平；③推动农林牧渔业及农村、山村、渔村的经济、文化建设与振兴；④保证国家的产业政策、区域政策、高技术开发及国际合作政策的实施。农林水产省对农业的产供销实行一体化管理，全面负责农产品的生产、流通、加工、进出口以及农业生产资料的供应。执行这些职能时，有相应的法律、经济、行政等多种手段，因此工作效率较高。农林水产省根据经济发展的变化，也在不断调整机构、转变职能。

农林水产省及其体制是依据日本《国家行政组织法》和《农林水产设置法》建立的。农林水产省内部机构及职责为：大臣官房，省内综合调整；统计部，农林水产政策必要的统计数据收集、整理、分析等；国际部，国际谈判（WTO，FTA/EPA）、关税配额，国际合作等；检查部，对超市及批发市场等进行检查；消费安全局，从农场到餐桌的食品安全管理，对消费者公开食品生产和流通信息；食料产业局，促进食品产业发展的组织；生产局，监管产品的生产和管理；经营局，监管改善农协、农业构造、农业者公积金；农村振兴局，振兴农村、渔村、都市农业，确保水土得到农业利用，都市农村间的交流，农业关联资本整备。

为强化农产品质量安全管理，农林水产省于2003年对内设相关机构进行了较大调整，专门成立了消费安全局（网站网址为http://www.maff.go.jp/j/syouan/index.html）。主要职责为：国内生鲜农产品生产环节的质量安全管理；农药、兽药、化肥、饲料等农业投入品生产、销售及使用环节的监督管理；进口农产品动植物检疫；国产和进口粮食的安全性检查；国内农产品品质、认证和标识的监督管理；农产品加工中“危害分析与关键控制点”（HACCP）方法的推广；流通环节中批发市场、屠宰场的设施建设；农产品质量安全信息（包括消费者反映）的收集、沟通等。

（三）厚生劳动省

厚生劳动省（官方网址为http://www.mhlw.go.jp/）是日本中央政府负责医疗卫生和社会保障的主要部门，设有11个局7个部门，主要负责日本的国民健康、医疗保险、医疗服务提供、药品和食品安全、社会保险和社会保障、劳动就业、弱势群体社会救助等职责。在卫生领域，厚生劳动省涵盖了我国的国家卫生健康委员会、国家市场监督管理总局、国家发展改革委的医疗服务和药品价格管理、人力资源和社会保障部的医疗保险、民政部的医疗救助、国家海关总署的国境卫生检疫等部门的相关职能。这样的职能设置，可以使主管部门能够通盘考虑卫生系统的供需双方、筹资水平和费用控制、投资与成本等各方面的情况，形成整体方案。

厚生劳动省所设的食品安全局，内设企划情报课、基准审查课和监视安全课。主要职责有：加工和流通环节农产品质量安全的监督管理；组织制定农产品中农药、兽药最高残留限量标准和加工食品卫生安全标准；对进口农产品的安全检查；国内食品加工企业的经营许可；食物中毒事件的调查处理；流通环节的养殖业食品经营许可和依据《食品卫生法》进行监督执法以及发布食品安全信息等。

（四）农林水产省、厚生劳动省与食品安全委员会三者关系

食品安全委员会是食品安全风险评估方，而农林水产省和厚生劳动省是食品安全风险管理方、保障食品安全和质量追溯的执行方，它们之间既有分工，也有合作，各有侧重。在市场抽查方面，厚生劳动省对进口和国产农产品进行执法监督抽查，其抽查结果可以依法对外公布，并作为处罚依据。农林水产省只抽检国产农产品，旨在调查分析农产品生产过程中的安全性和对认证产品进行核查，以便及时指导生产者生产优质安全的农产品，提高国产农产品市场竞争力，增强消费者信心，促进国产农产品销售。农药、兽药残留限量标准的制定则由两个部门共同完成。

日本农林水产省和厚生劳动省都有专门机构负责农产品质量安全工作，而且从上而下自成体系。在农产品质量安全检测方面，厚生劳动省在13个口岸设有检验所，负责对进口农产品进行抽检，农产品进入市场后，由厚生劳动省所属的市场卫生检查所进行执法抽检。此外，还有农林水产省的JAS认证产品符合性检查和生产者（农协）、销售者（批发市场）的自我检查，形成了从农田到餐桌、多层面的质量安全检测体系，并采取以教育、指导为主，与处罚相结合的方式，对农产品质量和安全进行全程监控、多重把关。

日本农产品质量安全在食品安全委员会、农林水产省、厚生劳动省这三个政府机构的分工协作下来给消费者提供保障。三者的关系如图3-1所示。

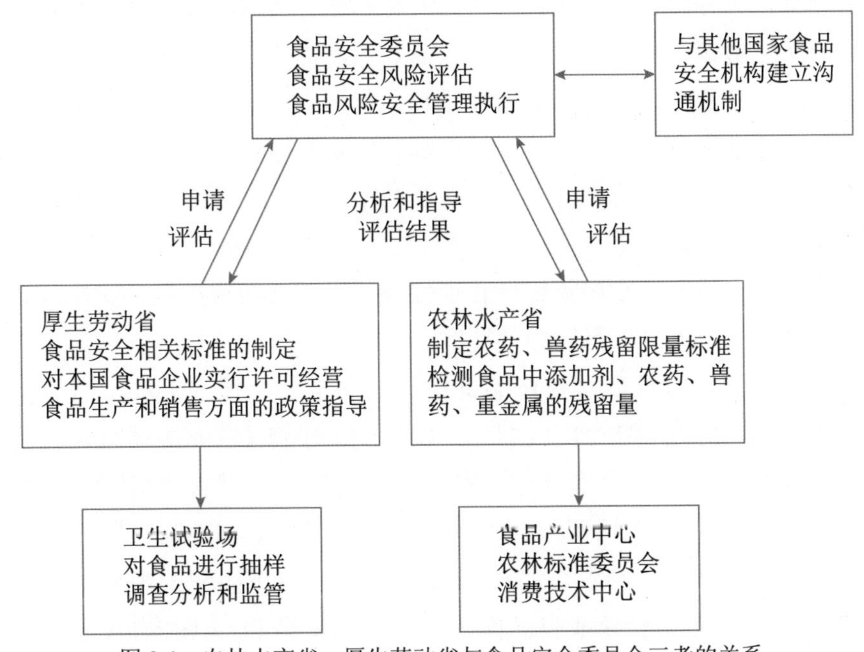

图3-1　农林水产省、厚生劳动省与食品安全委员会三者的关系

二、民间机构及职责

（一）日本农业协同工会

日本农业协同工会（JA，简称“农协”）是日本农民自主、自助、自治的经济组织。按《农业协同组合法》规定，农协以提高农业生产力、提高农民的

社会经济地位、实现国民经济的发展为目的，是法制化的农民合作组织。农协所从事的各项事业是为了最大限度地为农户做奉献，不以营利为目的，农协自身所需费用主要来自信贷、保险业务的获利。日本的农户90%以上参加了农协，与欧美的合作经济组织相比，日本农协最大的特点是半官半民性质。在日本政府的积极扶助下，农协在日本农村举足轻重，其政治影响力巨大，经济辐射力遍及农村的方方面面。

农协为农民服务，并与农民结成经济利益共同体，基本上做到了农民需要什么服务就提供什么服务。除了提供经济支持和技术指导，农协还对现代化的农产品信息采集和包装要求进行指导。为了帮助农民降低生产成本，国家、地方、基层三级农协联手，开展生产资料订购业务。

基层农协将农民的订单层层上报，由农协的全国性组织筛选厂家，以低价格批量订货，并专门建立了农技中心，对货物进行检验。农民从农协购买的生产资料，不但价廉，而且确保都是优质品。农产品销售难，基层农协建起了农产品集贸所，负责当地农产品集中、挑选、包装、冷藏，然后组织上市。农产品的销售，通常采取竞买的办法，只有那些出价高、信誉好的批发商，才能拿到出货单。目前日本农协系统共有集贸所几千个，此外还有不少全国运输联合会，下设庞大的运输组织，农产品保鲜度大大提高。通过各层级农协的帮助，一方面使得农产品的质量和新鲜度有了保证；另一方面通过技术支持，农产品可追溯的理念和信息采集得以很便捷的宣贯。

日本农协的官方性质对农产品价格影响非常大，不利于农产品的市场竞争，因此日本政府在2015年1月例行国会上提出了《农业协同组合法》修正案的框架（图3-2）。统管日本全国农协组织的日本全国农业协同组合中央会（简称“JA全中”）的指导及监查等权限将在3年内全部废除，转为一般社团法人和不具有法律权限的农协的联合会。JA全中旗下组织的地方中央会原则上5年，最长10年内转换成自愿性团体。通过废除JA集团内JA全中的强制约束力，进而促使地区农协和农户在农作物的价格、商品开发、出口强化服务及流通路径方面自由竞争，消费者也可以买到物美价廉的日本国内产品。

（二）食品供求研究信息中心

一般社团法人食品供求研究中心（简称“供需中心”，官方网址为http://www.fmric.or.jp/），于1967年4月由从事食品调查研究的公益法人设立（2012年4月1日成为一般社团法人）。

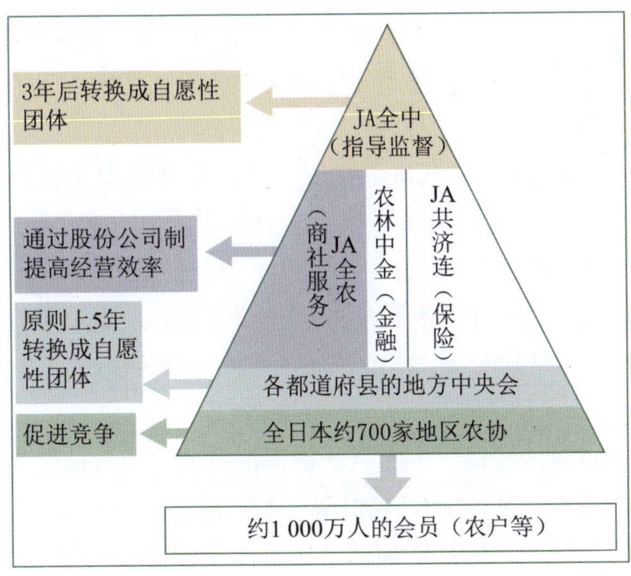

图 3-2 日本农协中央会改革方案

供需中心与农林水产省等政府机关，都道府县、市町村及相关团体及民间企业合作，围绕食品生产、加工、流通、销售及消费各个领域，开展食品供需相关课题研究。

近年来，日本农产品和食品的供需状况发生了很大的变化。年龄两极分化严重带来的饮食结构调整，人们对食品安全的关注度提高，信息技术的进步，都提出新的研究课题。面对这些变化，供需中心实施农产品和食品产业动态调查，如生产源头、市场营销和流通结构的调查，并与当地和相关农业机构合作。其研究结果对自然资源的有效利用和地域的发展提供参考，同时也对农产品和食品质量安全追溯提出了要求。

在供需中心的网站中搜索“食品安全追溯”，可以清楚地查到日本有关食品安全追溯的新闻信息、农林水产省关于食品安全追溯的规定和不同类别农产品的追溯体系指导手册（可购买），以及相关的调研报告。这些指导手册和调研报告都非常简洁易懂，对供应链中不同环节主体的做法配有文字和图表的详细介绍。消费者还可以通过这个网站（网址为 http://www.fmric.or.jp/trace/index.htm）轻松查到召回问题食品的信息等。

（三）家畜改良中心

日本家畜改良工作在第二次世界大战后取得了很大的发展。1950 年，日本发布《家畜改良增殖法》，建立以《家畜改良增殖法》为核心，国家、都道府县行政机关与专业组织为主体，以养殖家畜为对象，标准统一、规范科学、多层次、持久完备的家畜改良体系。经过半个多世纪的不懈努力，家畜改良取得了明显的效果。

2001 年，独立行政法人家畜改良中心（官方网址为 http://www.nlbc.go.jp/index.html#）成立，根据《独立行政法人通则法》（平成十一年法律 103 号）第 29 条，按照国家规定的中期目标实现以下业务：家畜改良及饲养管理改善；饲料作物生长所需的种苗生产和供应；饲料作物种苗检查；调查研究、讲习指导；家畜改良增殖法基检查等；牛的溯源法基事务等；中心的人才、资源活用；外部支援。

家畜改良中心网站设置“牛的个体识别信息的管理及传达”模块，通过网站单击图 3-3 中标识出的“3001”按钮，即可在弹出页面输入牛肉包装上显示的个体识别号码，检索牛的生产履历（牛从出生起，直到被屠宰），具体应用后续章节详细阐述。

图 3-3　登录家畜改良中心网站中“牛的个体识别信息的管理及传达”模块

第二节　法律法规与管理办法

日本对农产品质量安全相当重视，其法律法规也较为健全。早在1947年就颁布了《食品卫生法》，日本国会相继通过并修正了一系列有关粮食、农业和农村的基本法，提出了有关提高食品安全性、确保食品品质和重视消费者需求的条款。

一、法律法规体系

日本在农产品质量安全方面的立法包括食品卫生、农产品质量、投入品（农药、兽药和饲料添加剂等）、动物防疫和植物保护5个方面。为了具体落实基本法，日本国会通过了“流通三法”，即“特定农产品加工经营改善临时措施法部分修正的法律”“批发市场法以及食品流通结构改善促进法部分条款修正的法律”和“关于农林物质规格化及其品质正确标记部分修正的法律”（简称“修正JAS法”）。

日本的食品安全监管的法律体系分为3个层次，整个法律体系覆盖了农产品生产环节、农产品流通环节、食品生产环节和食品流通环节：一是针对食品链各环节的一系列法律，如《食品卫生法》、JAS法等，这些法律效力最高；二是根据法律制定并由内阁批准通过的令，如《食品安全委员会令》《JAS法实施令》等；三是根据法律和政令，由日本各省制定的法律性文件，如《食品卫生法实施规则》《关于乳和乳制品的成分标准省令》等。

值得提出的是，日本政府于2003年5月出台了《食品安全基本法》，规定了食品从“农田到餐桌”的全过程管理，明确了风险分析方法在食品安全管理体系中的应用，并授权内阁府下属的食品安全委员会进行风险评估。

近年来，日本农产品质量安全法规建设随着质量安全管理工作的不断强化而得到健全和发展，已基本形成了一套具有较强规范性的完整体系，如图3-4所示。

表3-1列举了日本出台的有关农产品质量安全追溯的法律法规，可以通过农林水产省的网站查找到有关农产品可追溯的相关法律法规，如图3-5所示。

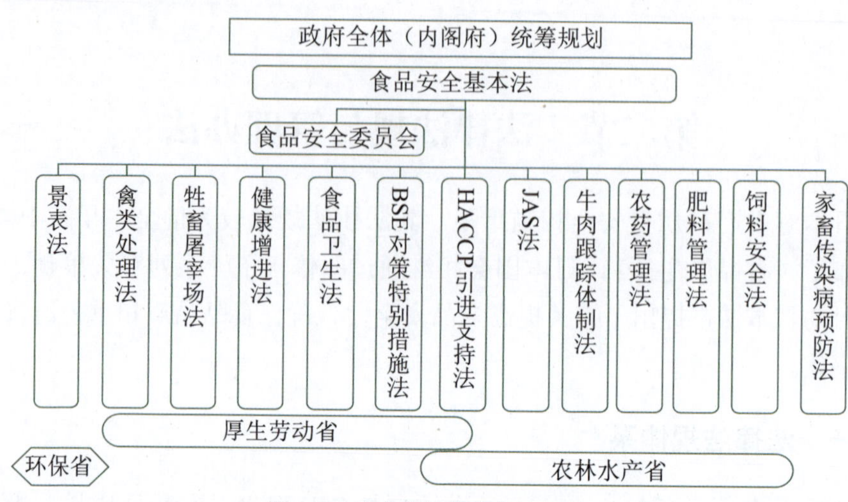

图 3-4　日本食品安全立法组织

表 3-1　日本有关农产品质量安全追溯的法律法规

序号	法律法规名称	摘　　要	发布时间	发布部门
1	《食品卫生法》	日本食品安全的纲领性法律，确立食品安全的一般性原则和严格的事实标准。国际贸易所遵循的基本标准	1947 年 2003 年	厚生劳动省
2	《农药管制法》	设置农药登记制度，规范农药使用	1948 年 2012 年	农林水产省
3	《农业标准法》，又名《农林物质标准化及质量标识管理法》（JAS 法）	确立农产品标识制度和食品品质标识标准，在此基础上推行食品追溯系统	1950 年 1970 年 2000 年	农林水产省
4	《植物防疫法》	对进口植物产品实行严格的检疫和卫生防疫制度	1950 年	农林水产省
5	《家畜传染病预防法》	规定禁止进口的动物及其制品；实施家畜疫情预防和控制的具体措施	1950 年	农林水产省
6	《转基因食品标识法》	对已经通过安全认证的大豆、玉米、马铃薯、油菜籽、棉籽 5 种转基因农产品，以及农产品为主要原料加工的食品，制订了具体的标识方法	2001 年	农林水产省
7	《食品可追溯指南》	“从农田到餐桌”全程确保食品安全，提出综合推进确保食品安全的政策，制订食品供应链各阶段的适当措施，指导食品安全管理的方针	2003 年 2007 年 2010 年	农林水产省
8	《肯定列表制度》	设定了进口食品和农产品中 734 种农药、兽药和饲料添加剂的最高残留限量标准，大幅提高了进口农产品和食品的准入门槛	2003 年	日本健康劳动福利部

续表

序号	法律法规名称	摘　要	发布时间	发布部门
9	《食品安全基本法》	规定了日本食品安全行政制度的基本原则和要素，确立了消费者至上、基于科学的风险评估、食品可追溯性等原则	2003 年	食品安全委员会
10	《牛肉生产履历法》	制定关于牛肉及其制品的标识和追溯制度。要求 2003 年 12 月 1 日起在日本各大小超市，所有牛肉包装必须具有八大内容的履历表。这八项内容为：牛肉所属性别、出生年月、饲养地、加工者、零售商、无疯牛病病变说明、检验合格证等	2003 年	农林水产省
11	《大米可追溯法》	要求对进口农产品实施可追溯法规，对大米要追溯至原产地县级	2009 年	农林水产省

图 3-5　通过农林水产省网站查找有关农产品可追溯的相关法律法规的结果

日本的农产品可追溯制度采用强制性与自主性相结合方式，涵盖所有生鲜农产品和加工食品。对于安全性问题严重或事关国民生命健康的重要产品，在法律约束下建立相应产品的可追溯系统。对于其他一般产品，则根据经营者的自主积极性、记录信息的内容及传播手段由相关主体自主判定，建立相应产品的可追溯系统。目前，实行强制性可追溯制度的产品有牛肉和大米，如图 3-6 所示。

图 3-6 《牛肉生产履历法》《大米可追溯法》的查询结果

二、牛肉生产履历法

日本在 2003 年 6 月通过《牛只个体识别情报管理特别措施法》（也称《牛肉生产履历法》），实施销售牛肉履历表制度。规定日本国内饲养的每一头牛都要建立相应的信息识别号码，肉牛出生后设定 10 位数的个别识别号码，由家畜改良中心集中管理。同时，建立网站供消费者查询，还将识别号码信息印刷在包装上和相关宣传资料上，消费者可通过包装、标识和手机进行查阅与咨询。

三、大米可追溯法

2009 年，日本颁布《关于米谷等交易信息的记录及产地信息传递的法律》（也称《大米可追溯法》），实施大米的可追溯制度。根据《大米可追溯法》，日本国内所有的大米经销商、生产大米制品的食品商以及大米种植者均应当保存交易记录，并提供关于大米及大米配料的原产地信息。该法要求各生产经营主体自 2010 年 10 月 1 日开始建立并保存交易记录，自 2011 年 7 月 1 日起开始实行产地信息的传送和公开。

四、日本农业标准法

与农产品质量安全追溯密切相关的另一基本法是《日本农业标准法》（简称“JAS 法”），又名《农林物质标准化及质量标识管理法》，该法于 1950 年制定，1970 年修订，2000 年全面推广实施。JAS 法中确立了两种规范，分别为：JAS 标识制度（日本农产品标识制度）和食品品质标识标准。依据 JAS 法，市售的农渔产品皆须标示 JAS 标识及原产地等信息。JAS 法在内容上，不仅确保了农林产品与食品的安全性，还为消费者简单明了掌握食品有关质量等信息提供了便利。日本在 JAS 法的基础上推行了食品追踪系统，该系统给农林产品与食品标明生产产地、使用农药、加工厂家、原材料、经过流通环节及其所有阶段的日期等信息。借助该系统可以迅速查到食品在生产、加工、流通等各个阶段使用原料的来源、制造厂家以及销售商店等记录，同时也能够追踪掌握到食品的所在阶段，这不仅使食品的安全性和质量等能够得到保障，在发生食品安全事故时也能够及时查出事故的原因、追踪问题的根源并及时进行食品召回。

第三节 标准规范

一、管理标准

由于建立农产品与食品可追溯制度需要大量前期投入和高额的维护成本，同时鉴于最初在农产品生产者、食品加工和流通企业之间尚末形成统 认识，为了顺利推动食品可追溯制度的建立，2002 年农林水产省制定统一的操作标准用于指导食品生产经营企业建立食品可追溯制度，并于 2003 年公布了《食品可追溯指南》。该指南后来又经过 2007 年、2010 年两次修订和完善。指南明确了食品可追溯的定义和建立不同产品的可追溯系统的基本要求，规定了农产品生产和加工、流通企业建立食品可追溯系统应当注意的事项。该指南规定了与追溯相关标签标识的采用，对贸易项目的标识采用 GTIN，对单品标识采用 SGTIN，对物流单元的标识采用 SSCC，对位置的标识采用全球位置码 GLN，推荐采用 GS1-128 用于产品的标签和物流标签标识。此外，指南还涉及标识产品、生产日期、有效期、数量、批号、序列号等信息。

此外，食品追溯指南委员会也制定了一系列相关追溯指南，主要包括：国产牛肉溯源手册，收货、装运和配料来历信息的追溯系统指南，针对食品可追溯建设的食品服务业指南，水果蔬菜追溯指南，贝类食品追溯指南（牡蛎，扇贝）、蛋类食品追溯指南，养殖鱼追溯指南，紫菜追溯指南等，如图 3-7 所示。

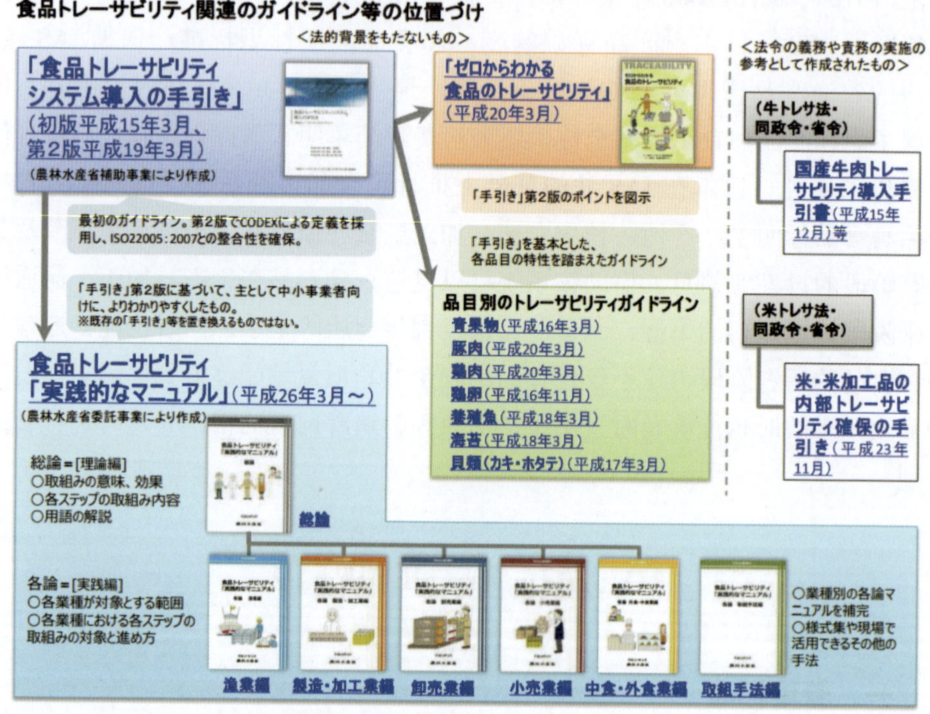

图 3-7　食品可追溯指南的制定情况

二、质量安全认证体系

日本农产品认证一般由中介认证机构承担，认证机构由农林水产大臣指定或认可。认证分为常规农产品认证和特殊认证，常规农产品认证主要是品质认证，特殊认证即有机农产品认证。

日本的农产品认证由 JAS 法进行调整。JAS 法明确规定，开展农产品认证的目的是通过制定恰当、合理的农林物质规格并加以普及，改善农林物质的品质，促进生产的合理化、交易的简便和公正、产品使用和消费合理化，同时，对农林物质品质进行恰当标识，有利于一般消费者进行选择。JAS 法不断加强农产品质量信息发布力度，加大违法处罚力度，无刑事责任者处以1年以下有期徒刑，对个人罚款50万～100万日元，对法人罚款50万～1亿日元。

与其他许多自愿性标准一样，JAS也有相应的认证体系推广和促进JAS的使用。JAS标志制度是自愿认证制度，生产者可以自愿申请，可以申请的农产品有400多种。如果经有资格的审核员和指定的认证机构认可，认为能够持续生产符合JAS要求的农产品，允许贴上JAS标志。目前，日本消费者基本上都认可JAS标志。

日本对于有机农产品的标识，尽管在1992年通过"有机农产品及相关说明的指南"制定了标识的图示，但由于并非强制性执行的制度，因此有机农产品的加工和销售比较混乱。JAS法在1999年修订中，确定了有机农产品及其加工食品的特定JAS规格标准，通过检查来确定是否符合规格标准。即使未加贴JAS标志的有机产品，也必须有"有机纳豆"等文字标识。有机JAS标志成为有机食品的专用标志。从外国进口的有机食品如果没有加贴JAS标志，就不能冠以有机食品名称销售。进口有机食品加贴JAS标志的方法有两种：由登记认证机构认证的产品可以加贴有机JAS标志；进口商所在国建立有与有机JAS制度相同的检查制度，进口农产品已通过当地的国家有机农产品认证。

第四节　平台系统建设

一、流程模式

日本是在21世纪初暴发疯牛病、金黄色葡萄球菌污染奶制品等农产品质量安全事故的背景下，开始推动食品可追溯制度建设。日本最早是在肉牛生产环节引入可追溯系统。2003年4月，日本组织专家制定并公布了《食品可追溯指南》，为农产品生产经营企业在生产、加工、流通等不同阶段建设可追溯系统提供详细指导。同年，日本对牛肉从生产、加工、流通到销售整个供应链实现全程追溯。2005年，日本农协对通过该协会统一组织上市的肉类、蔬菜等所有农产品实现可追溯。在日本推动农产品物流追溯体系建设过程中，除政府强制实施外，另有一部分企业为打破可追溯体系形成的贸易壁垒，自主建立了农产品可追溯系统，其中，尤以日本农协推行的"全农放心系统"最具代表性。日本通用的农产品质量安全追溯体系的运作模式如图3-8所示。

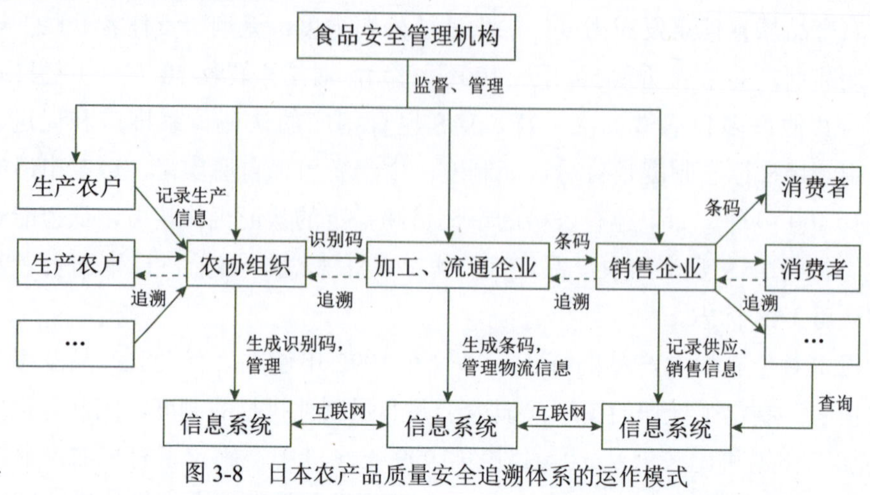

图 3-8　日本农产品质量安全追溯体系的运作模式

日本农产品追溯体系建设最核心的内容是对农产品从生产到销售的整条供应链中各环节（生产、加工、储存、运输、销售等）相关信息进行记录和存储，并在产品出现质量问题时，可以通过一定的信息技术手段，对整条信息链进行逆向追溯，快速查出出现质量问题的根源，并进行及时有效的处理。

在生产环节，由各地农户记录农产品生产阶段的相关信息，包括农产品名称、种子供应者、生产者、生产地、生产过程中使用农药和化肥的名称、使用时间、使用次数、使用量、收获和上市时间等。这些信息在将农产品交由农协统一组织上市时，汇总到农协建立的信息管理系统，由农协负责管理生产者的信息，并对协会成员收获的农产品统一形成批次，建立唯一批号，记录入库、出库信息。

在加工、流通环节，经营者对供应商提供的产品进行验收，并以加工生产批量为单位，用条码的形式详细记录原料从进货到出货的详细信息，包括加工过程中加入的原材料、添加剂的名称、数量、加工时间、出厂时间和流通过程中的产地批号、入库时间、出库时间、重量、体积等详细信息。通过扫描条码把相关物流信息读取到经营者的信息管理系统中，并以此为基准管理该批次农产品的库存。

在销售环节，零售商根据商品条码通过信息系统对商品进行管理，价格的变动、商品的促销等由系统完成。商品销售后，消费者通过在店内安装的可追溯查询终端输入条码号码，就可以查到该商品之前的生产、加工、流通的相关信息。如果消费者发现所购买的商品有质量问题，可以追溯销售商家的责任；

如果销售商家发现商品有问题，则可以追溯加工、流通企业的责任。同样，如果加工、流通企业发现原料有问题，则可以追溯农产品生产者的责任。同时，对问题产品实施召回，并对责任单位或个人惩罚。整个过程由日本食品安全管理机构负责监督和管理。

二、主要的农产品质量安全追溯系统

（一）农协“全农放心系统”

农协的可追溯制度始于2002年开始推广的“生产履历记账运动”，该运动要求参加者达到4个方面的条件：制定适当的生产基准；基于生产基准的生产记账和管理；对记账与未记账的农产品分别管理；向交易对方和消费者提供记账信息。全农放心系统主要由生产、加工、流通阶段的信息管理、检查认证和信息公开3个部分内容组成（图3-9）。

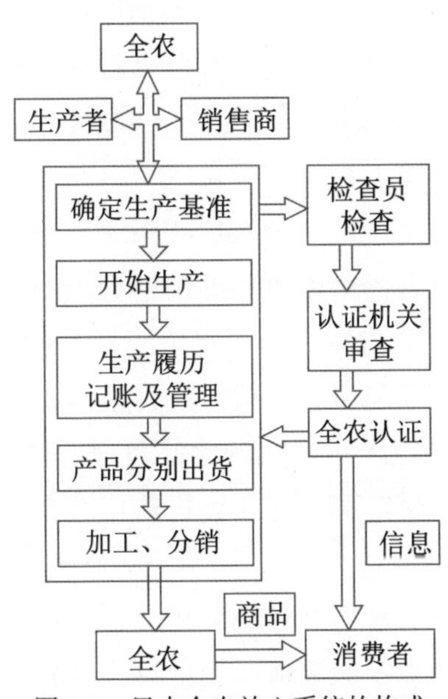

图3-9 日本全农放心系统的构成

信息管理是记录并保存生产、加工、流通阶段的作业数据并进行管理。在生产阶段，生产者、农协、销售商（超市、生协等）三方根据产品及其生产特点制定生产基准。在农协技术指导下，生产者根据生产基准的要求从事生产并建立生产履历信息管理系统。履历信息包括农产品的名称、产地、生产者、栽培计划书、使用过的生产投入品（如种苗、农药、化肥的名称、使用量、使用次数、上市日期）等具体数据。家畜、水产品养殖应当记录养殖履历，包括饲料或饵料的名称、投药过程中使用药品的名称、最终投药日期等。上述这些数据都会汇总到农协的信息管理系统，由农协统一形成批次、建立批号、记录和保管生产者的信息，建立生产、入库、出库信息的数据库。在加工、流通阶段，经营者根据相关法规、产品质量标准、加工流通基准等进行加工流通处理，并建立从原料进货到出货的履历。对经过产地检查并记录信息的产品与其他产品实行分别管理。通常情况下，加工食品的入库、储存和管理等以制造批量为单位实施。制造批量的信息用条码表示，通过扫描条码将物流信息读取到物流信息系统，并以该信息为基准管理库存、发货、食品保质日期及发货日期等信息数据。

在上述从生产到加工、流通的整个农产品供应链的信息管理中，利用 IT 技术对农产品及其所在位置进行识别，记录并保存相关信息。信息管理包含以下几点：确定农产品原料以及加工食品的识别单位（个体或者批次）及其识别记号；对农产品原料及加工食品单位实行分别管理；对农产品原料及加工食品单位以及出入货进行记录和保管；对实施分割或集中的农产品原料或加工品，对分割或集中前后的识别单位进行记录。

为了保证信息的客观公正性，全农放心系统采用类似有机产品认证的方法进行检查和认证。检查包含内部检查和外部检查。内部检查是生产经营单位内部配备专门检查员，根据事先制定的《可追溯农产品检查手册》，对食品在生产和流通过程中的物流和信息流进行检查。外部检查是由经过农林水产省登记备案的第三方认证机构的检查员对实施食品可追溯系统的经营单位进行检查。外部检查员的检查结果提交给第三方认证机构审查合格后，发放“全农放心系统”认证证书。

信息公开是通过互联网、零售点的宣传广告、食品包装标识等媒体向消费者提供有关食品生产、加工、流通情况的信息。公开信息的内容主要有：正在实施农产品可追溯制度的信息；有关农产品的产地及产品的生产方法信息；应对来自消费者询问的信息，特别是能够确定有关食品危害原因以及防止危害扩散对策的信息；生产者希望宣传的产品、产地信息以及与产品相关的消费信息。

（二）主要的日本农产品质量安全追溯平台

日本典型的农产品质量安全追溯平台一览表见表 3-2 。

表 3-2 日本典型的农产品质量安全追溯平台一览表

追溯系统	概要与特色	产品范围	开发管理部门	网 址
牛只个体识别信息系统	全日本统一的牛只个体识别追溯系统，包含 10 多个品种、近 400 万头牛的个体信息，可以追溯从出生、转运到屠宰、分解的各种情况信息，采用 10 位牛只个体追溯码	日本全国	农林水产省委托家畜改良中心	www.id.nlbc.go.jp/top.html
seica 果蔬追溯信息系统	日本最有影响力的果蔬追溯系统。针对日本各县市从事果蔬生产的公司、中小型农业合作组织及个体农户等。登录信息主要由农产品信息、生产者信息和出货信息这 3 个项目组成，系统涉及近 1 700 个品相的果蔬和超过 140 项的果蔬信息	日本全国	财团法人食品流通构造改善促进机构、农业和食品产业技术综合研究机构食品综合研究所、农林水产研究计算中心（农林水产省）	seica.info
家禽追溯系统	整合“食品值得信赖”的相关企业、农产共同搭建，能够对加工企业和生产农场相关追溯信息进行查询，采用前后各 4 位，共 8 位的追溯码	日本全国	日本肉鸡协会	www.j-chicken.jp/traceability/
青森县板柳町苹果追溯	具有相同药剂使用方式的地块作为同一个种植追溯单元，系统包含 80 多个品种的栽培、防治等追溯信息，并与 seica 系统连接，实现追溯信息上传	青森县	财团法人食品流通构造改善促进机构、农业和食品产业技术综合研究机构食品综合研究所、农林水产研究计算中心（农林水产省）	www.town.itayanagi.aomori.jp/marukajiri/top.html
京都府全农京都米追溯	可以查询大米的种植、加工、流通等追溯信息，特别注重对大米进行混合处理相关信息的记录，并对相关追溯信息值进行“平均化计算处理”	京都府	全农京都府	rice.kt.zennoh.or.jp

1. 牛只个体识别追溯系统

农林水产省于 2003 年制定《牛肉生产履历法》，同时委托家畜改良中心开发和管理牛只个体识别追溯系统。消费者可以根据牛肉包装上的 10 位追溯码查询到牛肉生产、流通整个过程中的所有信息。有关日本牛肉的追溯在后面的章节有详细阐述，此处不赘述，详见第五节。

2. seica 果蔬追溯信息系统

seica 果蔬追溯信息系统（官方网址为 seica.info）由财团法人食品流通构造改善促进机构，以及独立行政法人农业和食品产业技术综合研究机构食品综合研究所、农林水产研究计算中心（农林水产省）共同开发管理，是日本最有影响力的果蔬追溯信息系统。生产者通过 seica 果蔬追溯信息系统注册登记，可以登录进入系统后免费编辑自己产地信息的内容，网站首页提供了详细的信息编辑流程。消费者可以运用产品包装上的 8 位数字、产地、栽培方式等查询产品的种植信息。查询结果包括农产品信息、生产者信息和出货信息这 3 个项目，如图 3-10 ～图 3-12 所示。

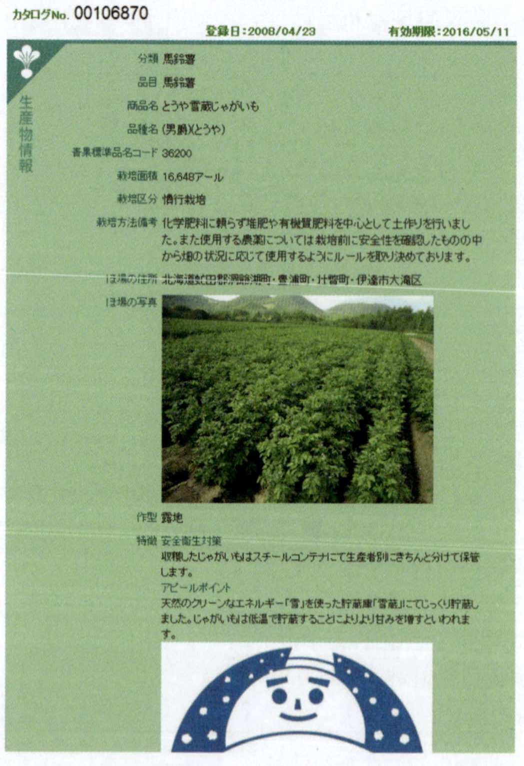

图 3-10　农产品信息

截图时间：2016 年 7 月 20 日

图 3-11 生产者信息

截图时间：2016 年 7 月 20 日

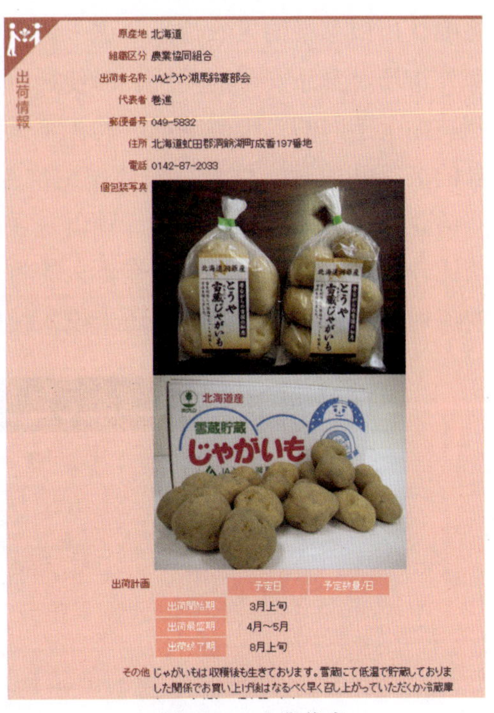

图 3-12 出货信息

截图时间：2016 年 7 月 20 日

3. 家禽追溯系统

该系统由一般社团法人日本肉鸡协会（Japan Chicken Association，JCA）开发管理，目的是实现“放心鸡肉产品”。该社团是日本唯一正规的肉鸡管理协会，会员单位成员包括生产加工鸡肉会员、零售鸡肉会员、批发鸡肉会员等会员企业 170 家，集成、医药器械等赞助会员企业 29 家。协会组织会员单位经过认证后，将自己的生产、流通信息上传到系统中，消费者可以通过鸡肉包装上的编号或者产地查询鸡肉的生产和流通状况。（家禽追溯系统网站网址为：www.j-chicken.jp/traceability/）

4. 青森县板柳町苹果追溯

青森县板柳町在 1875 年开始栽培苹果，是日本最早栽培苹果的地区之一，后逐渐发展成为日本国内以苹果栽培为主要产业的生产基地之一，也被称为日本的“苹果故乡”。

日本青森县苹果产地将导入一种新系统（网站网址为：www.town.itayanagi.aomori.jp/marukajiri/top.html），消费者可以通过贴在苹果上的二维码来确认出口苹果的果农信息。这一新尝试目的在于提高产品的可追踪性，满足海外市场对食品安全的期待。即使摘自同一个果农的同一棵果树，每只苹果也都被贴上不同的二维码贴纸。购买苹果的人只要用手机扫描一下，就会显示果农的名字和照片、评价、农药使用次数等信息，如图 3-13、图 3-14 所示。这些信息分日语、中文、英语三种语言显示。给每个商品都贴上不同识别码的做法比较罕见，果农们还希望在不久的将来，让消费者能够通过二维码确认苹果的流通路径。目前，市场上还未投入使用。

图 3-13　用生产者 ID 查询追溯信息

图 3-14　苹果生产商查询结果

5. 京都府全农京都米追溯

全农协会京都府为保证当地稻米的质量安全，对有品质保证的京都米信息建立一套可以查询的系统（系统网站网址为：rice.kt.zennoh.or.jp），通过该系统可以分别从两个渠道查到大米的种植、加工、流通等追溯信息。一是通过商品名称和生产日期搜索；二是通过商品条码和生产日期搜索。网站及查询信息如图 3-15、图 3-16、图 3-17 所示。

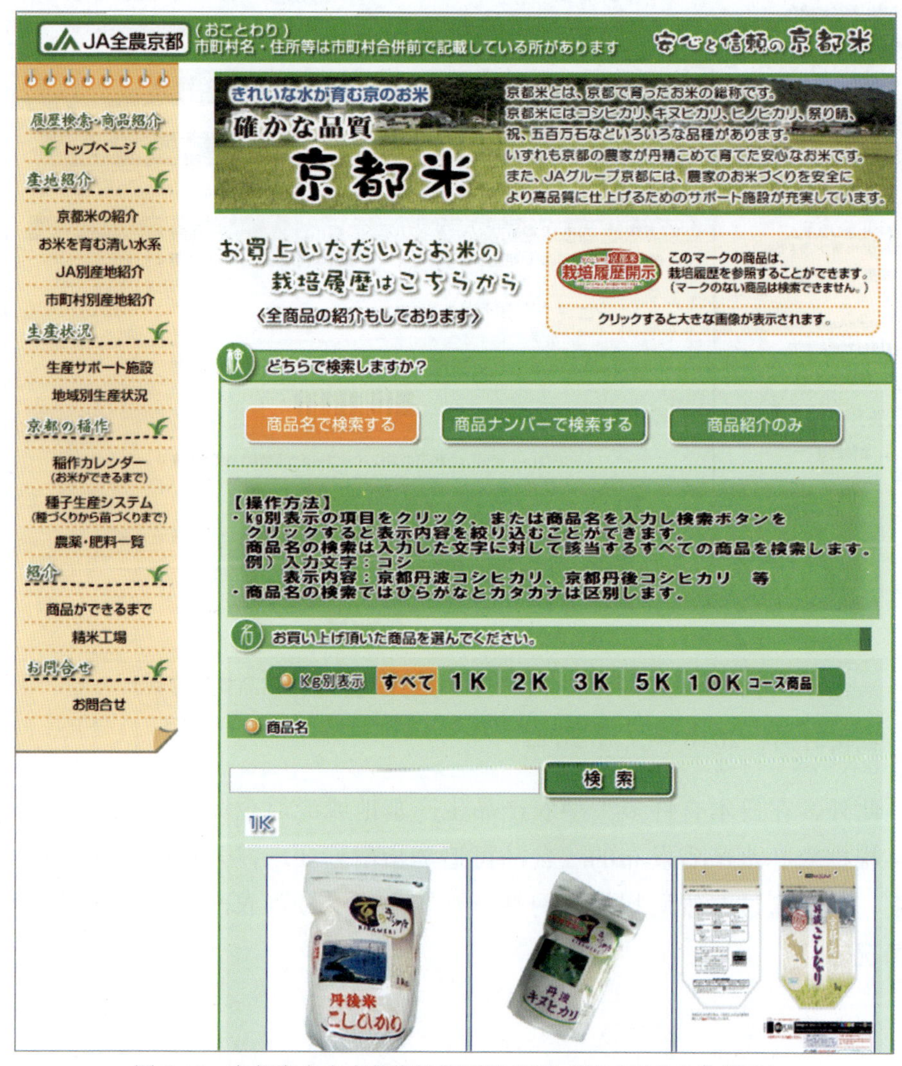

图 3-15 京都府全农京都米追溯系统首页（通过商品名称搜索）

截图时间：2016 年 7 月 20 日

图 3-16　京都府全农京都米追溯系统首页（通过商品条码搜索）

截图时间：2016 年 7 月 20 日

此外，在日本有许多大型农产品生产基地或流通企业自行建立可追溯系统，根据农林水产省发布的《食品可追溯指南》要求并开发很好的用户体验界面，可以通过二维码扫描、网站查询等方式追溯到农产品在各流通环节中的情况。

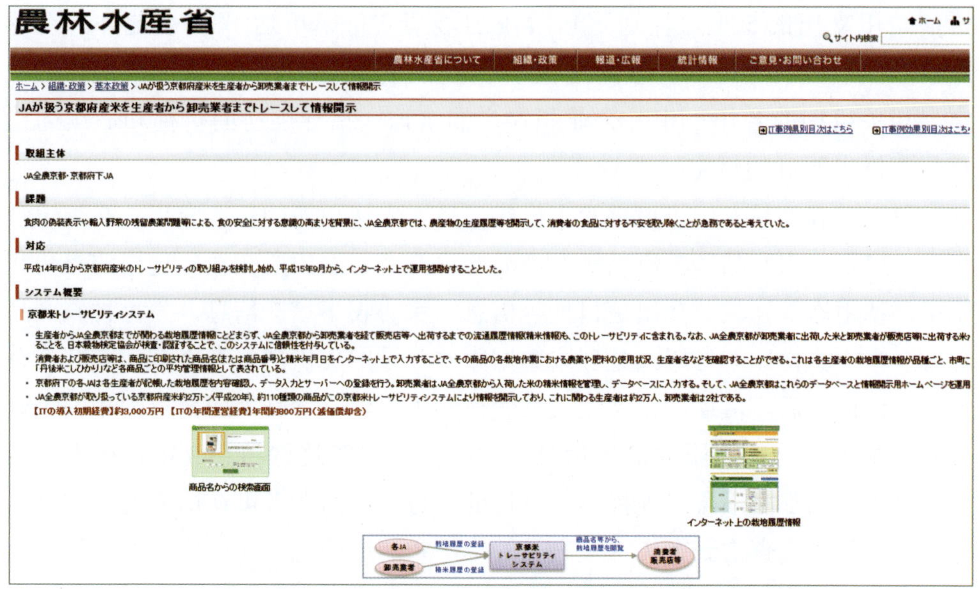

图 3-17　通过农林水产省查到京都府全农京都米追溯系统的信息

第五节　实 施 推 广

一、推广措施

日本的食品可追溯制度采取了先试验、示范后、逐步推广的做法。在试验示范阶段，农林水产省通过“安全、安心情报提供高度化事业”项目的扶持，2002 年选择蔬菜、水果、大米、鸡肉、牡蛎、水产品加工品、果汁 7 个领域进行可追溯系统开发的试验，利用条码、ID 标签、互联网等 IT 技术建立相应产品可追溯系统的示范项目，之后进行推广。与此同时，农林水产省鼓励食品生产经营者根据产品的生产和流通特性，自主开发数据识别、数据载体、信息传递方法并建立适合产品特点和经营条件的食品可追溯系统。为了推广已开发出的可追溯系统，农林水产省对采用食品可追溯系统的机构从资金方面进行支持，对计划采用可追溯系统的单位在建立数据库、购置必要的信息处理设备等方面给予补贴。具体补贴标准是：生产阶段补贴最高可达所需费用支出的50%，流通零售阶段的最高支付率可达1/3。[①]此外，在建立农产品质量安全追溯体系的过程中，非常注重实施程序，对追溯目标的设定、相关机构的合作、相关企业和农户的培训、指导手册的传播和后续的检查督查提出明确的规定。

日本对农产品实施可追溯管理模式。日本农协下属的各地农户，必须记录米面、果蔬、肉制品和乳制品等农产品的生产者、农田所在地、使用的农药和肥料、使用次数、收获和出售日期等信息。农协收集这些信息，为每种农产品分配一个“身份证”号码，整理成数据库并开设网页供消费者查询。农产品有了“身份证”后，可追溯管理模式就变得易于操作。食品供应链上的相关企业会陆续加入原材料、添加剂等信息，并有义务保管这些信息3年。在零售店里，每种产品都必须醒目地标出“身份证”号码，消费者可在店内的查询终端输入这个号码，查询到有关这一产品的生产和流通信息。

在可追溯管理模式中，农产品生产者向食品生产厂家供货前要签订合同，承诺提供的农产品信息完全属实，并受法律保护和约束。如果厂家发现原料有问题，就可以追究生产者的责任。以此类推，经销商也可以追究厂家的责任。

日本的食品监管还重视企业的召回责任。日本报纸上经常有主动召回食品的广告，如遗漏了对过敏原的标记，企业就必须回收特定批号的产品，所产生的费用由企业承担，企业还要向消费者道歉。

日本政府通过法令和市场准入的形式在部分农产品中强制推行可追溯体系。在推行过程中，通过出台生产规范或操作指南等办法，引导其他农产品经营者自愿建立可追溯体系。

由农林水产省发布的《食品可追溯指南》是国家层面的基础性指南，详细阐述了日本农产品质量安全追溯体系应用的一般过程（图3-18），具备很强的可操作性。根据该指南，不同地区针对不同类型的农产品与食品建立了更为详细和符合实际情况的操作性指南。

---

① 代文彬，慕静．食品供应链安全透明演进路径与机理研究[J]. 商业经济与管理，2013(8)。

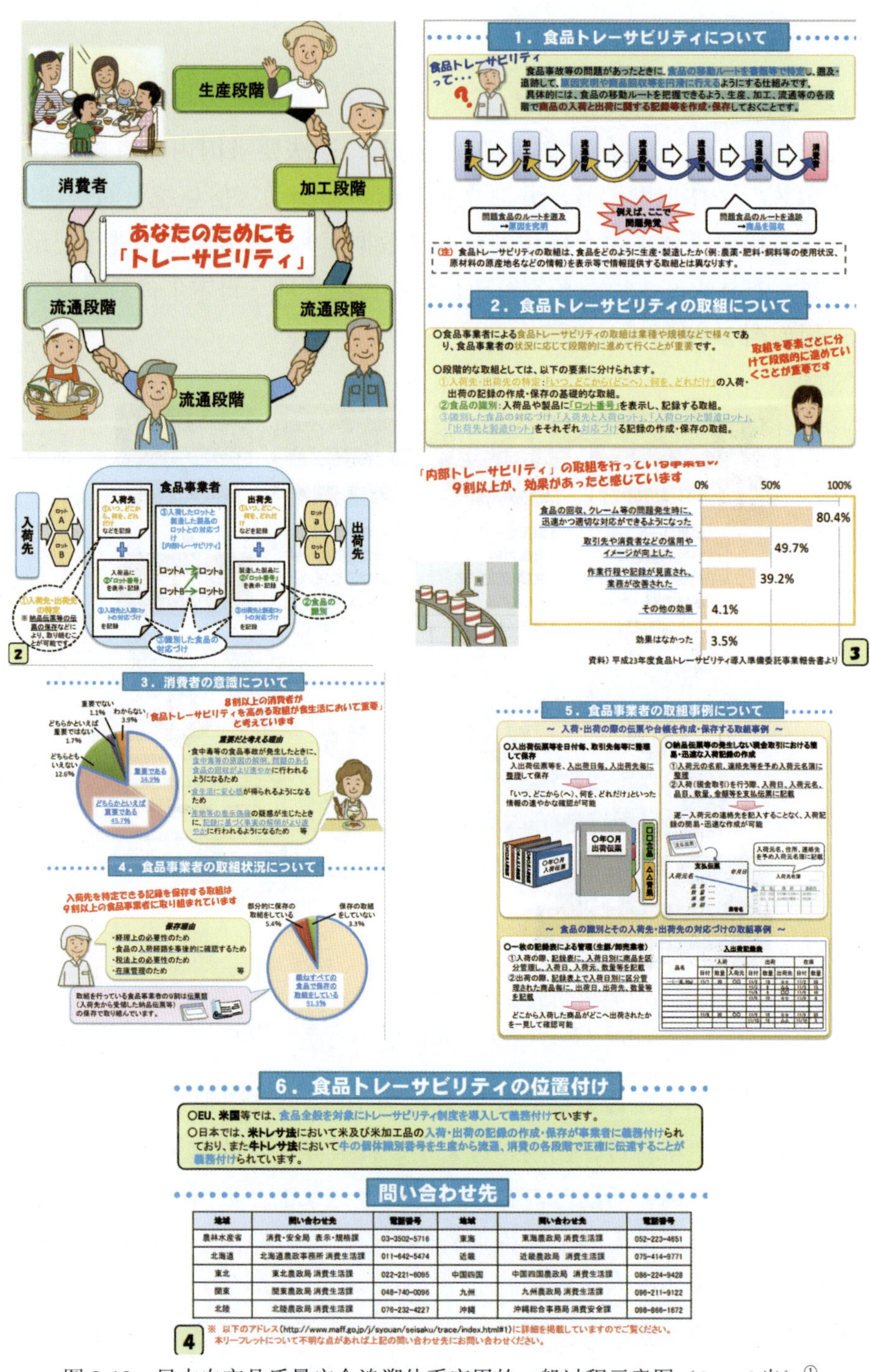

地域	問い合わせ先	電話番号	地域	問い合わせ先	電話番号
農林水産省	消費・安全局 表示・規格課	03-3502-5716	東海	東海農政局 消費生活課	052-223-4651
北海道	北海道農政事務所 消費生活課	011-642-5474	近畿	近畿農政局 消費生活課	075-414-9771
東北	東北農政局 消費生活課	022-221-6095	中国四国	中国四国農政局 消費生活課	086-224-9428
関東	関東農政局 消費生活課	048-740-0096	九州	九州農政局 消費生活課	096-211-9122
北陸	北陸農政局 消費生活課	076-232-4227	沖縄	沖縄総合事務局 消費安全課	098-866-1672

※ 以下のアドレス（http://www.maff.go.jp/j/syouan/seisaku/trace/index.html#1）に詳細を掲載していますのでご覧ください。
本リーフレットについて不明な点があれば上記の問い合わせ先にお問い合わせください。

图 3-18 日本农产品质量安全追溯体系应用的一般过程示意图（1～6 步）①

① 截取自日本《食品可追溯指南》。

二、实际应用案例

（一）牛肉质量安全追溯系统

2003 年，日本制定《牛肉生产履历法》。该法要求国内所有肉牛和进口肉牛全国统一个体识别编号，并建立对其出生、变动等信息统一的管理制度，牛肉生产履历要求建立牛个体识别台账（数据库），对相关信息进行记录、保存、公布。农林水产大臣委托家畜改良中心协助管理。日本牛肉质量安全追溯系统应用如图 3-19 所示。

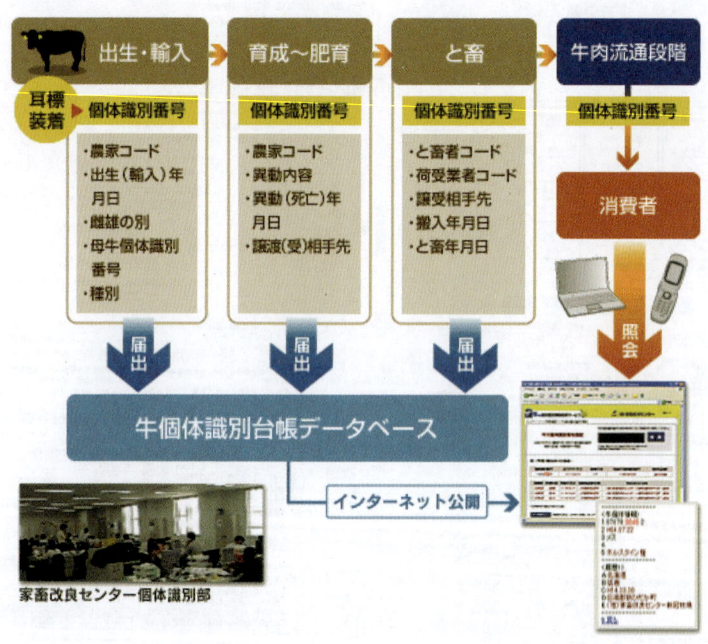

图 3-19　日本牛肉质量安全追溯系统应用

肉牛在出生养殖阶段安装耳标，表示为 10 位个体识别号码。记录出生信息，包括牛的出生年月日、性别、母亲牛、种类等信息的记录；出生以后到屠宰为止，备案牛的饲料活动等内容。上述所有记录都在数据库中完成。在牛被屠宰拆卸后，可以通过牛的个体识别号码标签，在互联网上（可登录家畜改良中心网站）查到牛的生产履历。

登录独立行政法人家畜改良中心网站首页中“牛的个体识别信息的管理及传达”模块，输入牛肉包装上的 10 位“个体识别身份编号”（图 3-20），即可得到图 3-21 所示的追溯信息。

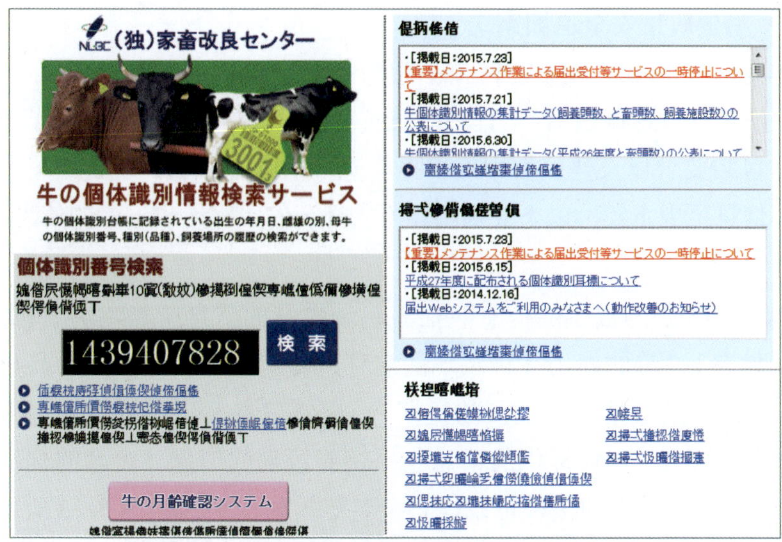

图 3-20 在家畜改良中心网站相应模块中输入“牛肉个体识别身份编号”

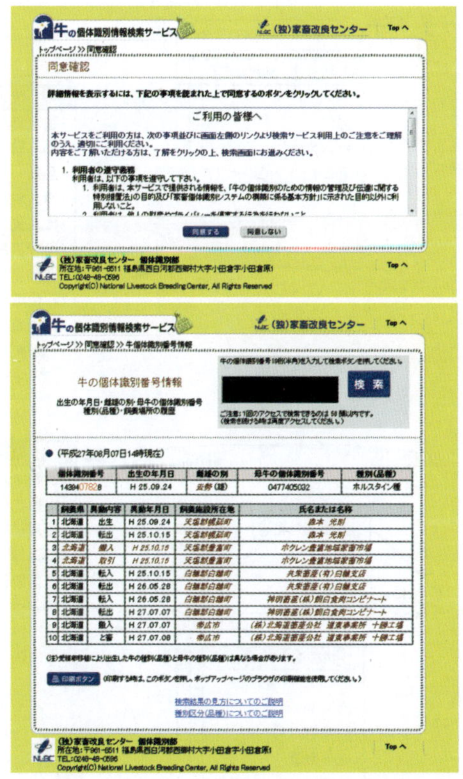

图 3-21 通过“牛肉个体识别身份编号”查询到的追溯结果

截图时间：2015 年 7 月 28 日

（二）鸡蛋质量安全追溯系统

日本是世界上对鸡蛋质量要求最高的国家。2004年，日本农林水产省出台了《鸡蛋质量安全追溯指南》，详细规范了鸡蛋从生产到流通每一环节的信息记录要求、包装要求以及建议使用的单据格式。指南中要求供应链中不同环节的主体保存信息至少1年，以下分别阐述不同环节的主体所应记录的信息要求。

1. 养鸡场

养鸡场要求必须提供的信息包括养鸡场自身的信息（养鸡场名称、地址、生产者的姓名）、鸡的履历（种鸡场的名称、育鸡场的名称、鸡的品种、开始产蛋的日期）、采蛋信息（采蛋的日期）、出售信息（出售的日期、出售的地方、出售的数量）。建议提供的信息包括饲养管理的信息（鸡舍的构造、卫生管理、饲料信息）、鸡的接种记录、鸡舍名等，如图3-22、图3-23所示。

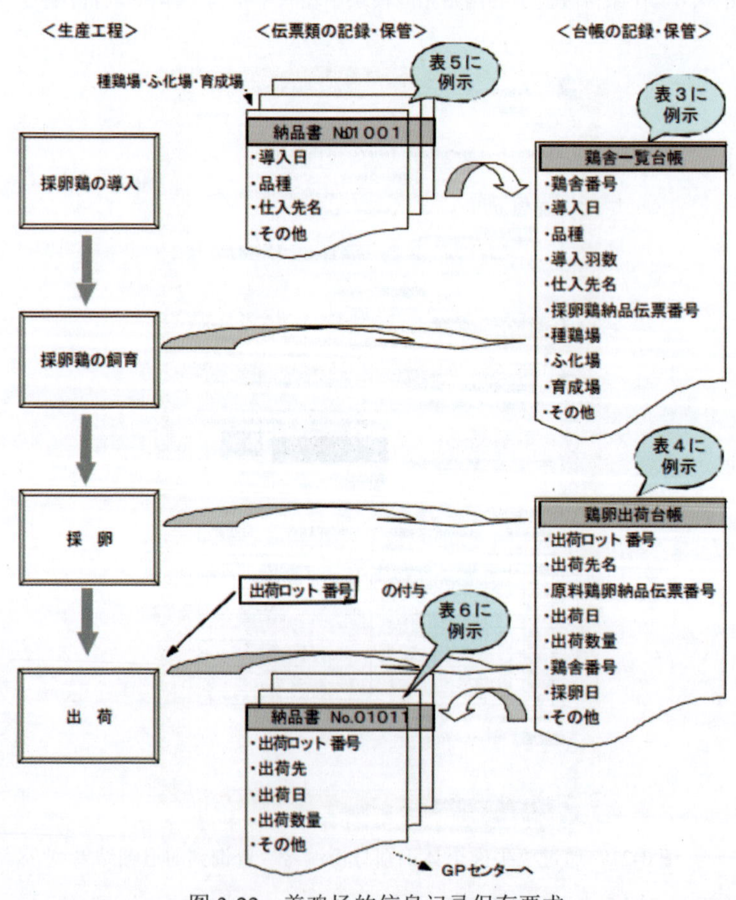

图3-22　养鸡场的信息记录保存要求

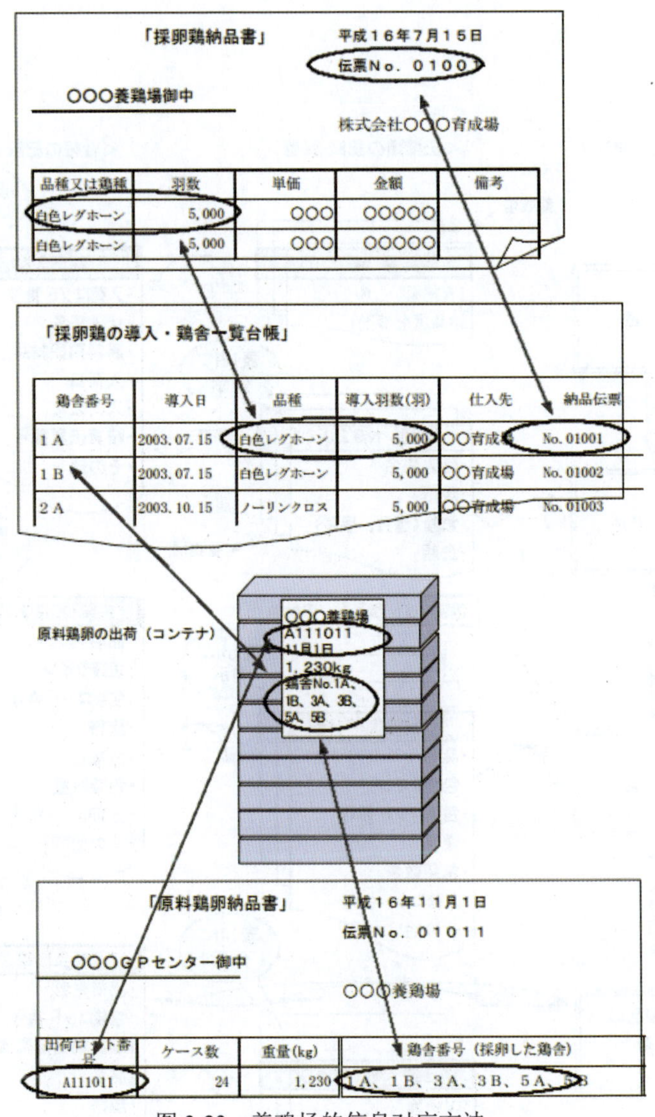

图 3-23 养鸡场的信息对应方法

2. 流通加工（包装）商

流通加工（包装）商必须提供的信息包括流通加工（包装）商自身的信息（厂商名称、包装作业者、厂址）、原料鸡蛋的买入信息（买入的日期、购买的地方、买入的数量）、包装信息 [包装日期、保质期、规格、数量（个数、重量）]、出售信息 [销往地点、出售日期、数量（个数、重量）]。建议提供卫生许可信息、品质检查结果、配送班次，如图 3-24、图 3-25 所示。

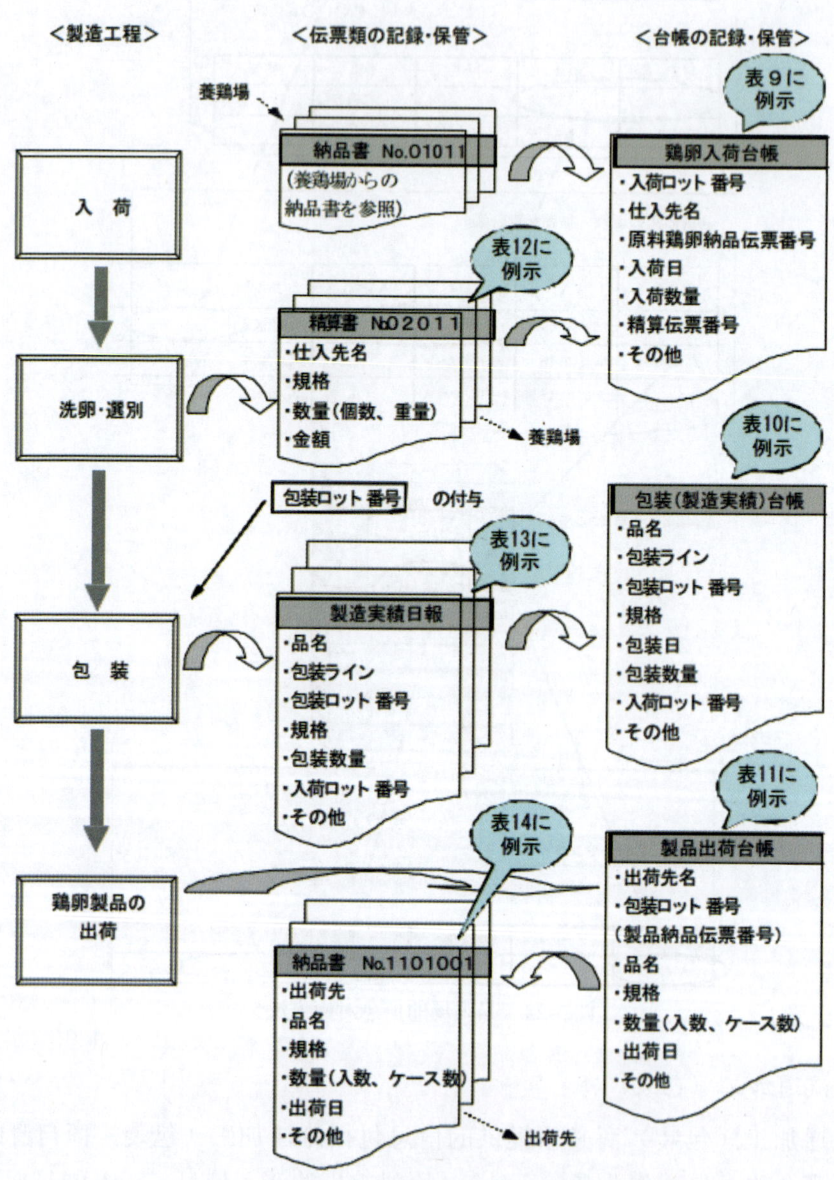

图 3-24　流通加工（包装）商的信息记录保存要求

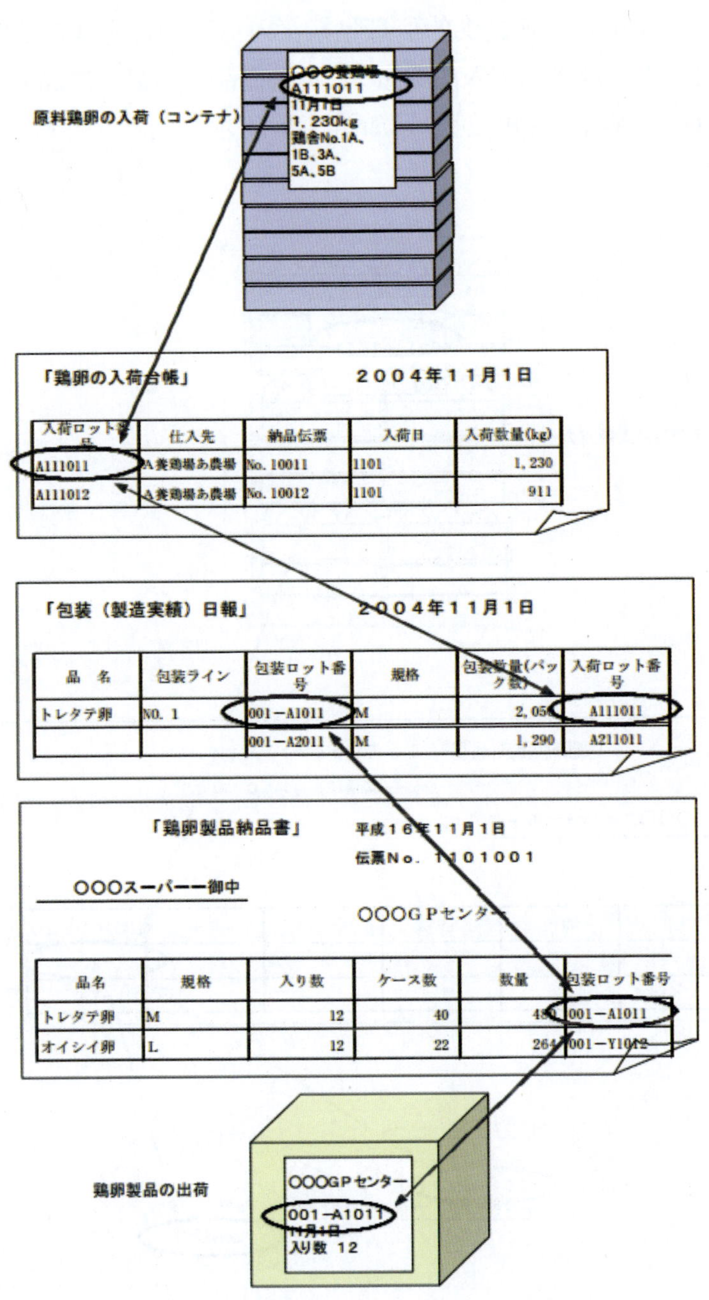

「鶏卵の入荷台帳」　２００４年１１月１日

入荷ロット番号	仕入先	納品伝票	入荷日	入荷数量(kg)
A111011	A養鶏場あ農場	No. 10011	1101	1, 230
A111012	A養鶏場あ農場	No. 10012	1101	911

「包装（製造実績）日報」　２００４年１１月１日

品　名	包装ライン	包装ロット番号	規格	包装数量(パック数)	入荷ロット番号
トレタテ卵	NO. 1	001−A1011	M	2, 050	A111011
		001−A2011	M	1, 290	A211011

「鶏卵製品納品書」　平成１６年１１月１日

伝票No.　１１０１００１

○○○スーパー一御中

○○○ＧＰセンター

品名	規格	入り数	ケース数	数量	包装ロット番号
トレタテ卵	M	12	40	480	001−A1011
オイシイ卵	L	12	22	264	001−Y1012

图 3-25　流通加工（包装）商的信息对应方法

3. 批发商、零售商

批发商、零售商必须提供的信息包括买入商品的信息（产品名称、入库日期、购买地点、规格、买入的数量）、卖出商品的信息（产品名称、出库日期、卖出地点、规格、卖出数量），如图 3-26 所示。

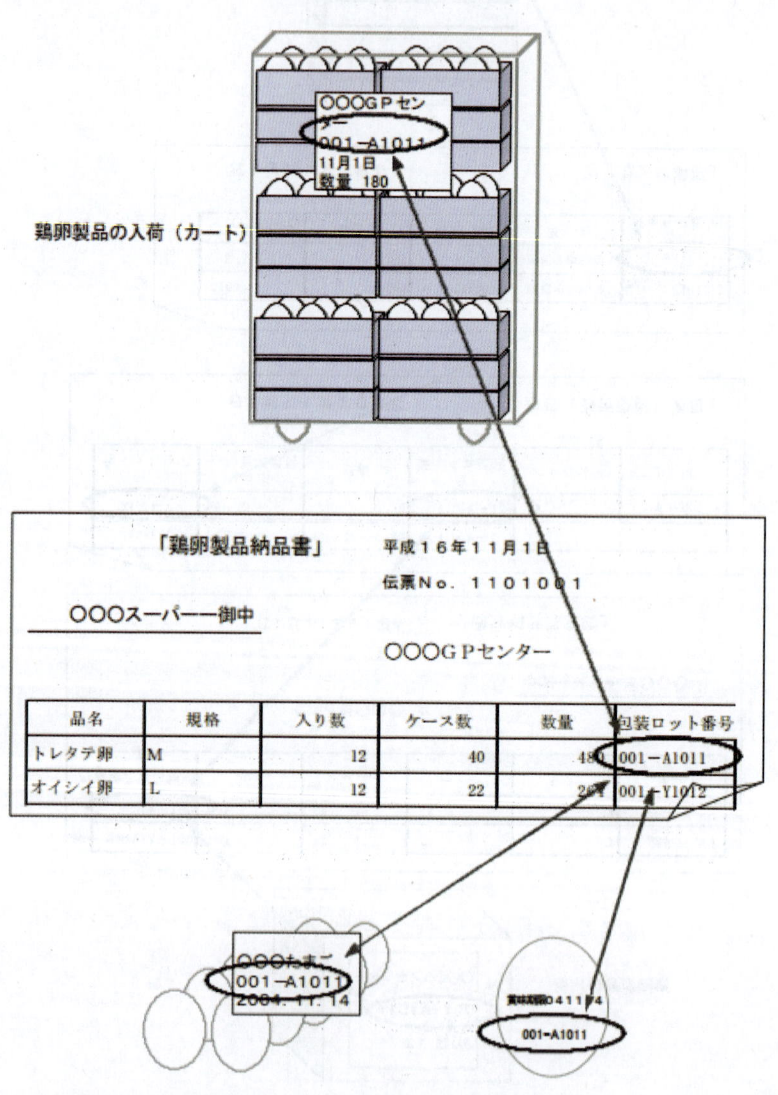

品名	規格	入り数	ケース数	数量	包装ロット番号
トレタテ卵	M	12	40	480	001－A1011
オイシイ卵	L	12	22	264	001－Y1012

图 3-26　零售商的信息对应方法

最终向消费者提供的鸡蛋追溯信息如表 3-3 所示。

表 3-3 需向消费者提供的鸡蛋追溯信息

关于养鸡场的信息	养鸡场名
	厂址
	生产者姓名
	采蛋鸡的饲养数量
	鸡棚的结构
	经营理念、信息（message）等
	鸡蛋的品质、特征
	卫生管理
	种鸡场、孵化场
	育成场（孵小鸡的地方）
	品种
	导入日
	疫苗接种记录
	饲料（饲料名、原材料名）
	鸡棚名
关于 GP 中心的信息	GP 中心名（包装者）
	地址
	经营理念、信息（message）等
	鸡蛋的品质、特征
	卫生管理
	鸡蛋品质检查结果
关于鸡蛋的信息	采蛋日
	鸡蛋出货的日期
	鸡蛋出货数量
	鸡蛋采购日
	采购鸡蛋一方的地址
	鸡蛋采购的数量
	包装日
	保质期
	规格
	产品出货数量
	产品出货日
	配送公司名称

消费者可通过电话咨询、零售店（超市）产品追溯查询机、商品包装信息、条码进行查询。普通超市购入的鸡蛋，如果出现质量问题可以追踪到具体的生产该鸡蛋的农场、生产批次。农场和经销商也会有相关的出入货记录，问

题鸡蛋的召回是可以实现的。

鸡蛋包装上的编号及标准信息如图 3-27、图 3-28 所示。

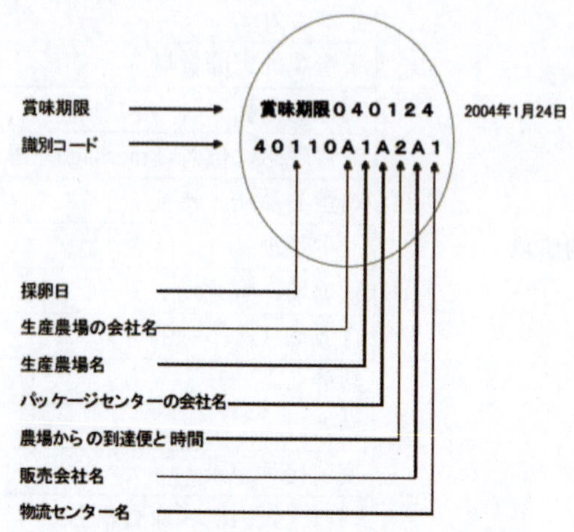

图 3-27　日本鸡蛋包装编号的说明

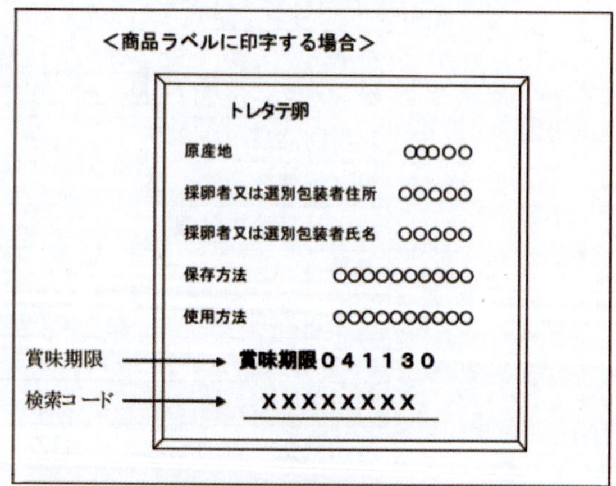

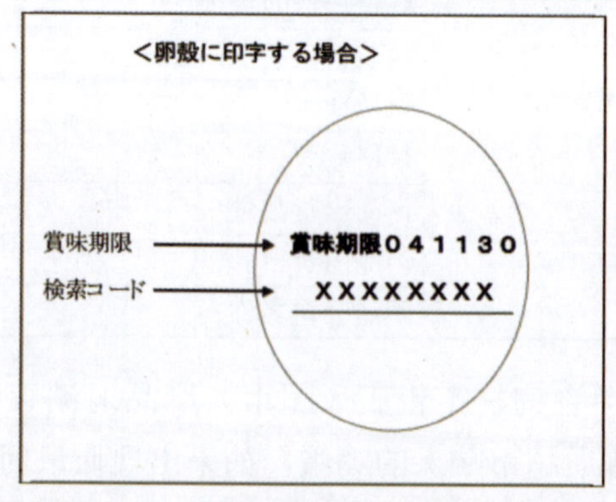

图 3-28　日本鸡蛋包装上需要标注的信息

图 3-29 至图 3-33 为通过二维码扫描得到的该批鸡蛋的追溯信息的图示。同时还可以通过鸡蛋包装上的公司网址，登录后填写鸡蛋生产日期和追溯码，得到更为详尽的追溯信息。该公司在发布的《鸡蛋质量安全追溯指南》的规定基础上，结合公司的自身情况，构建了与消费者友好界面的外部追溯系统，便于消费者安心选购。

扫描超市鸡蛋包装上的二维码并输入包装上的生产日期和追溯码等信息，即可查询到鸡蛋的追溯信息。

拍摄地点：日本横滨ローゼン超市
拍摄时间：2015 年 7 月 27 日

图 3-29　鸡蛋包装上的二维码和公司网址、生产日期和追溯码等信息

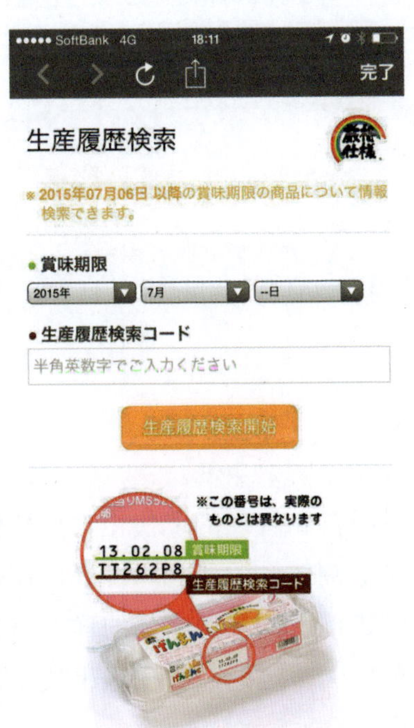

图 3-30　扫描包装二维码所显示的页面

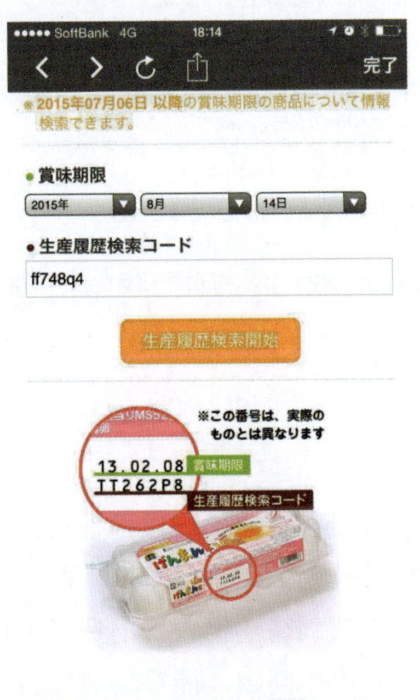

图 3-31　输入保质期和生产履历检索码

单击“检索”按钮后，出现下述两个界面：上半部分是企业和产品的简单介绍，下半部分是这盒鸡蛋的详细介绍的菜单标题，包括对沙门氏菌（SE）采用对策的信息、生产农场的禽流感（AI）监测（检查）结果、蛋鸡的喂养和饲料情况、蛋鸡的孵化信息、鸡蛋的营养成分和商品特征、GP 中心（洗蛋分选包装厂）的卫生管理信息。

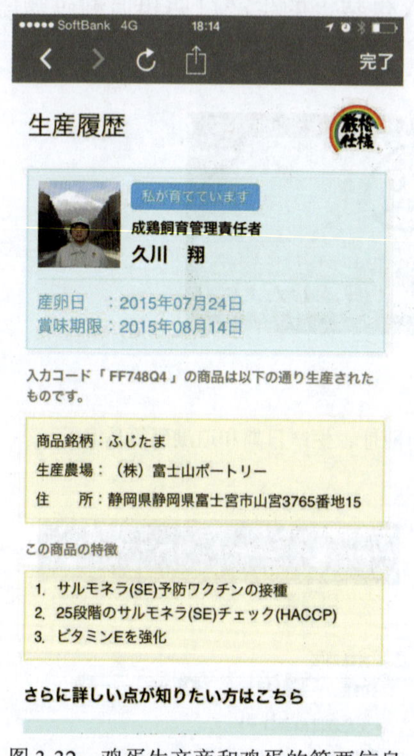

图 3-32 鸡蛋生产商和鸡蛋的简要信息

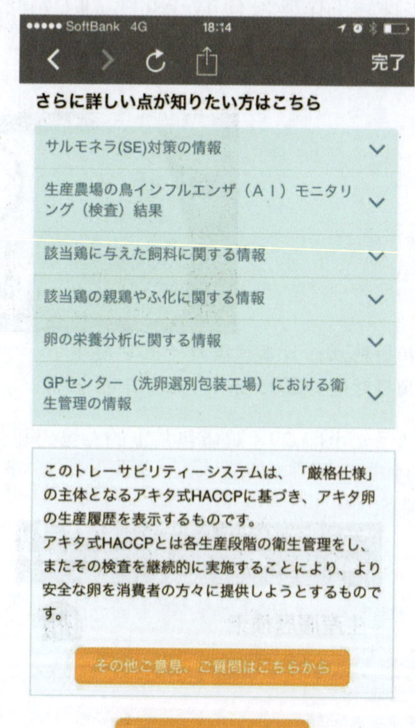

图 3-33 查询鸡蛋追溯信息的菜单标题

第六节 小 结

日本政府在农业上的投入使得日本农业经营和管理的现代化与科技化进程加快，在此基础上利于日本农产品质量安全追溯体系的建立和发展，使得农产品从田间生产到终端销售，消费者可以随时查询所购买农产品的详细信息，一旦出现质量安全问题，能够快速反应，避免更大范围的质量安全事故。日本农产品质量安全追溯的做法可概括为以下几点。

一、法律体系完善，安全风险防控措施严密

从1947年颁布第一部关于食品安全的法律《食品卫生法》开始，日本先后出台了《农药管制法》《农业标准法》《植物防疫法》《肥料管制法》《家畜传染病预防法》《确保饲料的安全性及品质改善法》《关于食品制造过程管理高度化临时措施法》《转基因食品标识法》《食品安全基本法》《牛肉生产履历法》《大米可追溯法》等一系列法律法规，涵盖到农业生产、销售等多个领域。

二、全国遵循标准统一、易于操作的可追溯系统操作指南和PDCA循环制度

2003年4月，日本农林水产省在探索农产品追溯体系建设的基础上，制定并公布了《食品可追溯指南》，指导农产品生产经营企业进行可追溯系统建设。通过《食品可追溯指南》，全国的农产品生产经营者和流通加工者可以了解可追溯系统建设的基本要求和注意事项，同时，根据其规定的各类农产品在生产、加工、流通等不同阶段的可追溯系统建设操作指南，结合自身经营特点和实际情况，建立适合企业发展的可追溯系统。基于此，构建始于产地，覆盖流通、保管、加工、销售等所有环节的信息平台。通过此平台，消费者可以掌握蔬果产品从生产到最终消费的全过程。农民与流通、加工环节人员共同制定产品的生产、分类、加工标准，在既定的标准下生产者要负责生产出合格优质的产品，交易户则要保障正常的交易。为了保证可追溯体系信息的准确、客观，及时引入“检查、审查、认证”等第三方监控制度，农产品的整个生产、加工、销售过程要在第三方监管下完成，第三方监管再将信息反馈给农协，农协对合格产品进行认证，继而投放市场。农民和蔬果批发、销售人员积极参与，一方面农民诚实、详细记录产地信息，另一方面流通环节要及时记录并保存有关于进货出货的信息。

三、民间经济组织积极参与

日本农产品质量安全追溯除了靠政府强制执行，主要是企业的自主行为。由于农产品可追溯制度对农产品经营形成了一定的贸易壁垒，为形成自己的产品优势，许多农产品经营者非常积极地建立追溯系统。日本农协在日本农业经营中起到很大的作用，农协推行的“全农放心系统”最具代表性，利用信息技

术和信息系统对所有由农协销售的农产品的生产、加工、流通全过程进行跟踪和追溯。同时，日本的其他民间组织通过行业影响构建某类农产品追溯系统，也为农产品质量安全追溯的全民宣贯起到了积极和快速推广的作用。

四、分阶段、分批次逐步实施

第一阶段是法律法规完善阶段：在开始实施追溯体系建设之前，日本就对农产品的种植、肥料使用、加工、流通等环节以法律法规形式作出了明确的规定，为后期建设追溯体系打下良好基础；第二阶段是选取部分农产品进行试点示范，最先选取水果、蔬菜、鸡肉、大米等农产品，利用条码等信息技术进行追溯系统建设；第三阶段是分批次逐步推广普及，经过试点项目的建设，农林水产省首先在同类产品中推广已开发的追溯系统，通过资金支持、建立数据库、购买信息处理设备补贴等方式，鼓励农产品经营者建立追溯系统。目前，日本的农产品可追溯制度已涵盖所有生鲜类农产品及其加工食品，其中牛肉和大米立法强制实施可追溯制度。

第四章

韩国农产品质量安全追溯体系

“农产品追溯”一词最早在韩国于2002年开始使用，2005年在韩国政府颁布的农产品质量控制法令中将其定义为“记录和保存产品从生产到销售全部信息，目的是当出现产品质量问题时，能够迅速查明原因，采取必要措施”。（农水产品质量管理法第2条第7号，见图4-1）。国立农产品质量管理院（NAQS，以下简称“农管院”，网站网址为http://www.naqs.go.kr）引入追溯制度作为一项基本政策，同时在牲畜、水果、蔬菜、原料食品、特殊农作物开始试行农产品追溯制度。自2005年起韩国建立农产品追溯管理制度，国立农产品质量管理院对农产品从生产到销售的各个阶段进行记录和管理，一方面若发生农产品的安全性问题追溯其原因，另一方面实施回收等必要措施。通过确立对农产品追溯及逆向追溯体系，确保安全性，在发生问题时能够迅速查明原因并采取措施，确保消费者对农产品的信赖。

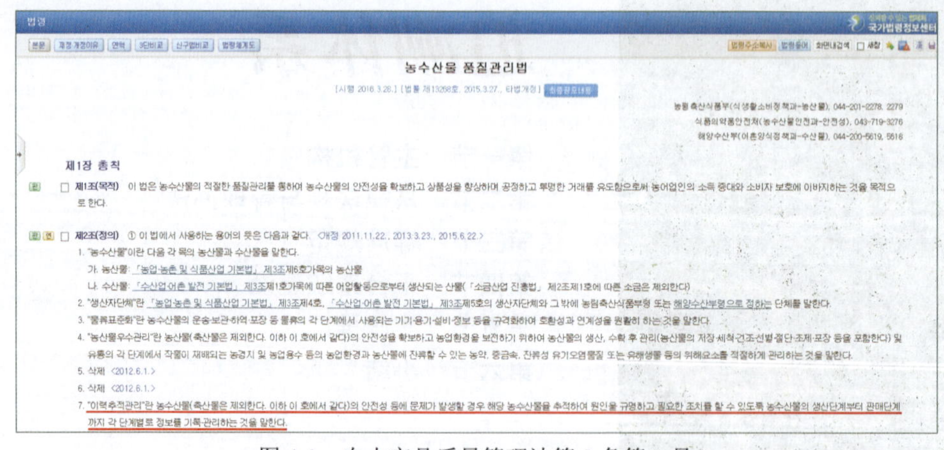

농수산물 품질관리법

[시행 2016.3.28.] [법률 제13268호, 2015.3.27., 타법개정]

농림축산식품부(식생활소비정책과-농산물), 044-201-2278, 2279
식품의약품안전처(농수산물안전과-안전성), 043-719-3276
해양수산부(어촌양식정책과-수산물), 044-200-5619, 5616

제1장 총칙

제1조(목적) 이 법은 농수산물의 적절한 품질관리를 통하여 농수산물의 안전성을 확보하고 상품성을 향상하며 공정하고 투명한 거래를 유도함으로써 농어업인의 소득 증대와 소비자 보호에 이바지하는 것을 목적으로 한다.

제2조(정의) ① 이 법에서 사용하는 용어의 뜻은 다음과 같다. <개정 2011.11.22., 2013.3.23., 2015.6.22.>

1. "농수산물"이란 다음 각 목의 농산물과 수산물을 말한다.
   가. 농산물: 「농업·농촌 및 식품산업 기본법」 제3조제6호가목의 농산물
   나. 수산물: 「수산업·어촌 발전 기본법」 제3조제1호가목에 따른 어업활동으로부터 생산되는 산물(「소금산업 진흥법」 제2조제1호에 따른 소금은 제외한다)
2. "생산자단체"란 「농업·농촌 및 식품산업 기본법」 제3조제4호, 「수산업·어촌 발전 기본법」 제3조제5호의 생산자단체와 그 밖에 농림축산식품부령 또는 해양수산부령으로 정하는 단체를 말한다.
3. "물류표준화"란 농수산물의 운송·보관·하역·포장 등 물류의 각 단계에서 사용되는 기기·용기·설비·정보 등을 규격화하여 호환성과 연계성을 원활히 하는 것을 말한다.
4. "농산물우수관리"란 농산물(축산물은 제외한다. 이하 이 호에서 같다)의 안전성을 확보하고 농업환경을 보전하기 위하여 농산물의 생산, 수확 후 관리(농산물의 저장·세척·건조·선별·절단·조제·포장 등을 포함한다) 및 유통의 각 단계에서 작물이 재배되는 농경지 및 농업용수 등의 농업환경과 농산물에 잔류할 수 있는 농약, 중금속, 잔류성 유기오염물질 또는 유해생물 등의 위해요소를 적절하게 관리하는 것을 말한다.
5. 삭제 <2012.6.1.>
6. 삭제 <2012.6.1.>
7. "이력추적관리"란 농수산물(축산물은 제외한다. 이하 이 호에서 같다)의 안전성 등에 문제가 발생할 경우 해당 농수산물을 추적하여 원인을 규명하고 필요한 조치를 할 수 있도록 농수산물의 생산단계부터 판매단계까지 각 단계별로 정보를 기록·관리하는 것을 말한다.

图4-1　农水产品质量管理法第2条第7号

截图日期：2016年7月4日

在此之后GAP（良好农业规范）认证农户数量持续增加，现约46 000千户。GAP认证计划至2025年，市场上流通的所有农产品都通过GAP进行管理，国立农产品质量管理院现正在为GAP系统的扩大准备新的促进方案。除了GAP产品认证外，其他常见农产品也在该法规的管理范围之内。国立农产品质量管理院负责登记和监督追溯程序的执行情况。消费者通过产品上粘贴的纸质标签或一维条形码提供的序列号，在互联网上查询相关产品信息，出现产品质量问题后，也可以通过这个序列号迅速找到问题的源头。

第一节 主管机构

韩国对农产品的管理采用中央、省、市、郡的多级管理体制。中央层主要涉及食品安全政策委员会、农林畜产食品部和保健福祉部 3 个机构，主要负责农产品安全管理政策的制定及全国性安全事务的管理，并通过设在各地的垂直管理机构监督管理政策的具体落实情况；地方政府机构则负责对本行政区域内产品安全问题的具体管理。

韩国的农产品质量安全管理是以保护消费安全为核心，以提高品质和市场竞争力为重点的发展格局。在农林畜产食品部，农产品质量安全管理在全国实施垂直管理。韩国成立了由国务总理主持的食品安全管理政策委员会，负责制定食品安全管理的方针政策、部门间的组织协调、食品卫生事故的组织处理。部门分工方面，还是由农林部和海洋水产部负责农产品生产、储运过程和销售前的质量安全控制，食品药品监督管理局负责流通中的农产品质量安全管理。农林畜产食品部食品产业政策室新成立了生态农业科，专门负责农产品认证法律和农产物新品种法律的制定和修订。

韩国的农产品质量安全管理所需经费也列入政府财政年度预算，尤其是检验检测经费一律根据当年工作计划由政府财政足额解决。由于财政支持有预算且经费充足，韩国农产品质量安全技术检测机构没有收费创收现象。

一、农林畜产食品部

农林畜产食品部（MFAFF，网站网址为 www.mafra.go.kr）成立于 1948 年，此后进行了 10 余次职能调整和改名，2008 年改名为农林畜产食品部（简称“农林部”）。农林部属中央行政机关，主管范围是农产、畜产、粮食、农田、水利，以及食品产业的振兴和农村开发以及农产品流通等。主要业务是粮食的安全供给和农产品的质量管理、农民的收入以及经营安全和福祉增进、提高农业的竞争力、育成相关产业、农村地域开发以及国际农业通商协作等相关事项，掌管食品产业振兴和农作物流通以及稳定价格安全等。以前的农畜产品卫生安全管理职能已移交给食品药品监督管理局。

农林部内设的农产品质量管理局、畜产品质量管理局和粮食管理局，负责农产品质量安全方面对策的拟定、法律法规的制定和财政预算的编制。同时，农林部下属的农管院（以下简称“农管院”）和农林畜产检疫本部，是农产品质量安全管理的实施机关，属公务员序列。

农林部于 2006 年 1 月 1 日开始施行良好农业规范（GAP）和农产品履历追溯管理制度（traceability）。良好农业规范是指为了更加强化农产品的安全性，以 Codex（国际食品规格委员会）、FAO（国际联合食粮农业机构）等国际机构为基准实行的良好农业规范。此制度主要指从生产到收获后阶段的农产品各种危害要素管理，如农药、重金属、微生物等，致力于加强国产农产品竞争力，扩大出口。农产品履历追溯管理制度是借欧洲发生疯牛病的契机引入的，是对农产品的安全问题的快速反应机制，此制度的主要内容是记录、管理农产品从生产到销售的各个阶段，发生食品安全问题时追溯农产品的履历，从而快速查明原因，构建农产品安全体制。农林部为成功制定这两个制度，从 2003 年到 2005 年持续促进试点工程，实施对象为米、蔬菜、水果、特殊作物等 96 个品种，共 965 户农家参与试点工程。

农产品履历追溯管理制度是从生产开始到销售结束全程管理，为了发生问题时明确责任所制定的制度。良好农业规范是农产品从种植到收获后管理阶段使农药、重金属、微生物等危害要素最小化的制度。农产品履历追溯管理制度可按照申请情况运营，但若生产者想获得 GAP 认证必须强制履行农产品履历追溯管理制度，如图 4-2 所示。

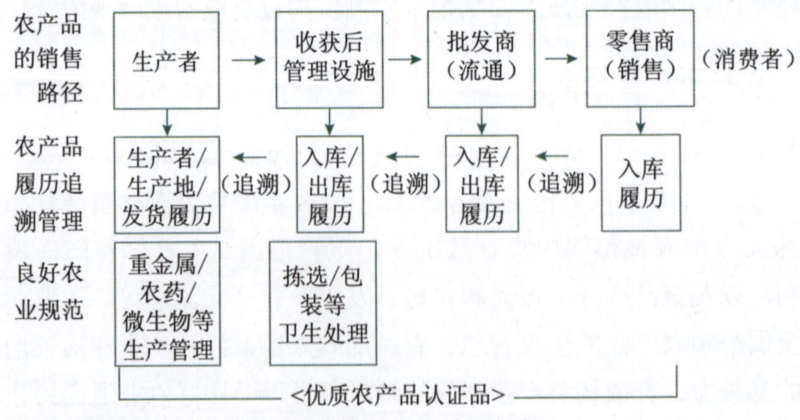

图 4-2　良好农业规范和农产品履历追溯管理制度

二、国立农产品质量管理院

由于韩国在规定和实施农产品质量安全追溯中明确了农管院的职责，此节单独将农管院的情况详细说明。

农产品履历追溯制度规定凡销售可追溯农产品必须在农管院（办事处）进行追溯注册，注册后生产者使用农药、肥料等生产信息和农产品的发货信息与物流公司的农产品出入库信息，以及销售商的农产品入库日期、品名、数量、提货价等都要在国立农产品质量管理院进行记录、管理。

农管院主要负责农产品认证制度、安全性管理、原产地管理、质量检查、农业经营主体注册、农业用油免税后管理、直接支付制度、农民确认书、农产品质量管理师等业务。

农产品认证制度业务包括农产品认证制度、农产品履历追溯管理制度、传统食品质量认证制度、优质食品认证机关指定制度、酒品质认证制度、良好农业规范、加工食品产业标准 KS 认证制度，有机加工食品认证制度、地理标识制度、认证标志等的管理。

安全性管理业务是指担当安全性调查、国家残留调查、饲料鉴定和安全性检查机关制度的制定等业务。原产地管理业务是指农食品原产地标识、餐厅原产地标识、牛肉履历制、GMO 标识管理，LMO 进口许可以及安全管理、人参类售后服务等。

质量检查是指农产品检查、粮食标识制、标准规格化管理。安全畜产物直接支付业务是指对实施畜产的农户在初期收入减少的部分和生产费用的差额进行补给，帮助农户确保畜产的顺利进行。农业经营制度注册业务是指管理包含农户的劳动力信息的农产品及畜产品的生产信息。

根据农产品履历追溯制度的要求，农管院对农产品从生产到销售的各个阶段进行记录和管理，一方面若发生有关农产品的安全性问题可追溯其原因，一方面可实施回收等必要措施。韩国农产品追溯管理制度的参与机关和运营方式如图 4-3 所示。

具体环节包括：

（1）在农管院申请履历追溯管理；

（2）履历追溯管理注册者（生产、流通、销售阶段）的相关信息记录保管；

（3）履历追溯管理品；

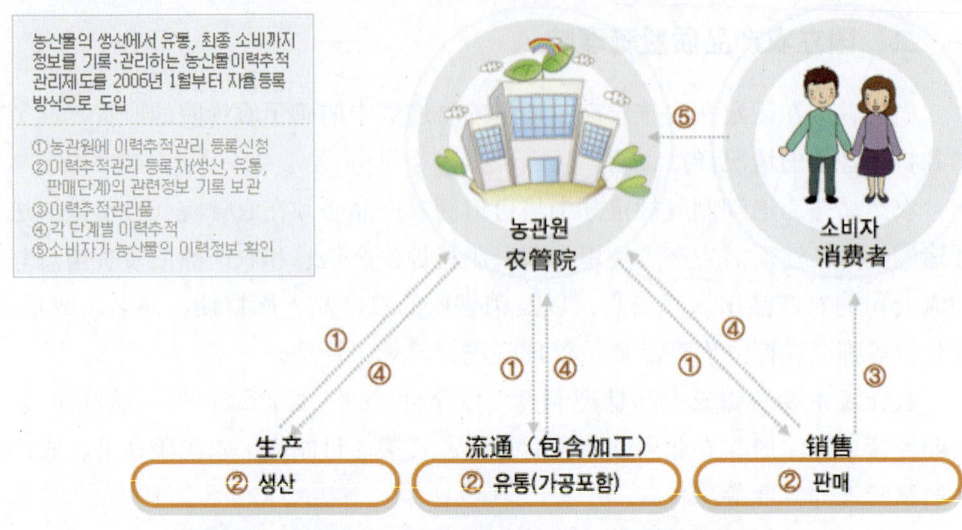

图 4-3　韩国农产品追溯管理制度的参与机关和运营方式

（4）各阶段履历追溯；

（5）消费者对农产品履历信息的确认。

三、食品医药品安全处

食品医药品安全处掌管食品和健康机能食品、医药品、麻药类、化妆品、医疗器械等的安全事务，属中央行政机关，1998 年设立，属保健福祉部外置机构，后在 2013 年 3 月至今以同名称升级为国务总理室下属机关。

主要业务是为了预防食品、医药品等的危害和危机管理，进行政策的开发和计划的确立，健康机能食品、食品添加剂、机构或容器、包装的卫生、安全管理政策的确立和制度的完善；与食品营养安全和健康机能食品相关的政策开发和综合计划的确立、管理，确立农畜水产品卫生、安全管理相关的政策和安全管理的计划；医药品和麻药类的政策和综合计划的确立、调整，生物医药品等的安全相关政策和管理相关的综合计划的确立、调整；医疗器械政策相关的综合计划的确立和调整；食品、医药品等危害司法调查，挖掘和调查习惯性故意犯罪行为等。

四、国家食品安全政策委员会

该机构成立于 2009 年 3 月，是韩国政府为加强食品安全管理的综合协调力度根据《食品安全框架法令》设立的。该委员会由总理直接领导，相关内阁部门的长官都是该委员会成员，委员会主要负责食品安全管理基本计划的拟定，食品安全相关法令及标准、规格的制定，食品安全主要政策的综合、调整、评价，发生重大的食品安全事故时对综合应对方案进行审议和调整等，委员会还将起到整理各部门间业务混淆现象的作用。

五、地方政府

韩国地方政府负责本行政区域内农畜水产品生产、流通、消费等具体监管，如颁发企业的卫生许可证、对生产企业和产品实施日常监督检查等。

第二节　法律法规与管理办法

为了保护和支持本国农业的持续发展，韩国政府投入了大量的人力、物力及财力，包括政府以立法的形式控制和调控生产方式和流通方式。同时，韩国不断加强农产品质量安全管理工作，1997 年颁布了《生态农业育成法》。这是一部关于农产品认证的专门法律，法律对有机农产品、转换期农产品、无农药农产品和低农药农产品认证进行了明确规定。这一变化顺应了可持续农业、生态农业的发展潮流。同时，修订了原有的《食品卫生法》《农药管理法》《畜禽传染病预防法》《饲料法》《植物防疫法》等法律，全面加强了农产品质量安全管理。

韩国主要农产品质量安全追溯的法律法规见表 4-1。在主要追溯法律的指导下，韩国还制定了《农产品质量管理法施行细则》《水产品可追溯实施细则》《牛和牛肉追溯施行细则》等具体法规，从参与追溯的注册、登记、变更、标识、有效性、数据提交等方面详细规定了追溯实施要求。一些其他食品相关法律在修订过程中补充了追溯条款，如《健康食品法》强化了对健康食品的追溯要求。

表 4-1　韩国主要农产品质量安全追溯的法律法规

追溯相关法案	最后修订日期	追溯条款	发布部门
《农水产品质量管理法》	2015 年 3 月 27 日	第 2 条第 7 号农产品履历追溯管理的定义；第 24 条涉及对农水产品追溯的注册、变更、标识、记录、包装等的要求；第 25 条履历追溯管理注册的有效期等；第 26 条履历追溯管理资料的提交等；第 27 条履历追溯管理注册的取消等；第 30 条标准规格品等的事后管理；第 31 条对标准规格品等的整改措施；第 119 条及第 120 条处罚规定；第 123 条罚款	农林畜产食品部（食生活消费政策科—农产品） 食品医药品安全处（农水产品安全科—安全性） 海洋水产部（渔村粮食政策科—水产品）
《农水产品质量管理法施行令》	2016 年 5 月 10 日	第 10 条履历追溯管理标准遵守义务免除者；第 11 条修正命令等的处理标准；第 42 条授权；第 45 条罚款的征收标准	农林畜产食品部（食生活消费政策科—农产品） 食品医药品安全处（农水产品安全科—安全性） 海洋水产部（渔村粮食政策科—水产品）
《农水产品质量管理法施行细则》	2016 年 4 月 6 日	第 46 ～ 54 条涉及履历追溯管理的对象及注册事项、注册程序、注册事项变更申报、农产品的标识、注册的有效期、注册的更新、有效期的延长、资料提交的范围、方法、程序、取消注册的标准等	农林畜产食品部（食生活消费政策科—农产品） 海洋水产部（渔村粮食政策科—水产品）
《食品安全基本法》	2015 年 3 月 27 日	第 18 条要求政府机构必须推动建立食品生产、销售过程跟踪机制，食品企业需记录并存储必要信息，及时提交以备查核	食品医药品安全处（食品政策调定科）
《食品卫生法》	2015 年 2 月 3 日	第 49 条涉及追溯，内容包括追溯登记变更要求，可追溯合规性评估频次，明确了食品药品监管局及相关专员在追溯监管方面的权限	食品医药品安全处（食品政策调定科）

续表

追溯相关法案	最后修订日期	追溯条款	发布部门
《家畜和畜产品追溯相关法律》	2014 年 10 月 15 日	针对家畜和畜产品追溯提出了非常具体的要求，涉及标识和追溯对象、进口畜产品和分销的追溯、监督、信息公布、系统运作和处罚等内容	农林畜产食品部（防疫综合科）
《牛和牛肉的个体识别 DNA 一致性检查办法》	2013 年 5 月 16 日	针对牛和牛肉的个体识别 DNA 一致性为目的的检查方法等的实施细则与具体规定	农林畜产食品部（防疫综合科）
《水产品质量管理法》	2012 年 1 月 26 日	对水产品的质量管理制定的相关法律。第 8 条第 2 项水产品履历追溯管理阐述了关于水产品质量追溯的相关条例，涉及水产品质量管理对象、标准、要求	农林畜产食品部（渔业资源馆养殖产业科）
《农林畜产食品部告示》	2015 年 12 月 16 日	根据《农水产品质量管理法》第 24 条第 5 项及第 11 条第 1 项规定制定的关于农产品履历追溯管理标准及农产品收获后的管理设施的告示	农林畜产食品部
《国立农产品质量管理院告示》	2015 年 7 月 16 日	农产品履历管理制度具体实施纲要	国立农产品质量管理院

韩国的法律体系分为“法、施行令、施行细则”3 个层次。其中“法”为国会批准;“施行令”又称“总统令”，对“法”中委任的事项及其施行所需事项进行规定;“施行细则”由部长颁布，对“法”及“施行令”委任的事项及其施行所需事项进行规定。一般“法”均配有相应的“施行令”和“施行规则”。与水产品管理相关的包括《食品安全基本法》《食品卫生法》《水产品质量管理法》《水产业法》《渔场管理法》《内流河渔业法》等，其中前 3 部法律直接涉及水产品质量安全管理。

一、牛与牛肉可追溯法案

2007 年 3 月 10 日，韩国宣布制定牛与牛肉可追溯性法案。韩国国会于

2008 年 12 月 21 日公布了牛与牛肉可追溯性法案。该法案于公布日后一年内生效，旨在将最新采取的措施通报给各成员。法案主要内容如下。

（1）该法案适用于韩国饲养的牛。

（2）牛主人必须向韩国农林畜产食品部（MFAFF）报告牛的出生或死亡、进口或出口、转移或获得（包括屠宰）情况。

（3）部长将向被报告的每头牛提供识别号，并通知牛的主人。牛身上要附带指定的识别号。

（4）肉类加工厂或销售商应在肉与牛肉制品上显示 ID 号，以便追溯牛的来源。

自 2012 年 10 月开始的试点项目已完成。之前的法律《牛和牛肉的可追溯性法案》已进行了完整的修订，将其他的牲畜及其制品如猪肉等纳入可追溯法案的范围。从 2015 年初开始，韩国猪肉产业链从育种到屠宰都获准建立完全的可追溯体制。

可追溯体制旨在确认任何和猪肉相关潜在问题产生的原因，在必要时通过记录从养殖到销售过程中的信息，及时采取措施收集和处理问题。可追溯体制使当局有能力追溯猪肉贸易，为韩国的消费者提供与猪肉相关的信息，包括猪肉养殖户的地点、屠宰日期、屠宰检验结果和包装公司的档案。在养殖阶段，全国的每一个养殖户都要在每个月月底汇报养殖状况。一旦猪只需要运输至其他养殖场或者屠宰场，养殖户也要填写养猪场识别号码。种猪在进行注册或市场转移时也需要满足同样的报告要求。

二、稻米质量安全管理相关法规

韩国在稻米质量安全方面也做了很多工作，20 世纪末出台的《生态农业育成法》中进行了稻米认证方面的规定，包括对稻米是否为有机产品、是否喷洒农药等认证规定。《生态农业育成法》的出台促进了稻米产业的可持续发展，符合绿色生态发展趋势。韩国还修订了其他一些稻米质量安全管理方面的法律，如《农药法》《农产品质量安全管理法》《食品卫生管理法》《植物防护法》。韩国严格管理稻米质量安全核心是为了保护消费者的合法权益，同时也是为了提高稻米的竞争力。在韩国，农林部下设农畜产品管理局和粮食管理局，负责对全国的稻米等农产品进行直接管理，包括制订方案、法律以及财政预算。

三、水产品管理相关法规

《水产品质量管理法》及其施行令、施行细则，是针对水产品质量管理的专门规定，由农林部负责实施。主要规定如下：

（1）水产品质量管理。包括对水产品实施包装及等级规格标准化管理制度、自愿性质量认证制度、自愿性生态水产品认证制度、自愿或强制性履历追溯管理制度、优质水产品地理标志制度、强制性原产地标识及转基因标志制度。

（2）对水产业的扶持及管理。包括对水产品加工技术研发、生产、加工、出口提供资金技术支持，优先采购标准规格品、质量认证品及地理标志品等。

（3）出口水产品的管理。包括根据进口国法律法规及双边议定书要求，制定和实施出口水产品的生产、加工设施及海域卫生管理标准，制定和实施出口水产品 HACCP 标准，对出口水产品生产加工设施登记并监督运行，对出口水产品实施检验检疫并发放检验合格标志等。

（4）进口繁殖用水产品的检疫。要求进口繁殖用水产品必须接受农林部检疫，如提交出口国官方检疫证明可免除部分或全部检疫。应要求，农林部可派官员到出口国进行检疫，费用由出口方承担；检疫合格的发放合格证明，不合格的将予以废弃或退回。检疫结果不服者可在接到通知之日起 14 天之内申请重新检疫。

（5）水产品安全性调查。授权农林部对养殖用水、渔场、投入品及处于生产、储藏阶段及出厂交易前的水产品中重金属、贝类毒素、致病菌、抗生物质及其他有毒有害物进行调查。

第三节　标 准 规 范

2012 年 8 月 28 日，韩国出台告示《农产品履历追溯管理标准》，根据《农水产品质量管理法》第 24 条第 5 项，对农产品履历追溯管理标准进行修订和告示。告示对农产品的生产者、流通者、销售者制定了详细标准，对于履历追溯编号授予方法也进行了详细阐述。

2015 年 7 月 16 日，农管院认证管理团队出台《农产品履历追溯管理制度具体实施要领》[①]，对注册的有效期限、注册申请、注册审查、注册事项变更申告、注册的有效期限延长、注册事后管理、指定追溯系统等相关需要修改的方案做了详细阐述，对现行方案的变更进行详细的讨论。

韩国食品安全信息中心、食品药物治疗所在 2013 年 3 月联合发布《食品追溯标准指南》和《食品追溯基本准则》，这两部标准主要针对加工食品和健康机能食品。此外，还有其他标准和手册，共同推动了农产品追溯在供应链中的实施。

一、标准体系

韩国农产品质量安全标准主要分两类：一类是安全卫生标准，包括动植物疫病、有毒有害物质残留等，该类标准由卫生部门制定；另一类是质量标准和包装规格标准，由农林部下属的农产物品质研究院负责制定。目前安全卫生标准达到 1 000 多个，质量和包装标准达到 750 多个。

韩国建立农产品标准化程序：从产地和消费地点调查产品的质量和包装条件后，再从生产者、消费者、科研部门及相关机构征求意见，通过仔细讨论，由委员会确定产品标准。依据农产品的质量因子如风味、色泽和大小对它们进行分级，并采用标准的包装材料对其进行包装，对同种产品贴上相同的标签，这一系列过程统称为农产品标准化。农产品标准化有助于提高消费者的信任度。标准化的实施：在产地生产者按标准对农产品进行分级包装和运输。为了防止销售违法农产品，在市场上还经常对产品质量、包装和商标进行检查。

二、检测检验体系

韩国农产品质量安全检测工作量大、面广、经费有保证。政府每年安排农产品质量安全专项检查经费用于实施样品检查检测。

在韩国，凡是通过政府安全性检查证明农产品质量安全不合格的（如农药残留超标等），政府即可责令对产品进行废弃处理、延期收货或改变用途；凡是应该标识而未标识的或标识不正确的，处 1 000 万韩元的罚金；对获得认证的产品，如果发现产品质量安全指标不合格的，政府即可取消认证证书，责令停止使用认证标识和上市销售；假冒认证标识的，可处 3 年劳役和 3 000 万韩

① 详见附录 5。

元的罚金。①

韩国农产品（包括食品）的质量安全检验检测体系有 3 个系统：一是农林部所属的农管院、国立兽医科学检疫院及两院在各大区的支院及各支院所属的办事处，主要负责种植业产品和畜产品的质量安全检验检测工作；二是海洋水产部所属的水产物品检查所及各支所、办事处，主要负责水产品的质量安全检验检测工作；三是食品医药品安全处所属的检验所和地方政府（省级）食品药品安全部门所属的检查所，主要负责市场农产品（不包括畜产品）的安全性检查检验工作。3 个系统的检验检测机构设置合理，分工明确，仪器设备和人员根据工作需要配备，人员统一纳入公务员管理。另外，韩国大的批发市场还有一些快检设备，负责批发市场的自检工作。

截至 2016 年，农管院 , 在全国 9 大区（京畿、江原、忠北、忠南、全北、全南、庆北、庆南、济州）设有 9 个支院和 1 个试验研究所，9 个支院分别在各市、郡设有 84 个直属的办事处，共有职工 2 144 名，其中拥有执法检查权的有 400 多人。国立兽医科学检疫院内设 3 部 15 个课，并在全国口岸设有 19 个分支机构，具体负责畜产品及加工品的质量安全管理和检验检疫工作，共有职工 518 人。

韩国政府建立健全农产品出场检验合格制度，以确保无公害农产品生产过程的质量控制，形成了健全的无公害农产品质量安全监督检测网，从各方面确保了无公害农产品生产全过程的质量安全。韩国政府通过以上措施，有力地保护本国农产品的生产及保证农产品的质量，提高消费者对本国农产品的认可与信任程度，有效地抑制了国外廉价的农产品进入并冲击本国农产品生产。通过建立健全农产品生产简历身份证政策，有效地防止未取得“身份证”的农产品进入市场进行销售活动，既可保护消费者的健康，又透明了农产品的生产全过程 , 得到消费者的全面监督。

三、认证体系

韩国农产品质量安全认证由农管院负责 , 认证机构的资质和认证质量由农管院的品质部把关，如果认证结果不真实将撤销认证机构的认证资格。韩国农产品认证的种类包括生态认证、品质认证、畜产品和水产品认证等。认证程序

① 罗斌 . 日本、韩国农产品质量安全管理模式及现状 [J]. 广东农业科学，2006(1).

为：生产者提出申请→认证审查→颁发证书。韩国农产品质量安全认证采取过程认证加产品检验认证，认证时要求生产者提供生产记录、现场审核和对产品进行抽检。

四、农产品履历追溯管理标准

《农产品履历追溯管理标准》要求参与农产品生产经销所有环节的主体必须建立文本或电子记录，如果建有农产品追溯系统，必须将信息准确地录入系统；并建有问题回收体制，对存在安全性的问题可自行检查。详细说明了不同环节的经营主体所需要记录和管理的内容。

（一）生产者

生产信息：生产者姓名或团体名称、地址（包含电话号码）、品类、栽培所在地及面积、农药等对农产品的安全性造成危害物质的使用明细。

发货信息：日期、品类、货量、发货的流通企业名（或收货后管理设施名）、发过的流通企业（或收货后管理设施）电话号码、履历追溯管理编号。

（二）流通业者

入库信息：日期、品类、货量、生产者姓名（或流通者姓名）、生产者（或流通者）电话号码、履历追溯管理编号。

出库信息：日期、品类、货量、销售处名称、销售处电话号码、履历追溯管理编号（必须阐明履历追溯管理品的入库、出库间的连贯关系）。

（三）销售者

入库日期、品类、货量、购货处名称、购货处电话号码、履历追溯管理编号。

同时，规定农管院授予农产品经营者 5 位注册编号和履历追溯注册者授予的 7 位识别单位（lot）编号，以连字符（-）连接。并对识别单位的大小和编号的原则进行了说明。

五、农产品履历追溯管理制度具体实施要领

2015 年 7 月 16 日公布实施的《农产品履历追溯管理制度具体实施要领》（以下简称“要领”），在《农水产品质量管理法》《农水产品质量管理法施行令》《农水产品质量管理法施行细则》的基础上进一步明确了实施农产品履历追溯管理制度具体操作，为管理部门、农产品经营部门提供了切实可行的依据。

进一步重申了《农水产品质量管理法》，规定履历追溯管理农产品事后管理及标识变更等进行处分的，由农管院（包含分院、办事处）负责。要领提出履历追溯管理注册的有效期为注册日起 3 年内（特殊农产品如人参除外），重新界定了参与农产品质量安全追溯的各方。

要领要求注册履历追溯申请书的单位除需要按细则提供相应的文件材料外，还需附有详细的管理计划和回收措施，履历追溯管理农产品的管理计划书及农产品的回收措施等事后管理计划书必须以单个农户为单位制定。但是，申请人为生产者集团时可以把栽培大小形态，土壤、施肥管理，病虫害防治，收获后处理计划都整合起来制定。

要领详细规定了接收注册申请书的办事处长①和调查员②对注册信息的处理流程和关键节点，若审查注册合格，办事处长必须向申请者发放登录证。办事处长发放登录证时授权的农产品履历追溯管理登录编号为院长授权的 5 位流水号。而后，办事处长通过农产品履历追溯信息系统（www.farm2table.kr）对履历追溯注册申请及处理事项进行管理。注册成功后，农产品经营者对履历追溯管理农产品的生产、发货、销售明细记载的账簿或文件等进行管理，并按要领要求的格式记录。

要领明确了注册事项变更申报时不同类别单位须提供的资料清单和审查的要求，也明确了延长注册的有效期限的申请流程。办事处长必须令调查员调查履历追溯管理农产品生产过程中是否遵守要领中规定的注册标准和《农产品履历追溯管理标准》。调查员需要重点调查的事项包括以下内容，同时要领还规定了调查过程中所采用的所有文书格式。

（1）履历追溯管理农产品生产、发货信息的记录、管理的适当性。

（2）各种标识事项及内容的一致与否及标识方法和记载内容的适当性与否。

（3）非履历追溯管理农产品的农产品混合与否。

（4）是否为虚假及类似标识。

（5）其他履历追溯管理农产品的注册及管理标准的适当性与否等。

---

① 办事处长：履历追溯管理农产品事后管理及标识更正等进行处分的国立农产品质量管理院所属的办事处所长或执行现场业务的分院院长。

② 调查员：对履历追溯管理农产品的生产、流通、销售过程进行调查的履历追溯管理机关所属的公务员。

在调查中，若出现以下情形向办事处长汇报并附上相关证据材料，调查办事处长向登录证发放办事处长通报。收到通报的办事处长在确认违反事实后，根据法第 27 条及令第 12 条、细则第 54 条的规定，实施行政处罚并向调查该农产品的办事处长通报。此外，在调查员调查期间，如果所有人拒绝、妨碍、逃避到场不确认时，由 2 名调查员联名签字可确认此事实。

（1）用欺骗或其他负面的方法取得注册的情形。

（2）违反履历追溯管理标识禁止命令并继续使用标识的情形。

（3）遗漏标示义务事项的情形。

（4）使用与内容不一致的虚假标识或夸张标识的情形。

（5）违反农产品履历追溯管理的注册标准的情形。

（6）在非履历追溯管理农产品上标识履历追溯农产品的情形。

（7）发生履历追溯管理农产品的生产困难的事由的情形。

（8）不申报农产品履历追溯管理注册事项变更的情形。

（9）生产、经营履历追溯管理农产品者拒绝提交管理机关要求的信息的情形。

六、韩国加工食品追溯指南

韩国加工食品追溯指南适用于加工食品（国内和进口）。如果一家公司想做食品追溯，它们必须将追溯信息提供给政府并得到监督，且公司必须通过计算机系统管理可追溯性信息，公司可以把追溯标识关键字做成条码。追溯标识关键字（可以是以下这种形式）GTIN（13 位数）+ 追溯码（制造商 / 进口商制订）/ 追溯注册码（12 位数，从政府获取）+ 追溯码（制造商 / 进口商制订）。标识层级：批次（生产日期 + 有效期），但在该指南中没有指定条码码制。

第四节　平台系统建设

一、流程模式

（一）履历追溯系统的流程模式

准备实施农产品履历管理制度的农家，到农管院申请履历追溯管理注册，之后对履历追溯管理注册者（生产、流通、销售阶段）的相关信息进行记录、保管，履历追溯农产品销售时可追溯到农产品各阶段别的履历，消费者也可确认农产品履历的信息，如图 4-4 所示。

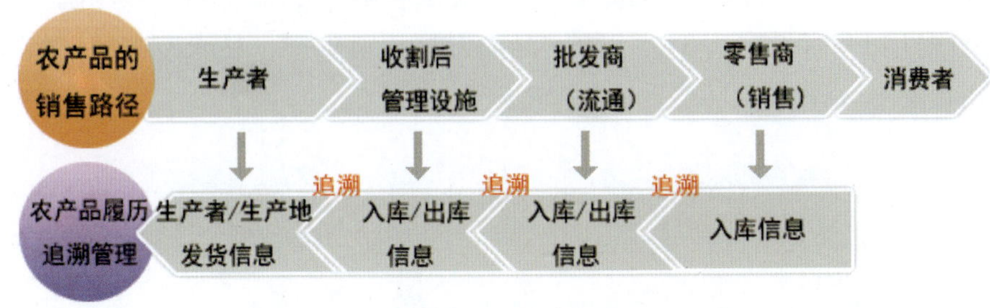

图 4-4　韩国农产品履历追溯的流程模式

以农林部农产品质量安全认证机构为中心，加强农产品质量安全认证体系的建设，做好无公害农产品产地认定、产品认证和标识管理工作，开展种植业产品、畜产品、水产品的危害分析与关键控制点（HACCP）体系认证（图 4-5），大力发展品牌农产品。绿色食品及有机食品作为农产品质量认证体系的重要组成部分，按照政府和消费者共同监督、市场运作的发展方向，加快了认证进程，扩大了认证覆盖面，提高了市场占有率。

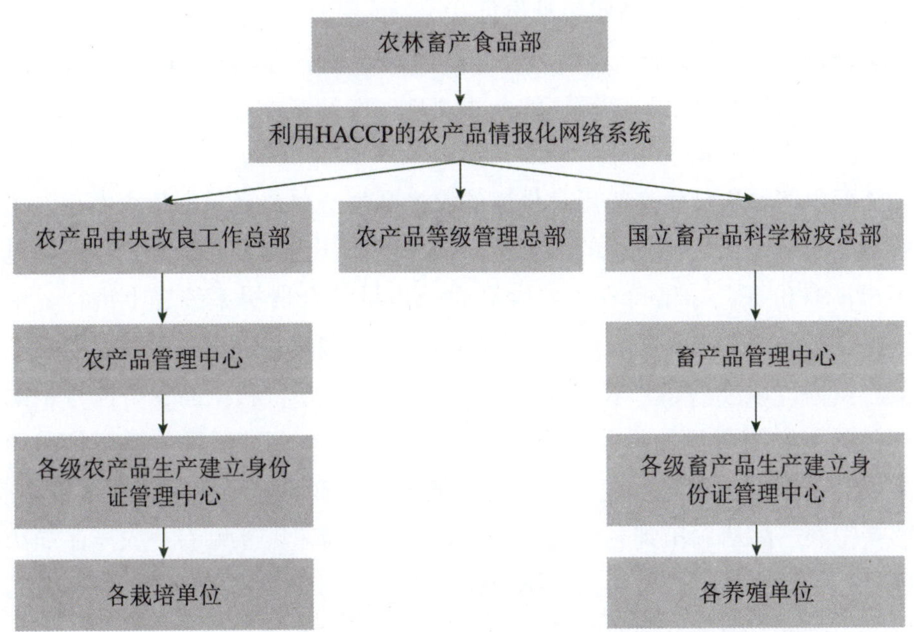

图 4-5　利用 HACCP 质量认证体系管理农畜产品的品质及本体系在建立“农产品生产简历身份证”时的操作规程

通过建立农产品生产履历管理系统，来加强销售协作，并利用现有的韩国农林部开辟无公害农产品信息网站，系统地对农产品信息进行收集、整理与公布，并在各主要农产品生产区成立若干个无公害农产品信息采集点，确保了信息的准确性和及时性，为无公害农产品的发展提供生产、技术及市场销售等方面的信息服务（图 4-6）。

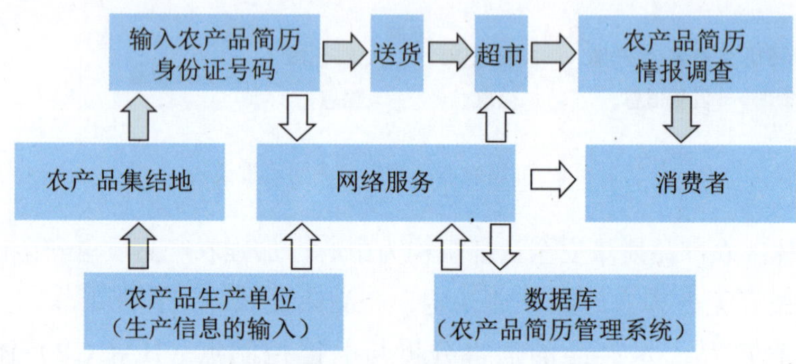

图 4-6　韩国农产品信息网站运作模式

（二）追溯管理注册申请程序

农产品追溯管理注册申请程序如图 4-7 所示。

（三）注册申请农产品履历身份证

义务注册：大总统令规定，生产、流通、销售的农产品强制进行注册，（农水产品质量管理法第 5 节第 24 条第 2 项，网站网址为 http://www.law.go.kr/법령 / 농수산물품질관리법 / 제 24 조）。

需要申请农产品生产简历身份证的农产品生产单位（包括每个农户）先经过农产品质量安全认证机构的无公害农产品产地认定和产品认证，认证通过后即可申请身份证，申请可在“农食品安全质量综合情报系统”上进行。申请时，将农产品的生产地、肥料和农药的施用量、栽培管理模式等重要信息输入相关栏目内，以便获得“农产品简历身份证号”，并将获得的身份证号粘贴在农产品的包装箱醒目的位置。另外，还可在此网站上进行目前申请状态的查询，以及证明书的颁发。同时，消费者通过“农食品安全质量综合情报系统”能够获得农产品从农田到餐桌的全部信息。当消费者购买贴有“农产品简历身份证号”的农产品时，可在该系统中检索本产品的详细资料，包括生产者的信息以及生产过程中一系列的栽培信息。

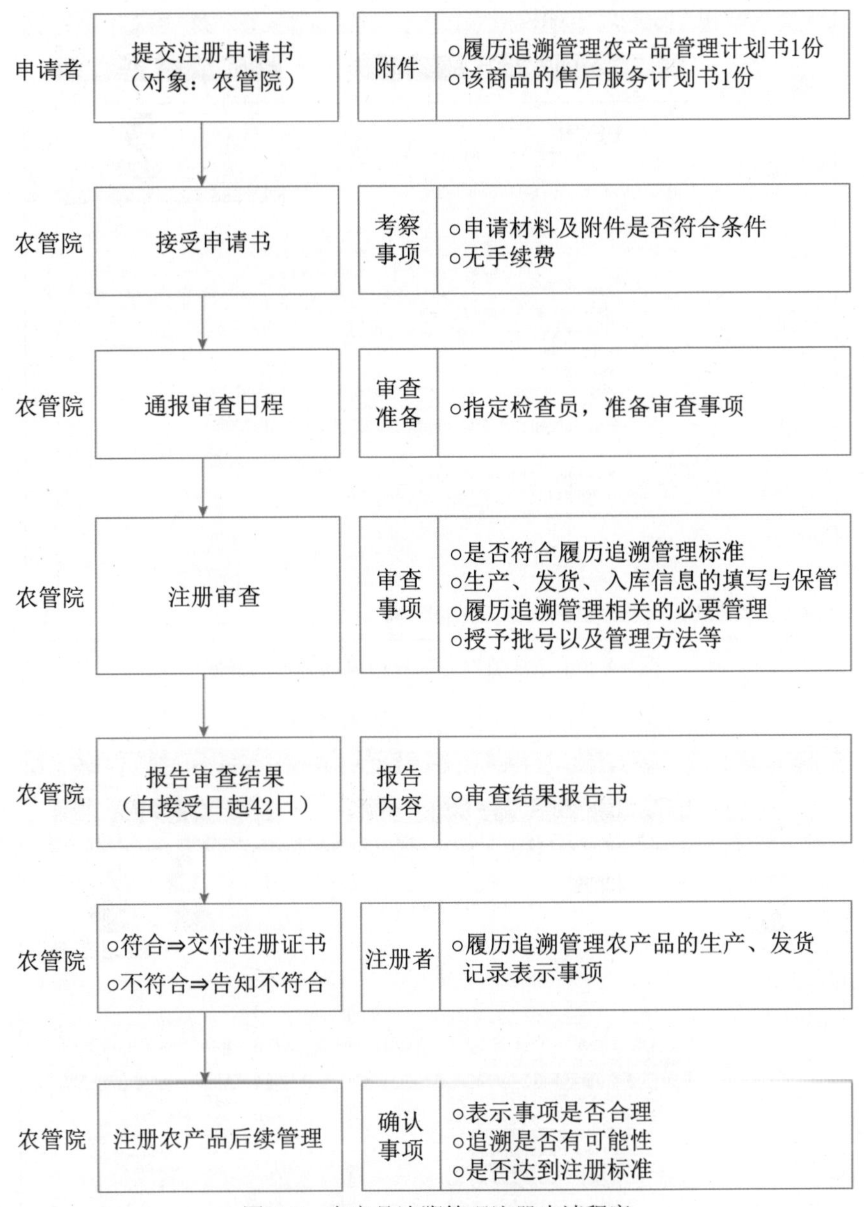

图 4-7　农产品追溯管理注册申请程序

农食品安全质量综合情报系统是综合了安全性管理、农食品认证制度、农产品审查、品质审查、原产地管理、农业经营体注册制等功能的综合性平台系统（平台网址为 www.agrin.go.kr）。目的是方便消费者迅速且正确地查询。注册、查询、证书页面分别如图 4-8 ～图 4-10 所示。

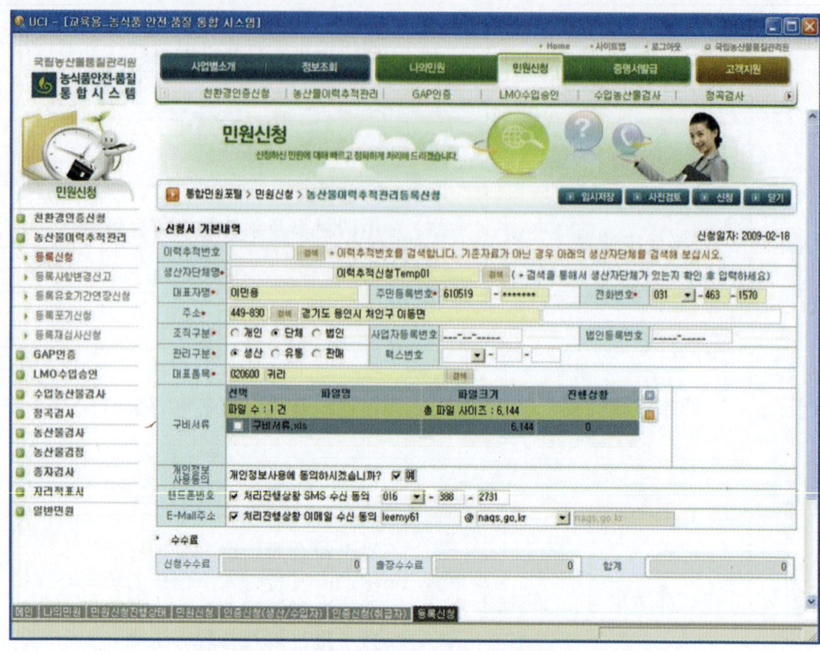

图 4-8　申请注册农产品履历追溯管理的界面

图 4-9　农产品履历追溯申请状态查询界面

图 4-10 农产品履历追溯管理证明书颁发界面

取得证书后，注册者必须管理生产、流通相关的信息（图 4-11）。生产者：农产品的生产信息（品目、栽培地、农药 / 肥料等的使用情况）和出货信息（何时、卖给谁、品目、出货量）。流通者：农产品入 / 出库信息（何时、从何处、品目、购买量、卖给谁）。销售者：农产品入库信息（何时、给谁、购买品目、产品总量）。

图 4-11 各阶段需要记录的农产品相关信息

二、主要的农产品质量安全追溯系统

在介绍韩国农产品质量安全追溯系统之前，需要了解韩国现有的不同类别的农产品履历制畜产品和水产品对韩国的重要性，韩国单独建立了履历制。统计见表 4-2。

表 4-2　韩国履历制介绍

区　分	农产品履历制	牛肉履历制	水产品履历制	食品履历制
导入时间（法律）	2008	2008（饲养阶段） 2009（流通阶段）	2008	2009
实施范围	生产、加工、流通、销售	饲养、屠宰、包装、销售	生产、加工、流通、销售	加工、销售
对象	GAP 对象目录	国内所有牛和牛肉	国产水产品	加工食品及进口食品
情报提供	互联网、智能手机、手机	互联网、智能手机、手机、终端	互联网、ARS、智能手机、终端	互联网、终端、手机
履历编号	12 位	12 位	13 位	18 位
标志	농산물이력추적관리	쇠고기 이력제 BEEF TRACEABILITY	www.fishtrace.go.kr 수산물이력제 Seafood Traceability System	건강기능식품이력추적관리　식품이력추적관리
管理部门	农管院	农管院	农管院	农管院
网址	www.farm2table.kr	www.mtrace.go.kr	www.fishtrace.go.kr	www.tfood.go.kr

与上述履历制相对应的，目前韩国典型的在用农产品追溯系统见表 4-3。

表 4-3　韩国典型的在用农产品追溯系统

追溯系统	运营机构	简　介	网　址
农产品履历追溯系统	农管院与农林水产食品教育文化情报院联合运营	农产品履历追溯管理的对象是国内用以食用栽培的所有品目。可在此系统查询履历追溯管理品及履历追溯注册者的信息	www.farm2table.kr
畜产品追溯信息系统	韩国农、林、动物检疫局	可对畜产品单一包装、组合乃至批次追溯牛只养殖、转运到屠宰、分解及 DNA 测试、等级等信息，采用 12 位字符牛只个体追溯码；截至 2013 年底共有 135 养殖点、87 家屠宰场、669 个包装点、651 个销售点参与运作	http://cattle.mtrace.go.kr

续表

追溯系统	运营机构	简　介	网　址
水产物履历制系统	韩国渔业质量管理服务部	涉及捕捞和养殖两方面，覆盖生产、加工、配送、销售环节，包含鱼、贝、海藻、软体、甲壳 5 大类 18 个品项的水产物，截至 2008 年共有 72 个生产点、143 个加工点和 136 个流通点参与运作，采用 13 位数字的追溯码	www.fishtrace.go.kr

（一）农产品履历追溯平台

《韩国农水产品质量管理法施行细则》第 53 条第 2 项规定农产品履历追溯系统为 http://www.farm2table.kr。此系统是由农管院与农林水产食品教育文化情报院联合运营的农产品质量安全追溯平台。农产品履历追溯管理的对象是国内用以食用栽培的所有品目。可在此系统查询履历追溯管理品及履历追溯注册者的信息，如图 4-12 所示。

图 4-12　农产品履历追溯系统和运营情况介绍

（二）农产品履历追溯管理的表示方法

履历追溯管理品需在农产品的包装纸上印刷或贴标签，此标识如表 4-4 所示。

表 4-4　农产品履历管理品标识

TRACEABILITY	* 此商品为依据农产品质量管理法管理下的农产品履历追溯管理品		
区分	记载内容		
原产地			
品目（品种）		是否为 GMO	
总量·个数		等级	
生产者	姓名		
	住所（电话号码）		
收获后管理设施	设施名		
	住所（电话号码）		
履历追溯管理编号			

（三）农产品追溯管理序列号的构成

圆形的箭头象征着持续不断的农产品追溯管理系统，采用翠绿的颜色表现农产品的纯净；采用蓝色的圆圈表示要持续保持洁净的地球和水源，整体框架就形成了“农产品追溯管理”制度，如图 4-13 所示。前 5 位是注册编号，是在农管院农产品追溯注册时授予的固定编号。后 7 位是批号，是注册农产品追溯的企业自主授予的识别单位编号（批号）。批号可以是出厂日期、出厂者、交易地点等固有编号等。

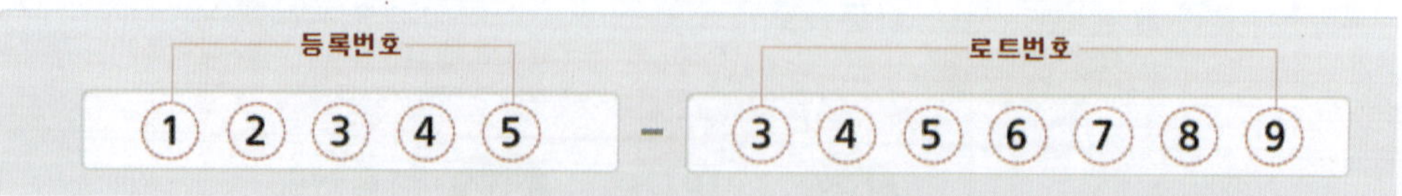

图 4-13　农产品追溯管理序列号的构成

举例介绍，若要在该追溯平台查询苏子叶的追溯信息，具体运作方法如下：打开网站首页左下方出现的查询框，输入苏子叶的履历追溯编号，就可查询到产品的流通现状、品名、企业名称、农产品种植地以及企业的有效期限。如图 4-14 所示。其追溯结果如图 4-15 所示。

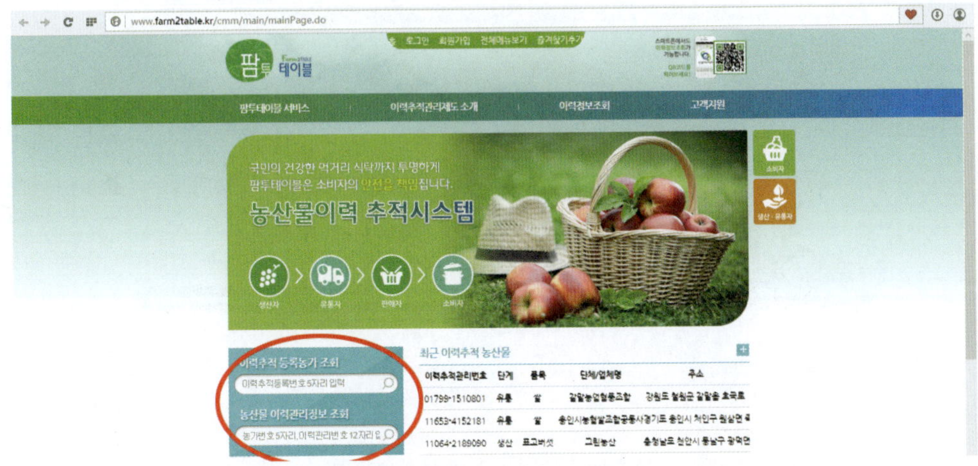

图 4-14 运用农产品履历追溯系统查询苏子叶的追溯信息

拍摄地点：韩国首尔 E-mart

拍摄日期：2015 年 7 月 25 日

→ 검색결과

등록번호	단계구분	품목	단체/업체명	주소지	유효기간
08710	유통단계	들깻잎	만인산농협	충청남도 금산군 추부면 서대산로	2015.07.05 / 2018.07.04

图 4-15 苏子叶追溯结果

截图日期：2015 年 8 月 7 日

（四）畜产品履历追溯平台

随着对食品安全的关注度越来越高，食品危害事故发生时，追溯到生产阶段的履历追溯制度在世界范围内兴起，特别是疯牛病的发生使欧洲、日本、加拿大以及牛肉出口大国澳洲、新西兰等，将履历追溯制度随之导入。当时农林部为了把危害降至最低，防止疯牛肉进入韩国国内，并扩大国产牛肉的消费，发展牛肉产业，履历追溯导入韩国。该平台首页如图 4-16 所示。

图 4-16　韩国牛肉追溯平台首页

截图日期：2016 年 7 月 4 日

韩国牛肉追溯平台网站的追溯结果显示如图 4-17 所示。

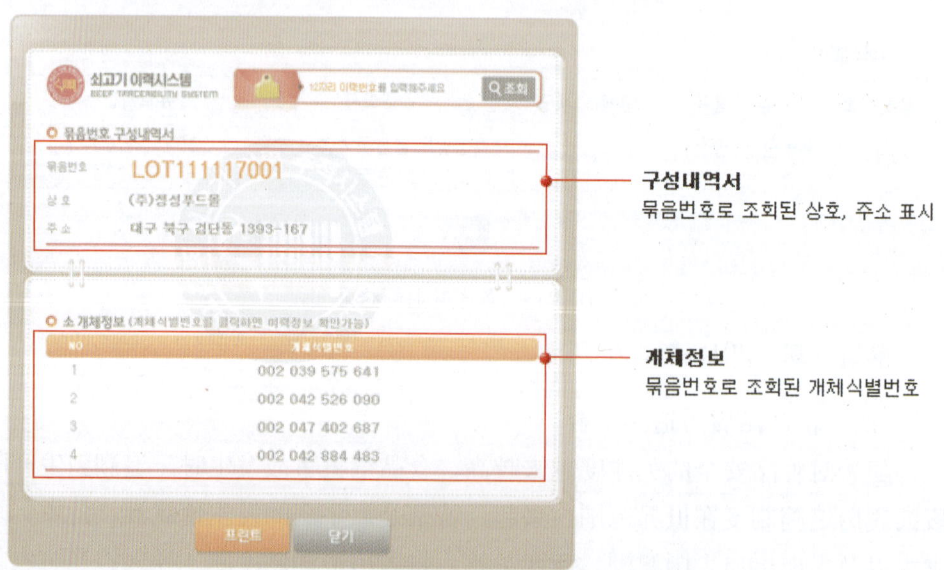

图 4-17　韩国牛肉追溯平台的追溯结果显示

个体信息：个体识别编号，出生年月日，牛的种类，性别确认。

登记信息：所有人，登记日期，饲养地标识。

屠宰和加工信息：屠宰场，屠宰日，屠宰检查结果，肉质等级，加工厂位置标识。

构成明细书：通过组合编号查询的商号、地址。

个体情报：通过组合编号查询的个体识别编号。

牛肉履历追溯系统赋予牛肉 12 位个体识别号码，记录和管理牛肉的出生、进口、买卖等信息。 当发生卫生安全问题时，可迅速利用追溯装置掌握、回收等。通常在牛耳上挂上带有条码的耳标进行管理，也有用无线射频识别（RFID）耳标，如图 4-18 所示。

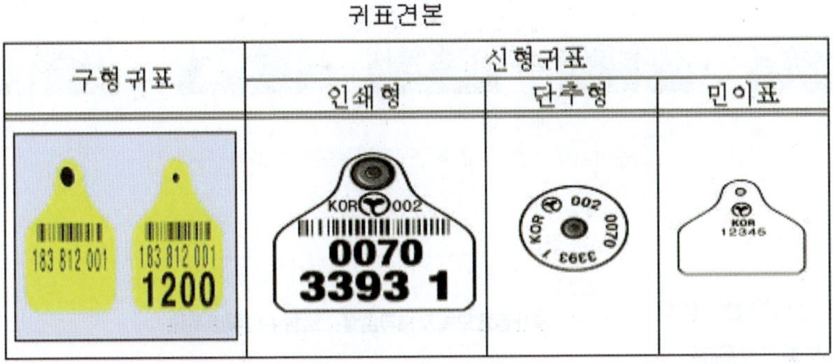

귀표견본

구형귀표	신형귀표		
	인쇄형	단추형	민이표
183 812 001 183 812 001 1200	KOR 002 0070 3393 1	KOR 002 0070 3393 1	KOR 12345

图 4-18　韩国牛肉耳标

畜产品各管理机关的合作如图 4-19 与图 4-20 所示。

（五）水产品履历追溯平台

水产品履历制（seafood traceability system）是从渔场到餐桌经过生产、流通、销售阶段，利用电子手段对消费者公开地记录、管理水产品的履历信息，从而可安心选择水产品的制度。2008 年导入至今，2011 年日本核电站事故发生以后，放射性危害对水产安全的危害渐渐扩大，2014 年 4 月起韩国加强对水产品的安全性管理。

韩国国内生产的 200 余种水产品中，首先选择与日本产主要进口水产品重叠的品种及比较大众的品种进行履历制优先管理。与日本产重叠的青花鱼、带鱼、明太鱼及饭桌上经常出现的黄花鱼、比目鱼、鲍鱼、鳗鱼总共 7 种以上。

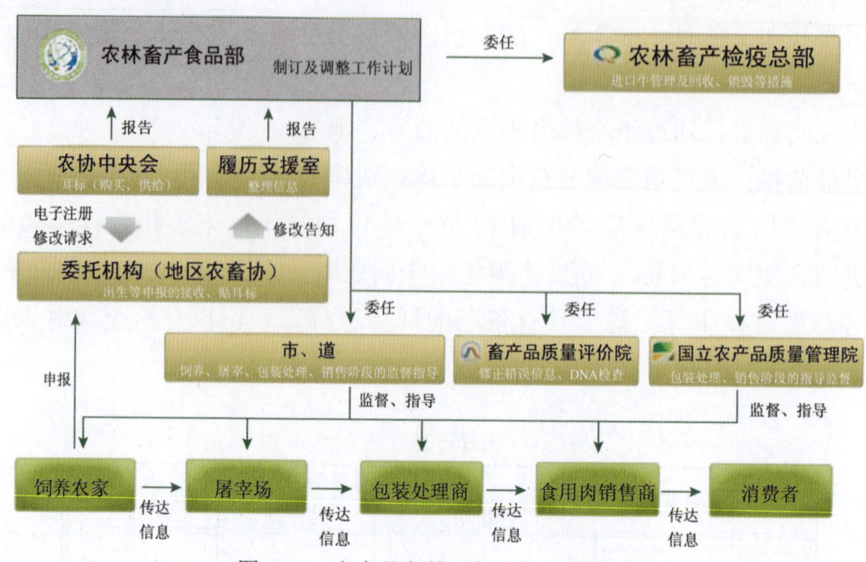

图 4-19　畜产品各管理机关的合作分工

농림축산식품부 农林畜产食品部	事业运营总管及指导监督、运营牛肉履历系统
시·도지사 市、道支社	报告饲养、屠宰、包装处理阶段及出入、检查等相关事项、征收罚金
NAQS 国立农产品质量管理院	报告销售阶段及出入检查等相关事项、征收罚金
농림축산검역본부 Animal and plant Quarantine Agency 农林畜产检疫总部	授予、通告企业履历编号、疾病及流行病病例的收集及检查
축산물품질평가원 畜产品质量评价院	修正牛的个体识别的遗漏和错误等、遗传基因检查必备的样本收集及分析
위탁기관 委托机关	牛的出生、转让、接收、死亡等申告书的接收及记录，管理耳标的附属援助

图 4-20　畜产品各管理机关的作用

水产品履历制涉及生产—加工—流通形成的全阶段。在生产阶段，水协（水产业协同组合）与渔业人一起对水产品的履历进行管理、加工；在流通阶段，政府对履历标识费用进行部分补贴；在销售阶段，首先引导以大型超市为中心的履历标识品进行销售。现在有 548 个水产关联企业、渔家参与了履历制，因水产品贩卖的日期和场所被记录，生产者能参考把握消费者的消费习性。标识样式如图 4-21 所示。（水产品履历追溯平台网址为 www.fishtrace.go.kr）

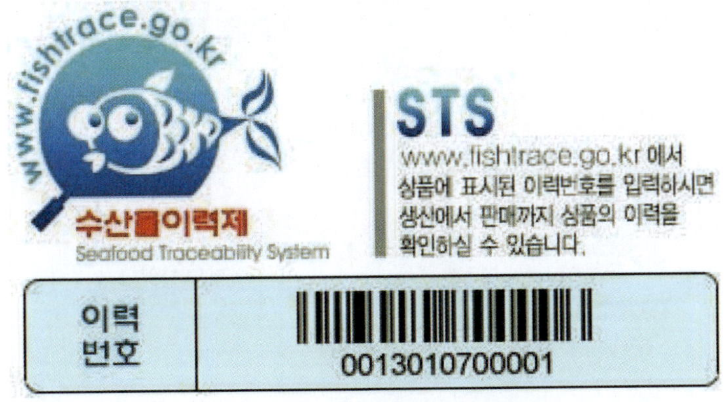

图 4-21　水产品履历制标识样式

水产品履历编号共 13 位，如图 4-22 所示，收录信息内容如下。

商品信息：商品名，品目名，出库日，认证信息，其他事项。

生产者信息：生产企业名称，所在地，联络处，代表人，企业介绍，产品出库日，认证信息等。

加工、流通企业信息：加工企业是担任腌酱、干燥、冷冻等的加工；流通企业是指生产好的水产品向零售商出货的机关。超市、百货店、直销店、网店属此类型。提供企业名称、所在地、联络处、代表者、企业介绍、认证信息等。

图 4-22　水产品履历编码图示

水产品履历制 logo 如图 4-23 所示。

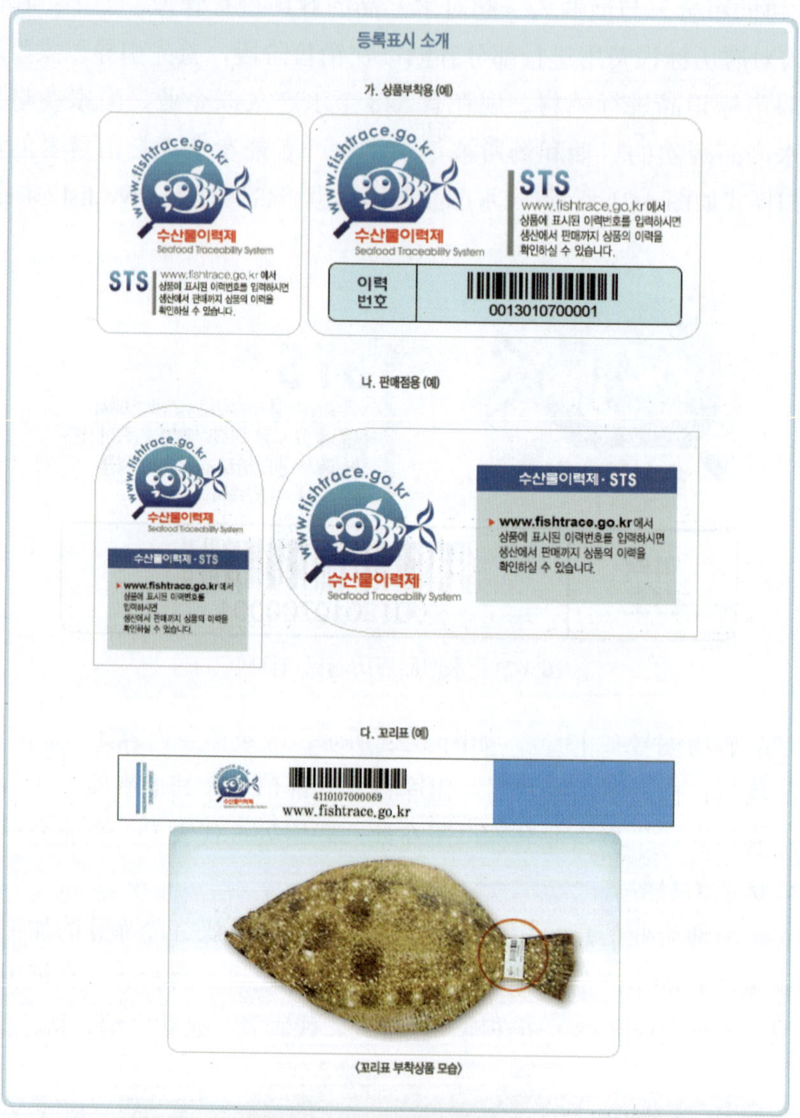

图 4-23　水产品履历制 logo

消费者查询水产品履历编号有 3 种方法：①在卖场配置的计算机上查询履历编号，如图 4-24 所示；②在水产品履历追溯平台（www.fishtrace.go.kr）查询 13 位履历编号；③在智能手机上查询，如图 4-25 所示。

图 4-24 通过卖场终端机查询水产品履历编号

图 4-25 通过智能手机查询水产品履历编号

（六）不安全产品筛查系统

为加强消费者的安全，2009 年，韩国知识经济局和 GS1 韩国联合 3 个相关政府主管部门——韩国食品药品管理局、环保部和韩国技术标准局建立了韩国不安全产品筛查系统（以下简称“UPSS 系统”），UPSS 系统是一个供政府部门和检测机构使用的能够阻止不安全产品销售，防止污染食物销售到终端消费者手中的系统。该系统主要是通过采用 GS1 标准更加方便快捷地分享不安全产品信息来加强消费者安全。

一旦政府检测机构发现产品安全问题，会将不安全产品信息发给 GS1 韩国的 KorEANnet，GS1 韩国的 KorEANnet 再实时将信息传给零售商，零售商获取信息之后，会停止将产品继续卖给消费者。在此信息传输过程中，GS1 GTIN 用于产品的标识。目前在韩国，有 50 多家零售商，超过 66 000 多家商店加入这个系统。而且这个系统不仅用于线下，而且用于线上。

在未采用 UPSS 系统之前，在零售分销商准备采取必要措施应对产品安全事件时，不安全的仍会被卖给消费者，现在这个延迟由于采用 UPSS 系统已经被消除。而且该系统减少了召回，降低了管理成本，提高了公司品牌形象。UPSS 系统如图 4-26 所示。

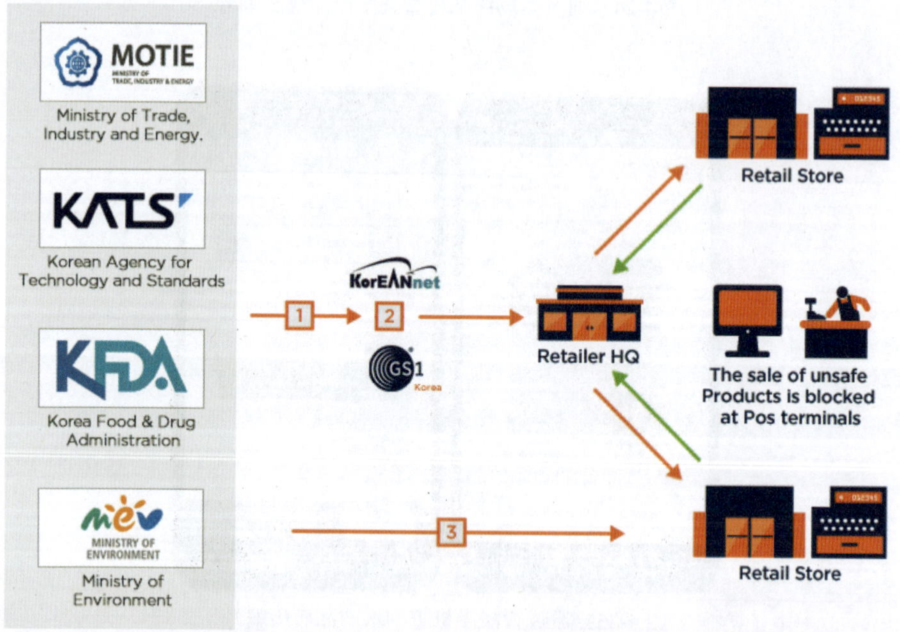

图 4-26　韩国不安全产品筛查系统（UPSS）

第五节 实施推广

2005年6月韩国修订的《农产品质量控制法》要求从2006年1月起全面推行农产品追溯计划，由农管院对参加农产品追溯计划的农户进行注册并负责监管。除了强制纳入追溯计划的良好农业规范（GAP）认证农产品，还包括生态农产品和一般农产品。为降低成本，韩国拟定每个组织的农户都采用单一种植方式，以生产组织为单位实施农产品追溯。

畜禽、水产的追溯推进基本同步，在2008年12月全面实施肉牛追溯，在推广RFID对牲畜进行标识的同时，将DNA检测纳入追溯系统。2008年8月修订的《水产品质量管理法》标志着水产品追溯的全面实施。

韩国履历追溯制度尽管在2005年开始筹备，但因一些资深农业人认识不足或采取回避态度，此制度从执行至今10多年间未能稳定运行，目前所实行的全部生态认证制度在2015年年末全面终止，把重点放在GAP认证上。

农产品追溯系统技术层面上存在的主要问题是信息流通系统所用标准还没有完全统一。产品生产、加工、存储、运输和销售等基本追溯单位之间对于信息的表达方式要统一。其他要考虑的因素还包括提供给消费者信息的内容和形式，根据系统提供的内容消费者能够对相关产品有一个较为全面的了解，因此信息内容至少要包括生产者采用的栽培方法、管理水平、加工和运输的方法和产品销售机制等，还要有防伪的技术准备。纸质标签在韩国被广泛用于显示追溯信息，但是纸质标签很容易被第三方修改或仿造。为了解决此类问题，需要提高标签的防伪能力，如一维条形码和二维条形码的制作标签，以及RFID技术等。所用技术和现在系统间的兼容性都是需要考虑的问题。

建立追溯系统势必造成单位产品生产成本提高，以及生产者付出更高的劳动力成本，而最终的价格还要为消费者所接受，所以要尽量在系统内部通过系统的优化，降低生产成本支出和人员消耗。在韩国一些地方以生产者协会为单位执行追溯制度可以节约成本，因为在每一个协会内部执行相同的生产方式和标准。纸质标签和一维条形码的采用本身就是一种减少花费的方法，而提供给消费者的信息可以通过各种渠道，如打印材料、互联网、移动电话等。

一、相关处罚规定

3年以下有期徒刑及3 000万韩元以下的罚款（农水产品质量管理法第

119 条）

——标识非履历追溯管理的农水产品，或与其标识相似的行为。

——未注册履历追溯管理，使用履历追溯管理的标识，或与农水产加工品混合销售，或以销售为目的混合后储藏或陈列的行为。

1 年以下有期徒刑或 1 000 万韩元以下罚款（农水产品质量管理法第 120 条）

——履历追溯管理义务注册者不注册的行为。

——根据法第 31 条的修正命令，命令停止销售或停止标识处分不执行者。

经济处罚（300 万韩元以下）（农水产品质量管理法第 123 条）

违反行为	法律根据注文	处罚金额		
		1 次违反	2 次违反	3 次以上
1. 根据法第 30 条第 1 项拒绝、妨碍或逃避收回、调查、阅览等情形	法第 123 条第 1 项第 1 号	100 万元	200 万元	300 万元
2. 根据法第 24 条第 2 项注册者不变更申告的情形	法第 123 条第 1 项第 2 号	100 万元	200 万元	300 万元
3. 根据法第 24 条第 2 项注册者不用履历追溯管理标识的情形	法第 123 条第 1 项第 3 号	100 万元	200 万元	300 万元
4. 根据法第 24 条第 2 项注册者不遵守履历追溯管理标准的情形	法第 123 条第 1 项第 4 号	100 万元	200 万元	300 万元
5. 根据法第 24 条第 2 项标识方法与修正命令不相符的情形	法第 123 条第 1 项第 5 号	100 万元	200 万元	300 万元

修正命令等的处罚标准：法第 31 条，施行令第 11 条

违反行为	法律根据注文	行政处罚标准		
		1 次违反	2 次违反	3 次违反
因转业、停业等原因被判断为生产困难的情形	法第 31 条第 1 项第 2 号	禁止销售 3 个月	禁止销售 6 个月	禁止销售 12 个月

取消注册及停止标识处罚标准：法第 27 条

违反行为	法律根据注文	按次数违反处罚标准		
		1 次违反	2 次违反	3 次违反
1. 造假或以不正当的方法获得注册的情形	法第 27 条第 1 项第 1 号	取消注册	—	—
2. 违反履历追溯管理标识禁止命令并继续标识的情形	法第 27 条第 1 项第 2 号	取消注册	—	—
3. 根据法第 24 条第 3 项履历追溯管理注册不变更申报的情形	法第 27 条第 1 项第 3 号	警告	停止标识 1 个月	停止标识 3 个月

续表

违反行为	法律根据注文	按次数违反处罚标准		
		1 次违反	2 次违反	3 次违反
4. 根据法第 24 条第 4 项违反标识方法的情形	法第 27 条第 1 项第 4 号	停止标识 1 个月	停止标识 3 个月	取消注册
5. 不遵守履历追溯管理的标准	法第 27 条第 1 项第 5 号	停止标识 1 个月	停止标识 3 个月	停止标识 6 个月
6. 违反法第 26 条第 2 项无正当理由拒绝材料提交要求的情形	法第 27 条第 1 项第 6 号	停止标识 1 个月	停止标识 3 个月	停止标识 6 个月

在具体管理措施方面，一是加强农产品分级和包装管理。截至 2015 年已经制定 127 个品种的等级标准和 627 个包装规格标准。为便于消费者辨别，要求出售农产品如实标明等级，违者处 3 年以下徒刑并 3 000 万韩元以下罚金。为提高运输效率、降低损耗，政府鼓励农产品包装销售，并补助农民 30% 的包装费。二是加强农产品原产地和转基因标识管理。为了向消费者提供准确信息，截至 2015 年韩国已经要求 442 个品种的农产品及加工品标注原产地，其中国内产品 145 个、国外产品 176 个、加工产品 121 个。同时要求转基因（含转基因成分、可能含转基因成分）大豆、玉米、豆芽菜和马铃薯标注转基因信息。三是加强农产品全程质量管理。

二、实际应用案例

以牛肉产品的追溯应用为例。牛肉履历制是指牛从出生、屠宰、包装处理、销售阶段所有的信息记录、管理，发生卫生、安全问题时可利用履历追溯系统快速找到对策的制度。记录牛肉的原产地、等级、牛的种类、出生日、饲养者等信息，确保流通的透明性。通过掌握牛的血统、饲养管理等信息，致力于家畜改良及经营改善。韩国自 2009 年 6 月 22 日起实行牛肉履历制度。

牛肉履历制各阶段应用如图 4-27 所示。

饲养阶段：农家从小牛出生起立即向畜协（畜产业协同组合）等委托机关进行申报，委托机关给收到申报的小牛赋予固定的个体识别编号，并贴耳标。若牛发生交易或公司倒闭要求必须申报来进行履历管理。

屠宰阶段：屠宰前需确认牛的耳标所标识的个体识别编号；屠宰完成后用带有个体识别编号的标签代替耳标贴在屠宰个体上，并录入卫生检查和等级判定结果等信息。

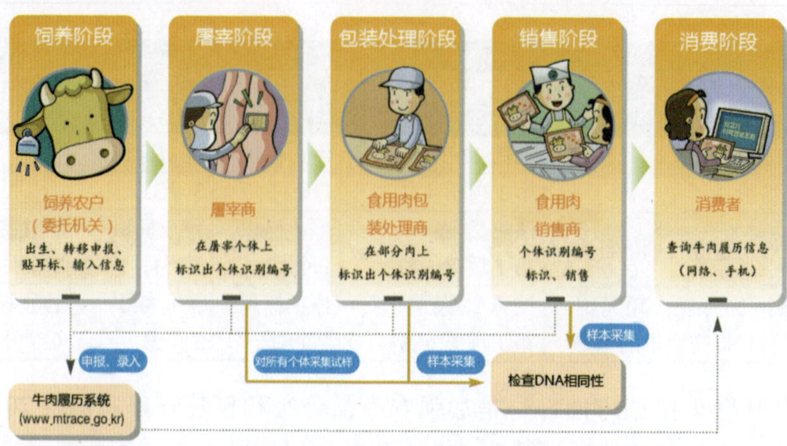

图 4-27　牛肉履历制阶各段别应用

包装处理阶段：在各部分的肉产品上标识出个体识别编号，并录入卫生检查和判定结果等信息。

* 个体识别编号：小牛在出生时授予的固定编号，与人的身份证相似。通过个体识别编号可查询牛的履历信息。

通过下载手机 APP 畜产品履历制应用程序，输入履历个体识别编号即可查询到追溯信息。如图 4-28 和图 4-29 所示。

图 4-28　智能手机上畜产品履历追溯的应用程序

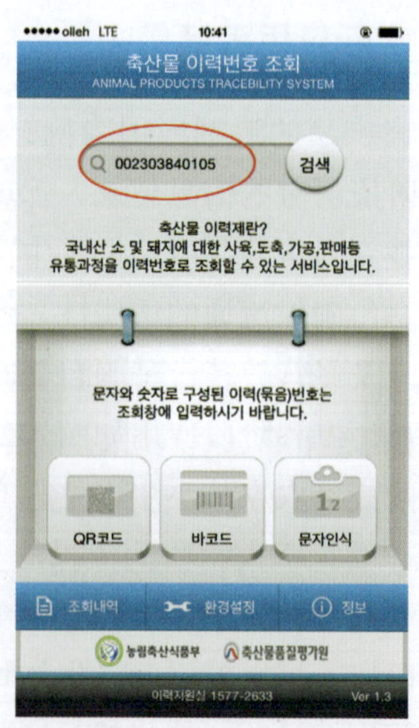

图 4-29　智能手机上畜产品履历追溯应用程序的首页

查询信息出现如下两个界面：上半部分是履历信息（包括履历编号、耳标、牛的种类、性别、出生日期、所有人、饲养地、口蹄疫预防接种日期、布氏杆菌检查日期、屠宰场、屠宰日、屠宰检查结果、肉质检查结果、包装处理商）；下半部分是履历申报信息（包括所有人、申报类别、年月日、饲养地）。如图 4-30 所示。

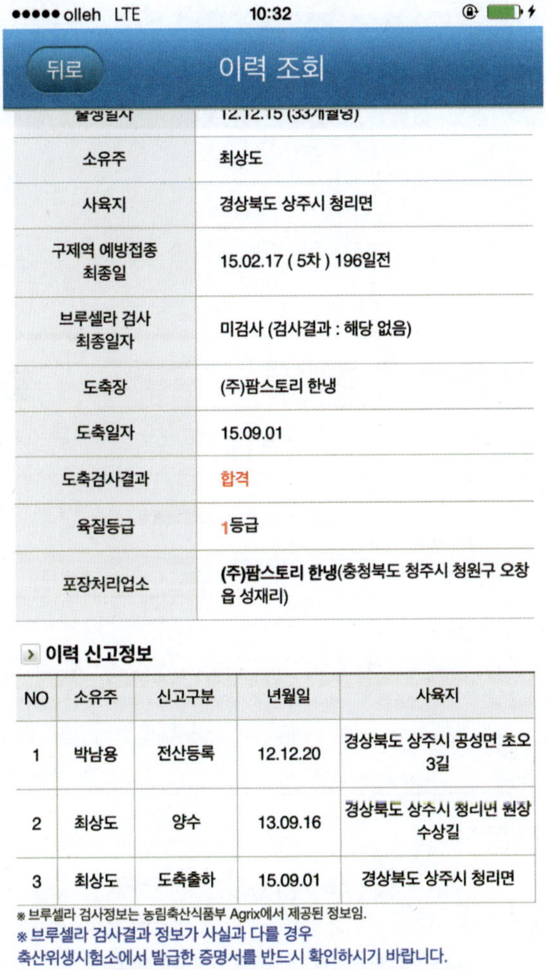

●●●●● olleh LTE 10:32

뒤로 이력 조회

출생일자	12.12.15 (33개월령)
소유주	최상도
사육지	경상북도 상주시 청리면
구제역 예방접종 최종일	15.02.17 (5차) 196일전
브루셀라 검사 최종일자	미검사 (검사결과 : 해당 없음)
도축장	(주)팜스토리 한냉
도축일자	15.09.01
도축검사결과	합격
육질등급	1등급
포장처리업소	(주)팜스토리 한냉(충청북도 청주시 청원구 오창읍 성재리)

이력 신고정보

NO	소유주	신고구분	년월일	사육지
1	박남용	전산등록	12.12.20	경상북도 상주시 공성면 초오3길
2	최상도	양수	13.09.16	경상북도 상주시 청리변 원상수상길
3	최상도	도축출하	15.09.01	경상북도 상주시 청리면

※ 브루셀라 검사정보는 농림축산식품부 Agrix에서 제공된 정보임.

※ 브루셀라 검사결과 정보가 사실과 다를 경우
축산위생시험소에서 발급한 증명서를 반드시 확인하시기 바랍니다.

图 4-30 畜产品履历查询信息结果

也可打开畜产品履历制网站主页 http://aunit.mtrace.go.kr，输入履历信息查询详细的追溯信息。如图 4-31、图 4-32 所示。

图 4-31　在畜产品履历制网站输入履历编号

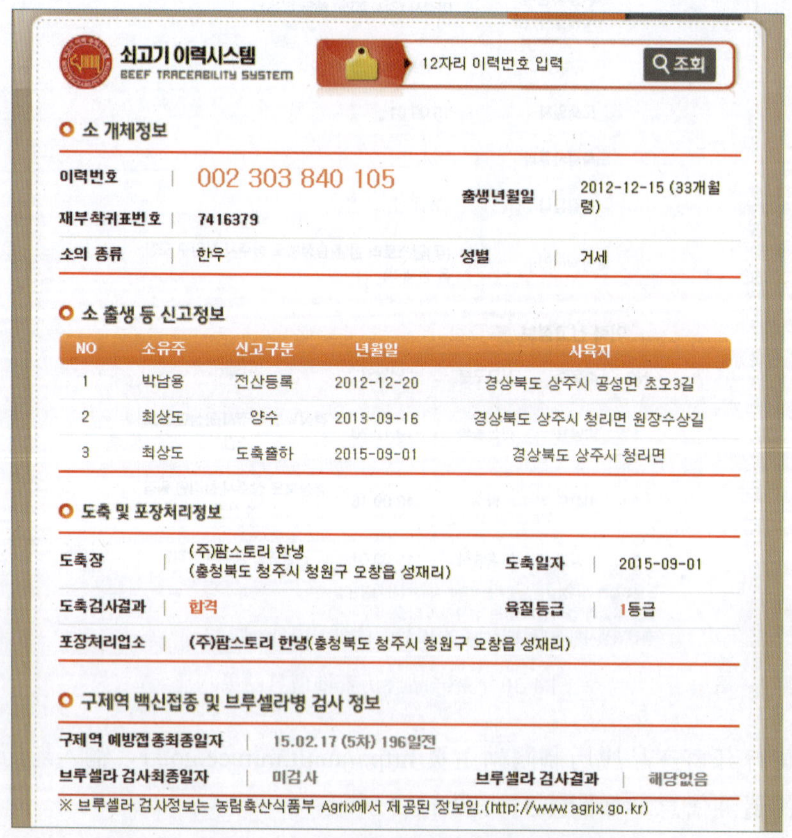

图 4-32　畜产品履历制网站的查询结果

第六节 小　结

韩国农产品质量安全追溯虽然全面启动时间不长，但一直都在稳步地推进。韩国在农产品质量安全追溯中的具体特点可以概括为以下几点。

（1）韩国农产品质量安全状况的社会透明度很高，民众的消费安全意识较强，与其他国家或地区相同，政府将农产品的质量安全作为直接关系到国民健康、政府形象、政权稳固和社会稳定的大事来抓。通过政府的长期宣贯，农产品质量认证和农产品质量安全追溯普遍为消费者和生产者接受，经认证的农产品在价格上要比未认证的高出一倍至几倍。

（2）管理部门少，分工明确，职责清楚。尤其是《农水产品质量管理法》规定，履历追溯管理农产品事后管理及标识变更等进行处分的由农管院（包含分院、办事处）负责。如此对于管理责任的归属、具体措施的落实、农产品经营者的应用都提供了便利。

（3）韩国农产品质量安全的法律法规和标准规范较为健全，农产品质量安全方面的立法大体上包括食品卫生、农产品质量（包括品质）、投入品（农药、兽药、饲料添加剂等）、动物防疫、植物保护 5 个方面。在农产品安全标准制修订方面基本做法是谁主管，谁制定，涉及哪个部门，有关部门就参加制定。同时，韩国法律体系的 3 个层次、标准规范是从宏观到具体落实的相互补充，如《农水产品质量管理法》《农水产品质量管理法施行令》《农水产品质量管理法施行细则》《农产品履历追溯管理标准》《农产品履历追溯管理制度具体实施要领》。

（4）韩国的相关法律中有明确的处罚规定。如凡发现经营农产品不符合质量安全要求的，可责令对产品进行废弃处理或改变用途；应该标识而未标识或标识不正确的，处 1 000 万韩元的罚金；对获得认证的产品，如发现产品质量安全指标不合格，政府可取消认证证书，责令停止使用认证标识和上市销售；对假冒认证标识的，可处 3 年劳役和 3 000 万韩元的罚金。

（5）韩国履历制和追溯平台匹配应用。韩国规范了不同类别农产品的履历制，包括履历制编号位数、标志等，在此基础上开发相应的追溯平台，且这些平台的应用范围广，涉及大部分的企业农产品；消费者应用方便，可以通过下载手机客户端 APP，输入农产品包装上的履历编号即可查询追溯信息。尤其对于不易包装标识的水产品，目前韩国已规范了水产品的包装，并可以运用水产品的履历制追溯信息。

尽管韩国目前已经建立了农产品追溯制度的体系，并在一些农产品和地区开始推行，但是韩国追溯制度仍处于起步阶段。因此，必须有稳定的政策基础以防止出现错误的记录以及作假现象，建立实行追溯制度的商品与一般商品的区别制度，让可靠的机构为追溯商品提供认证。二维条形码、RFID 等技术势必在追溯制度中大量应用，而这些产品目前在韩国尚未制定工业标准，因此今后应该加快相应标准的制定工作，以适应国际贸易的发展。

附　录

附录 1

欧盟《食品安全白皮书》摘选

执行摘要

确保欧盟具有食品安全的最高标准，是欧洲委员会的一项优先关键政策。此白皮书即反映了这一优先情况。为保证食品安全的高标准，欧盟提出了新方法。

欧洲食品安全管理局

欧洲委员会认为建立一个独立的欧洲食品安全管理局是保证食品安全高标准的前提。此安全机构将承担大量关键工作，包括针对食品安全相关方面提出独立科学建议、快速预警系统的运作、就食品安全和健康问题与消费者进行沟通和对话以及负责国家机构与科研实体间的联系等。欧洲食品安全管理局将向委员会提供必要的分析报告，同时委员会必须对分析报告作出适当的回应。一旦必要的法规出台，欧盟食品安全机构将于 2002 年前就位。在形成决议前，我们将收集对此问题感兴趣的各方团体组织的观点，在 4 月底前通报欧委会。随后，欧委会将作出决定性的建议。

食品安全法规

随着独立权威机构的建立，大量为提高、协调和覆盖食品生产“从农场到餐桌”的其他标准也将同时出台。欧洲委员会已确认了为提高食品安全标准所制定的大量的标准，此白皮书也制定了 80 多个独立的规则以应付将来几年内有可能出现的情况。在过去的几十年里，在食品生产与加工及确保符合安全标准的控制方面，已经取得了巨大的发展。很明显，在欧洲大部分地区，现存的一些法规还需更新。

食品生产链中各个环节的溯源能力是其关键点。科学的建议将用来加强食品安全政策。同时在适当的时候采用预防原则。在整个食品生产链中，对发生健康危机事件采取迅速有效的保护措施的能力将成为一个重要的构成因素。

第二章　食品安全原则

9. 在食品链中（饲料生产者、农民和食品加工者及操作者；各成员国和其他国家政府；委员会；消费者），各项主体的任务一定要分清：饲料生产者、农民和食品加工者对食品安全负有最主要的责任。政府当局通过国家监督和管理系统的运作来检查和执行该职责。委员会集中精力对政府当局的能力进行评估，通过审查和检验促使这些系统达到国家水平。消费者必须认识到他们对食品的妥善保管、处理与烹煮也负有责任。通过这种方式，“从农场到餐桌”政策涵盖了食品链（包括饲料生产、初级生产、食品加工、储藏、运输、零售）的各部分，并能以稳定的方法系统执行。

10. 一个成功的食品政策要求饲料和食品（以及它们的成分）具有可追溯性。提出适当的程序建立可追溯系统。这也包括应确保具有适当的程序用于饲料与食品企业召回对人体健康存在风险的饲料与食品。加工者应保存完整的原材料和配料供应商的记录，以便查找问题来源。然而，值得强调的是饲料、食品和其成分无法溯源是一个复杂的问题，必须考虑不同部门和商品的特殊性。

第三章　食品安全政策的基本要素：信息收集和科学分析建议

预警系统

18. 总体上，食品快速预警系统功能有利于最终消费者。其他类型的告知系统也存在于不同的领域，如人类和动物的传染疾病、动物产品在欧盟边境的滞留检查、鲜活动物的转移和辐射危险紧急发生时的 ECURIE 系统。但是，这些系统目标和范围的不同，导致综合利用（这些）信息有困难。另外，还有某些领域未覆盖，如动物饲料。

建立一个完整协调的法律框架，把当前的快速预警系统扩大到整个食品和饲料领域是很必要的。它将使经济运营主体所承担的义务扩展，如通报食品安全突发事件、确保消费者与贸易组织获得适当的信息。此外应建立与其他快速信息系统的联系，这套系统还应扩展到与第三国进出口的信息沟通。

52. 一旦发生食品安全危机，该机构就会收集、分析与传递相关信息给欧洲委员会和各成员国，并调动必要的科学资源来提供最好的科学建议。该机构将对危机作出快速和有效的反应，并在欧盟的反应中起重要作用。这将促进改进计划和解决危机的方法达到欧洲水平，并向消费者证明其已采取了积极的方法来解决问题。

53. 该机构将运作快速预警系统，能快速发现并通报紧急食品安全问题。欧洲委员会将是网络的一部分，将及时被告知。依据危机的种类，该机构将开展下一步的工作，包括传染病的监控。

第五章　法规方面

第六章　管理

提出一个全面的考虑到不同的管理需求的立法。必须考虑食品生产链各部分均得到官方控制的基本原则。

88. 食品生产安全的责任是由生产者、政府和欧洲委员会共同分担的。生产者负责遵守法规，将初始风险最小化，国家政府负责确保生产者遵循食品安全标准，它们需要建立控制体系来确保共同体法规能被遵守，必要时采取强制手段。这一系统应在共同体水平上发展，并遵循一致的方法。

第七章　消费者信息

风险交流不是被动的信息传递，而应该是互动的，包括与所有利益相关者的对话和意见反馈。

消费者应获得必要和准确的信息，以便作出正确的选择。

消费者对其购买的食品的营养价值越来越感兴趣，更需要向其提供消费食品的正确信息。

第九章　结论

116. 执行白皮书中所提议的所有措施，将使食品安全工作以更为协作和完整的方法来组织，并达到健康保护的最高水平。

必要时将审查和修改法律，使之更完整、更易于理解和更新。在各个层面对整部法律的强化都应获得支持。

欧洲委员会认为新的权威机构的建立将成为整个欧盟的科学参考点，并将对消费者健康保护作出贡献，也将最终帮助消费者恢复信心。

117. 本白皮书的各项措施得以顺利提出与欧洲议会和欧盟理事会的内在支持是分不开的。它们的执行将依靠各成员国。白皮书同时也强烈要求承担对食品安全基本责任的运作者的强力参与。

在食品安全政策所有层面上的高透明度是贯穿整个白皮书的主线，并且对提升消费者对欧盟食品安全政策的信心作出根本性的贡献。

附录 2

欧盟 178/2002（EC 28 January 2002）《一般食品法》摘选及释义

此法规又称《一般食品法》(*General Food Law*)。

自 2005 年 1 月 1 日起此法规成为适用于食品法律所有领域的一般性要求而全面实施，并且适用于各成员国。

制定食品法律的总体原则和要求：包括建立欧盟共同的原则和责任，建立提供强大科学支撑的手段、建立有效的组织安排和程序来控制食品和饲料安全。

建立欧洲食品安全管理局。

制定处理直接或间接影响食品和饲料安全事件的程序。

本法规以章节（chapter)，章节下为单元节（section）来规划。而条款（article）则穿插在各个章节和单元节里，按顺序往下排列。总计包括五大章节和此法规制定基本原则（66 个要点，位于法规的前面)。第一章：法规的范围和定义。第二章：基本食品法。第三章：建立食品安全管理局。第四章：建立欧盟内的快速预警系统，应急管理。第五章：程序和最后条款。

在第一章法规的范围和定义中，定义了可追溯性，阐明了实施可追溯性最终的目的。

可追溯性是指，能够追溯并了解生产、加工和销售的全过程的能力，包括对食品、饲料、食品加工的动物或欲加入的物质以及预计要混合到食品或饲料中的物质的追溯。

实施可追溯性最终的目的：可追溯性必须确保目标并能够被正确地收回或召回，适当的信息能够被告知消费者和食品经营者，当局能够执行风险评估，并且能够避免对贸易造成不必要的更大的破坏。

在第二章基本食品法中，重点在第 14 条至第 20 条，尤以第 18 条最为重要。

第 14、15 条：对食品和饲料的安全要求（如条款里面规定，投放到市场的食品和饲料必须是安全的等）。

第 16 条：展示食品时（如广告、包装等)，不得误导消费者。

第 17 条：责任

（1）食品及饲料生产加工、分配各环节的经营者，在其运营控制范围内应保证他们的产品符合相应的食品法对其活动相关的要求并验证有关要求得到满足。(经营者责任）

（2）各成员国应强化食品法，并监控和验证食品与饲料经营者在生产、加工、销售各环节

都执行了有关要求。(成员国和欧盟官方责任)

为此目的，它们应维持一个官方控制系统以适应以下情形：食品与饲料安全的社会性沟通，监督和监控食品与饲料链各阶段的危害。

各成员国还应制订对违反食品饲料法的惩罚措施。惩罚措施应有效执行，与之相称并有劝阻力。

第 18 条：可追溯性

(1) 所有的生产、加工和销售阶段，食品、饲料、食用动物及其他打算或预计要混合到食品或饲料的成分应建立良好的追溯性。

(2) 食品、饲料经营者应能识别向其供应食品、饲料、食品加工的动物以及要混合或预计要混合到食品或饲料中的物质的供应商。为此，这些经营者应有恰当的系统和程序使信息能够在主管机构提出要求时提供。

(3) 食品及饲料经营者应有恰当的系统和程序来识别其他向其供应产品的经营者。这一信息应能够在主管机构提出要求时提供。

(4) 正在或拟在共同体市场销售的食品和饲料，应有适当的标识或能够很容易通过符合更多特定规定的相关要求的相关文件和信息来识别其可追溯性。

欧盟对于可追溯性的要求及其范围

产品范围

本条的用语，尤其是在“任何打算或预计要混合到食品或饲料的成分”的部分，不可把兽药产品、植物保护产品、化肥理解为包含在本要求的范围。这些产品中的一些种类在特别的规程或指令中被特别提及，在可追溯性方面可能执行更为严格的追溯要求。

这些被包含的物质是那些打算或预计要“混合”的，在加工过程中作为食品或饲料的一部分而进行准备或处理。包含所有种类的食品和饲料成分，包括混合到饲料或食品中的谷物，但不包括种植中用作种子的谷物。

包装材料不作为食品的一部分加以定义，也不包括在第 18 条规定的范围内，尽管其组成元素可能会非主动地混进食品中。

此外，食品卫生法规（EC）No 852/2004 规章和即将颁布的饲料卫生规程应当确保，从 2006 年 1 月 1 日起，农场主将必须保持并保存食品 / 饲料、兽药和植物保护产品的记录，以填补这些产品之间的联系的缺口。

操作者范围

第 18 条适用于食品经营者在食物链的所有阶段，从最初的生产（食品生产的动物、收割）、食品 / 饲料加工到装运，也包括慈善活动。但是，成员国应当考虑慈善活动和捐赠活动执行和批准背景的特殊情况。

食品和饲料经营者定义为：“任何从事与食品和饲料生产、加工、销售任何阶段有关的任何活动的企业”，运输和储存经营者也适用该定义，同时必须符合第 18 条的要求。

如果运输是某食品企业一个部门的话，该企业作为一个整体必须符合第 18 条的要求。运输部门应该像企业其他部门保持供应产品记录一样，保持充分的销售记录。

兽药产品、农业生产原料（例如：种子）的生产者不受第 18 条要求的约束。

第三国出口商的适用性

本法规中的追溯条款对欧盟以外的第三国没有法律效力。本要求适用欧盟内部从生产、加工到销售的全过程。即从进口商到零售商。

不能理解为将追溯要求延伸到第三国的经营者。应理解为出口至欧盟的食品和饲料符合欧盟食品法规的有关要求。（很重要，因为法规是针对欧盟的）

对有贸易关系的第三国出口商，在法律上不强制要求实施欧盟内部必须实施的追溯要求。

第 18 条要求的目标可以充分实现，因为该要求延伸至进口商。因此进口商必须能够确定第三国的出口商能够满足第 18 条的要求。

欧盟食品经营者的一般做法是要求贸易伙伴满足追溯要求，甚至超越“追溯至前一步和后一步”的原则。然而，必须注意：这些要求是贸易合同要求的一部分，而不是法规制定的要求。

追溯实施

1）食品经营者识别供应商和客户

食品经营者应该可以识别提供食品或原料的“任何人”。应确保在食品链中实施充分的追溯。

食品经营者必须识别接受其产品的法人单位（不包括最终消费者）。零售商之间进行交易时，例如分销商和饭店，追溯要求同样适用。

2）内部追溯

按照第 18 条的逻辑，食品经营者应该在其内部实施追溯。应该结合原则第 28 要点说明来理解第 18 条的要求，原则第 28 要点中规定：“在食品、饲料经营内部建立全面的追溯系统，以便准确地对目标物实施召回……从而避免对食品安全的潜在影响。”

通过准确地对目标物实施召回，企业内部的追溯系统将有助于经营者。在实施召回花费的时间和避免进一步影响食品安全方面，食品经营者可以节约成本。

不与具体的规定矛盾，本法规不强迫企业在购进的原料和销售的产品之间建立联系（所谓的内部追溯）。也没有要求保持记录识别如何将批次分割和合并组成特定的产品或新的批次。

总之，鼓励企业根据自身的业务特点（食品加工、储存、销售等）制定内部追溯系统。内部追溯的水平应由经营者确定，并与企业的性质和规模相适应。

3）特定法规制定的追溯系统

除了根据第 18 条的精神，针对某些产品或部门制定了要求建立食品安全追溯制度的具体法规外，还有一套具体的法规针对某些产品规定了销售和质量标准。在这些具有公平交易目的的法规中制定了要求对产品进行识别、传递交易单据、保持记录等条款。

只要根据其他具体条款建立的产品识别体系能够在生产、加工和销售等各环节识别供应商和产品的直接购买者，就可以认为符合第 18 条的要求。

然而，本法规规定的追溯要求是一般要求，因此一直适用。确定部门追溯条款是否已经满足第 18 条的要求，需要对那些条款进行具体分析。

4）需保留的信息

在第 18 条中未规定食品和饲料经营者应该保留什么信息。根据每个追溯系统的特点，应该保留所有用于追溯的信息。

然而，为了达到第 18 条的要求，有必要记录下列信息。根据优先顺序，可以将信息分为两类：

第一类信息包括在所有情况下必须向主管机构提供的信息：

○供应商的姓名和地址，提供的产品种类；

○客户的姓名和地址，提供给客户的产品种类；

○交易或交货的日期。

记录供应商和客户的姓名和产品种类时，必须记录交易的日期。如果向某一食品经营者多次提供同一种产品，仅仅记录供应商的姓名和产品的种类不能确保完成追溯。

第二类信息包括强烈推荐的需保留的附加信息：

○数量；

○批次号，如适用；

○产品的详细描述（预包装产品或散装产品，水果或蔬菜品种，生的或加工的产品）。

根据食品企业的经营活动（经营性质和规模）和追溯系统的特点，确定记录的信息。

过去出现的食品安全问题显示根据产品的商业单据追溯（在公司间通过发票），不能充分反映产品实际流通的情况。因此每个食品和饲料经营者的追溯系统必须能够真正反映产品的实际流通情况：使用交货单据（或记录生产单位的地址）可能确保更有效的追溯。

5）提供有效追溯信息的时限

第 18 条规定食品、饲料经营者制定体系和程序对其产品进行追溯。虽然条款中未对这些体系做具体说明，但是使用“体系”和“程序”这两个词预示着当主管机构需要时，一套有条理的机制可以传递需要的信息。

制定一个良好的、能够实现第 28 条说明中规定的目标的追溯系统，最重要的一点是追溯系统中提供快速和准确信息所需的时间。如果不能及时提供有关信息，在发生问题时会影响快速反应。

上述条款定义的第一类信息必须立即提供给主管机构。

第二类信息必须根据具体情况，尽可能快地提供给主管机构。

6）记录保持的期限

在第 18 条中未规定记录保持的最低期限。一般来说，商业票据为了税务目的保持 5 年。适用于生产或交货日期和追溯记录的 5 年期限可以认为符合第 18 条的要求。

然后，在某些情况下，应该调整这一规定：

○没有规定货架寿命的产品，记录保持适用 5 年期限；

○有 5 年以上货架寿命的产品，记录保持期限为货架寿命加 6 个月；

○直接销售给最终消费者的，有效期低于 3 个月或没有规定期限的易腐烂产品，记录保持时限为在生产日期或交货日期后 6 个月。

最后，应该考虑到，除了本法规第 18 条规定的追溯条款外，许多食品经营必须符合其他具体的记录保持要求（保持的信息种类和时限）。主管机构应该确保它们符合这些规定。

第 19 条　食品经营者的职责

（1）如果经营者对其进口、生产、加工制造或营销的食品感到或有理由认为不符合食品安全要求，应立即着手从市场收回有问题的产品，而该产品已不再被原经营者直接控制，并通知其主管机构。在食品有可能已经到达消费者手中的情况下，经营者应有效准确地通知消费者收回的原因，若有必要，当其他措施已不能达到高标准的健康保护时，应从消费者手中召回有关产品。

（2）从事零售、营销活动的经营者，由于对包装、标识、食品成分安全性无影响，应在其相应行为范围内从市场上收回不符合食品安全要求的产品，并应通过提供食品追溯有关的信息，配合生产者、加工者、制造者和主管机构所采取的措施而为食品安全作贡献。

（3）如果认为或有理由相信投入市场的某食品对人类健康有害，食品经营者应立即通知主管机构。经营者应通知主管机构采取措施预防对最终消费者造成的危害，并不应阻挠或妨碍他人根据国家法律和合法行动与主管机构一起采取的防止、减轻或消除食品所引起的危害的合作。

（4）食品经营者应配合主管机构为避免或减轻所提供或已经提供的食品造成的危害所采取的措施。

第 20 条　饲料经营者的职责

（1）如果经营者对其进口、生产、加工制造或营销的饲料感到或有理由认为不符合饲料安全要求，应立即着手从市场收回有问题的产品，并通知其主管机构。在这些情况下或在第 15（3）条规定的情况下，即生产批或销售批（batch，lot or consignment）不能满足饲料安全要求，该饲料应被销毁，除非主管当局认为符合其他方面的要求。经营者应有效准确地通知消费者收回的原因，若有必要，当其他措施已不能达到高标准的健康保护时，应从消费者手中召回有关产品。

（2）从事零售、营销活动的经营者，由于对包装、标识、饲料成分安全性无影响，应在其相应行为范围内从市场上收回不符合饲料安全要求的产品，并应通过提供饲料追溯有关的信息，配合生产者、加工者、制造者和主管机构所采取的措施而为饲料安全作贡献。

（3）如果认为或有理由相信投入市场的某饲料不能够满足饲料安全要求，饲料经营者应立即通知主管机构。经营者应通知主管机构采取措施防止由于使用该饲料而引起的危害，并且不应阻挠或妨碍他人根据国家法律和合法行动与主管机构一起采取的防止、减轻或消除饲料所引起的危害的合作。

（4）饲料经营者应配合主管机构为避免或减轻所提供或已经提供的饲料造成的危害所采取的措施。

附录 3
美国《食品安全现代化法》节选

第 1 节　简称；参考条目；内容目录

（a）简称——此法案可被引用作“FDA（美国食品和药品管理局）食品安全现代化法案”。

（b）参考条目——除非另有说明，此法案中所有针对某部分或条款进行的修订，均需参考《联邦食品、药品和化妆品法》(《美国法典》第 21 编 301 条）所对应的部分或条款。

（c）内容目录——此法案的内容目录如下：

第 1 节　简称；参考条目；目录。

第一篇　提高防御食品安全问题的能力

第 101 节　记录审查

第 102 节　食品工厂的登记注册

第 103 节　危害分析和风险防控

第 104 节　绩效标准

第 105 节　产品安全标准

第 106 节　防范蓄意掺假

第 107 节　收费职权

第 108 节　国家农业和食品防御战略

第 109 节　食品和农业协调委员会

第 110 节　构建国内能力

第 111 节　食品的卫生运输

第 112 节　食品过敏症和过敏反应的管理

第 113 节　新的膳食成分

第 114 节　初级生鲜牡蛎在收获后加工时的指导性要求

第 115 节　港口购物

第 116 节　涉及酒精的工厂

第二篇　提高检测和应对食品安全问题的能力

第 201 节　国内、国外工厂及入境港口检测物品的确定；年度报告

第 202 节　食品分析的实验室认证

第 203 节　实验室网络的整合协调

第 204 节　优化食品和记录的跟踪与溯源

第 205 节　监控

第 206 节　强制召回的职权

第 207 节　食品的“行政扣押”

第 208 节　净化处理的标准及方案

第 209 节　改善国家、地方、地区以及部落食品安全官员的培训

第 210 节　强化食品安全

第 211 节　改善需报告的食品注册

第三篇　提高进口食品的安全性

第 301 节　国外供应商的审核方案

第 302 节　自愿合格进口商方案

第 303 节　要求提供食品进口证明的职权

第 304 节　进口食品发货的预先通报

第 305 节　国外政府食品安全构建能力

第 306 节　国外食品工厂的检验

第 307 节　第三方审计的认证

第 308 节　美国食品和药品管理局海外办事处

第 309 节　走私食品

第四篇　其他规定

第 401 节　食品安全资金

第 402 节　雇员保障

第 403 节　管辖权；主管部门

第 404 节　国际协议的遵守

第 405 节　预算绩效分析

第一篇　提高防御食品安全问题的能力

第 101 节　记录审查

第 103 节　危害分析和风险防控

（a）总则——每个工厂的所有者、经营者或代理人应当按照本条规定，评估可能会影响该工厂生产、加工、包装或存储食品的危害因素，确定并实施预防性控制措施以使危害最小化，或是杜绝危害的出现，并且保证这些食品中不存在第 402 节所描述的掺假或者第 403 节（w）条款所描述的贴错标签等行为，同时应监督这些控制措施的实施情况，并将监控记录的保存作为一种例行规范。

（g）保持记录——食品工厂的所有者、经营者或代理人对下述文件记录应至少保留 2 年，包括：参照（c）小节条款所实施的防控措施的监控情况、不符合食品安全规范的事例、按照（f）（4）小节的规定进行测试和其他形式检验的结果、实施整改措施的状况以及防控、整改措

施的成效。

第 106 节　防范蓄意掺假

（a）总则——经过第 105 节修订的第四章（《美国法典》第 21 编第 341 条及以下条款），在其结尾处增加如下内容，作为进一步修订：

“第 402 节　防范蓄意掺假

“（a）确定——

“（1）总则——部长应——

“（A）对食品系统进行脆弱性评估，包括对国土安全部的生物、化学、放射学或其他恐怖主义风险的评估加以考虑；

“（B）在防范脆弱环节的蓄意掺假杂方面，应考虑对不确定性、风险、费用和利益的最佳认知；

“（C）确定必要的防范食品蓄意掺假的科学缓解策略或措施的类型。

“（2）有限的分发——为了国家安全而考虑，在咨询了国土安全部部长的意见后，部长可以决定在何时、以何种形式和格式向公众公布按照第（1）段所做的决定。

“（b）在《食品安全现代化法》颁布之后 18 个月以内，部长应协同国土安全部部长和农业部部长颁布防范本法案中所述蓄意掺假的法规。此法规应——

“（1）规定如何评估某人是否需要实施缓解策略或措施，以防止发生食品的蓄意掺假；

“（2）规定恰当的以科学为基础的缓解策略或措施，以便为食品供应链中特定的脆弱环节提供准备和保护。

“（c）适用性——按照（b）小节的要求所颁布的法规只适用于部长在咨询了国土安全部部长的意见后依照（a）小节的规定确定为具有很高的蓄意掺假风险的，并且可能对人类或动物的健康造成严重影响甚至导致死亡的食品，其中应包括以下食品：

“（1）部长已查出了明确的漏洞（如保质期较短的食品或在关键控制点易受到蓄意污染的食品）；

“（2）在最终包装好以供消费者购买之前为散装或批量的形式的食品。

“（d）豁免——此节不适用于农场，生产牛奶的农场除外。

“（e）定义——在本节中，‘农场’一词具有美国《联邦法规典集》（或其后续补充法规）第 21 篇第 1.227 节赋予其的含义。”

（b）指导性文件——

（1）总则——在此法案颁布之后一年内，部长在咨询过国家国土安全部部长和农业部部长的意见之后，应颁布关于防范蓄意污染的指导性文件，包括经过（a）小节增补的《联邦食品、药品和化妆品法》的第 420 节所要求的防范食品掺假的缓解策略和措施。

（2）内容——上述第（1）段中所发布的指导性文件须：

（A）包含经过第（a）小节增补的《联邦食品、药品和化妆品法》第 420 节中第（b）（1）小节里描述的用于进行评估的模型；

（B）包括上述第 420 节第（b）（2）小节中所述的缓解策略和措施的范例；

（C）详细说明上述第 420 节第（b）（2）小节中所述的缓解策略和措施的范例所适用的场景。

（3）有限的分发——为了国家安全而考虑，在咨询了国土安全部部长的意见后，部长可以决定在何时、以何种形式和格式向公众公布按照第（1）段所发布的指导性文件，包括向目标受众发布的指导性文件。

（c）定期审查——卫生和公共服务部部长须定期审查并适时更新依照经过第（a）小节增补的《联邦食品、药品和化妆品法》第 420（b）小节的要求而颁布的法规和（b）小节中规定的指导性文件。

（d）禁止行为——经过第 105 节的第 301 节（《美国法典》第 21 编第 331 条及以下条款）在结尾处增加如下内容：

"（ww）未能符合第 420 节的规定"。

（f）追溯和监测报告——部长须在依照上述第（a）（1）小节而编制的报告中包含对食品和药品管理局在本法案颁布之前 5 年内在处理属于未加工农产品的水果和蔬菜（以第 201（r）节（《美国法典》第 21 编第 321（r）条）中的定义为准）的食源性疾病暴发方面的表现的分析，还须包含对加强监测、应急反应和追溯能力的建议。应与公众、业界以及州政府和地方政府就上述分析结果和建议进行沟通与协调，因为这有助于发现和追溯疫情的暴发。

第 204 节　优化食品和记录的跟踪与溯源

（a）试点项目——

（1）总则——在本法颁布后 9 个月之内，卫生和公共服务部的部长（在本节中简称为"部长"）应当在考虑农业部部长以及州卫生和农业部代表的建议后，与食品行业协调制定试点项目，以探索和评估快速、有效地识别食品接收者的方法，预防或减轻突发食源性疾病，并解决《联邦食品、药品和化妆品法》（21 U.S.C. 342）第 402 节下掺假，或者该法 [21 U.S.C. 343（w）] 第 403（w）节下贴错标签的食品造成的严重负面卫生影响或者人或动物死亡的可靠威胁。

（2）内容——部长应当与加工食品业协调实施第（1）款下的一项或多项试点项目，并与水果和蔬菜等天然农产品的加工商或分销商协调实施一项或多项试点项目。部长应当确保第（1）款下的试点项目反映食品供应的多样性，并包含至少三种不同食品，这些食品在本法颁布之日前 5 年已经成为重大突发疾病的对象，且选择这些食品的目的如下：

（A）开发和演示快速、有效地跟踪与追溯食品的方法，且开发和展示对包括小型企业在内的各种规模的设施都可行；

（B）开发和演示加强食品跟踪与追溯的适当技术，包括本法颁布之日已有的技术。

（C）通知颁布第（d）小节下的规定。

（3）报告——部长应当在本法颁布后 18 个月内，向国会报告本小节下的试点项目的结果以及改进食品跟踪和追溯的建议。

（b）其他数据采集——

（1）总则——部长应当在与农业部部长以及州卫生和农业部的多个代表协调后，评估——

（A）与几种产品追溯技术的采纳和使用有关的成本及收益，包括第（a）小节下的试点项目所采用的技术；

（B）这些技术对食品行业不同部门的可行性，包括小型企业；

（C）这些技术是否与本小节下的规定相符。

（2）要求——如果切实可行，实施第（1）款时，部长应当——

（A）评估商业用途的国内和国际产品追溯惯例；

（B）考虑国际作用，包括评估本节下规定的产品追溯要求是否与全球追溯系统相符（若适用）；

（C）咨询大量不同的专家和利害关系人，包括食品行业的代表、农业生产者以及代表消费者利益的非政府组织。

（c）产品追溯系统——部长应当在与农业部部长磋商后，根据需要在食品和药品管理局内部设立一个产品追溯系统，以接收提高部长快速、有效地跟踪和追溯美国境内或欲进口到美国境内的食品的能力的信息。在设立此产品追溯系统之前，部长应当检查适用试点项目的结果，确保这些系统的活动得到试点项目结果的充分支持。

（d）高风险食品的其他记录保存要求——

（1）总则——为了快速、有效地识别食品接收人，以预防或减轻突发食源性疾病，并解决《联邦食品、药品和化妆品法》（21 U.S.C. 342）第 420 节下掺假，或者该法 [21 U.S.C. 343（w）] 第 403（w）节下贴错标签的食品造成的严重负面卫生影响或者人或动物死亡的可靠威胁，部长应当发布建议的规则制定通知，以确定记录保存要求，《联邦食品、药品和化妆品法》（21 U.S.C. 350c）第 414 节和《联邦法规典集》（或后续法规）第 21 篇第 1 部分第 J 小部分针对制造、加工、包装或者储存，部长在第（2）款下指定为高风险食品的设施的要求除外。对于指定为高风险的食品，部长应当为这些食品的其他要求设定一个合理的生效日期，考虑要遵守这些要求所需的时间。这些要求应当——

（A）仅与合理可用、适当的信息有关。

（B）以科学为基础。

（C）不规定数据维护所用的特定技术。

（D）确保实施其他数据记录要求的公共卫生利益大于遵守这些要求发生的成本。

（E）规模合理，对具有各种规模以及成本和数据保存负担能力的设施可行；信息包含在正常营业过程中记录的其他记录时，不需要创建和维护重复数据。

（F）尽量减少对经营多种食品的设施的不同数据保存要求。

（G）如果切实可行，设施不需要为遵守这些要求而改变其业务体系。

（H）允许受本小节影响的人在中央或合理可及的位置维护本小节下规定的记录，但是部长提出记录请求后，应当在 24 小时内为部长提供这些记录。

（I）包含一个过程，如果本小节下的要求会为个别设施或者一类设施带来经济困难，部长可以通过此过程发布此要求的弃权书。

（J）与指定食品的已知安全风险相称。

（K）考虑国际贸易义务。

（L）无须——

（Ⅰ）食品原产点提供完整纯种系谱或者食品此前的完整分布史；

（Ⅱ）食品直接后续接收者范围外的食品接收者记录；

（Ⅲ）遵守这些要求的个人在案例水平上跟踪的产品。

（M）包含一个过程，部长可以通过此过程为一种食品或者一类食品删除第（2）款下规定的高风险食品名称。

（2）高风险食品的指定——

（A）总则——部长应当在本法颁布之日后的 1 年以及其认为必要的更长时间内，指定高风险食品。对于这些高风险食品，第（1）款中所述的其他记录保存要求是合理、必需的，以便保护公共卫生。各指定的依据应当如下——

（Ⅰ）特定食品的已知安全风险，包括因此食品产品产生的突发食源性疾病的历史和严重性，考虑美国疾病控制与预防中心采集的食源性疾病数据；

（Ⅱ）特定食品因其性质或者采用的生产工艺而产生高潜在微生物或化学污染，或者支持病原微生物生长的可能性；

（Ⅲ）食品制造过程中最有可能发生污染的点；

（Ⅳ）发生污染的可能性以及为降低污染可能性在制造过程中采取的措施；

（Ⅴ）由于特定食品受污染，消费此食品会造成食源性疾病的可能性；

（Ⅵ）因特定食品产生的食源性疾病的可能或者已知严重性，包括健康和经济影响。

（B）高风险食品清单——部长颁布第（1）款下的最终规则时，应当在联邦食品和药品管理局的网站上公布第（A）子款下被指定为高风险食品的清单。部长可以更新此清单，以指定新的高风险食品，也可以从清单中删除不再被视为高风险的食品，但是对此清单的每一次更新都应与本小节的要求相符，并在《联邦公报》上公布更新通知。

（3）敏感信息的保护——颁布本小节下的规定时，部长应当采取合理的措施，确保有防止非法披露部长根据本节获得的商业机密或者机密信息的有效程序，包括预防非法发布和控制的定期风险评估和规划，目的如下——

（A）预防商业机密或者机密信息的非法复制；

（B）预防商业机密或者机密信息的非法使用；

（C）保存个人使用机构商业机密或者机密信息的记录。

（4）公众意见——在第（1）款下的建议规则制定通知的讨论期间，部长应当在美国的不同地理区域召开至少 3 次公开会议，为不同地区的人提供发表看法的机会。

（5）数据保留——除非本小节另有规定，部长可以要求机构在 2 年内保留本小节下的记录，确定合理的时限时，考虑适用食品的损坏风险、价值损失或者可能性损失。

（6）限制——

（A）农户与校园协作计划——确定本小节下的要求时，部长应当在与农业部部长磋商后，考虑这些要求对农业部农户与校园协作或者农户与机构协作计划以及农业部外其他农户与校园协作或者农户与机构协作计划的影响，并根据需要就这些计划修改这些要求，这样，这些要求便不会对农户与校园协作或者农户与机构协作计划施加不当的负担。

（B）识别与农场生产和包装的食品的农场销售有关的保鲜标签——在下述情况下，本小节下的要求对农场生产和包装的食品不适用——

（Ⅰ）食品包装保持食品的完整性，且预防后续污染或者产品掺假；

（Ⅱ）食品的标签包括农场的名称、完整地址（街道地址、镇、州、郡县以及邮政编码）和业务联系电话，部长顾及农场负责人的宗教信仰，根据需要放弃在标签中包含农场业务联系电话的要求的除外。

（C）渔船——对于通过采用渔船（如《马格努森 - 史蒂芬渔业保护和管理法》[16 U.S.C. 1802（18）] 第 3（18）节所定义）生产的食品，本小节下的要求应当限制为第（F）子款下的要求，直到此食品已经由此渔船的所有者、运营商或者责任代理商售出。

（D）混合的未加工农产品——

（Ⅰ）追溯范围限制——本小节下与混合天然农产品有关的记录保存要求应当以第（F）子款下的要求为限。

（Ⅱ）定义——在本子款中——

（Ⅰ）“混合天然农产品”是指收获后混合但没有加工的产品；

（Ⅱ）“混合天然农产品”不含一些水果和蔬菜类型，这些水果和蔬菜是天然农产品，且对于这些天然农产品，部长已经确定，《联邦食品、药品和化妆品法》（以第 105 节的增订为准）第 419 节下版本的标准将尽量减少严重负面卫生影响或者死亡的风险；

（Ⅲ）“加工”是指改变产品的一般状态，如装罐、烹饪、冷冻、脱水、碾磨、碾碎、巴氏杀菌或者均化处理。

（E）其他食品的豁免——如果部长认为不实施食品（如为破坏病原体而故意加工的散装或者混合原料）或者设施类型的产品追溯要求，也能保护公共卫生，可以在《联邦公报》中通知修改本小节下与此食品或者设施类型有关的要求，或者豁免食品或者设施类型遵守本小节下的要求，而非第（F）子款下的要求（若适用）。

（F）与之前的来源以及后续接收者有关的记录保存——对于第（C）、（D）或（E）子款下的限制或者豁免适用的个人或者食品，如果此人或者制造、加工、包装或者储存此食品的人需根据《联邦食品、药品和化妆品法》[21 U.S.C. 350（d）] 第 415 节下与适用食品的制造、加工、包装或者储存有关的规定到部长处登记，部长应当要求此人保存能识别食品之前的直接来源以及后续直接接收人的记录。

（G）食品杂货店——对于第（H）子款下所述的食品对食品杂货店的销售，部长不得要求杂货店保存本小节下的记录，以文件形式记录作为食品来源的农场的记录除外。部长不得要求此类数据的保存时间超过 180 天。

（H）农场到消费者的销售——如果食品从农场直接销售给消费者，部长不得要求农场保存本小节下与第（I）子款所述之食品的销售有关的配送记录，包括此农场生产和包装的食品的销售。

（I）食品销售——本子款中所述的食品销售是指食品销售过程中——

（Ⅰ）食品在农场生产；

（Ⅱ）食品由农场所有者、运营商或者责任代理商直接销售给消费者或者杂货店。

（7）对非高风险食品无影响——第（1）款下规定的记录保存要求不得影响第（2）款下部长没有指定为高风险食品的食品。前款所述的食品应当仅受《联邦食品、药品和化妆品法》[21 U.S.C. 350（c）] 第 41 节以及《联邦法规典集》第 21 篇第 1 部分第 J 小部分（或者后续法规）下的记录保存要求影响。

（e）评估与建议——

（1）报告——美国总审计长应当在第（d）（1）小节下颁布的最终规则生效后的 1 年内，向国会呈递报告，报告考虑小型企业的合规成本与其他监管负担以及联邦、州和地方食品安全做法和要求，并评估下述限制的公共卫生利益与风险（若有）——

（A）限制第（d）小节对其下第（2）款下识别的食品的产品追溯要求，包括通过恐怖行动等方式蓄意掺假时，这些要求是否提供充分的可追溯性保障；

（B）在记录保存要求中限制餐馆的参与。

（2）确定与建议——实施第（1）款下的评估和报告时，如果美国总审计长确定此款中所述的限制无法充分保护公共卫生，应当根据需要向国会提交有关餐馆及其他食品的记录保存要求的建议，以保护公共卫生。

（f）农场——

（1）信息要求——尽管有第（d）小节的规定，在突发食源性疾病的主动调查过程中，或者如果部长认为必须保护公共卫生并预防或者减轻突发食源性疾病，如果部长合理认为食品产品存在下述情况，可以在根据需要与州和地方负责食品安全的部门磋商和协调后，请农场所有者、运营商或者代理商识别作为调查对象的食品产品的潜在直接接收者，而非消费者——

（A）食品根据《联邦食品、药品和化妆品法》第 402 节掺假；

（B）食品有严重负面卫生影响或者人或动物死亡的威胁；

（C）食品根据第（A）子款所述在特定农场（如《联邦法规典集》或后续法规第 21 章第 1.227 节所定义）掺假。

（2）请求方式——提出第（1）款下的请求时，部长应当在根据需要与州及地方负责食品安全的部门磋商和协调后，书面通知食品产品已经追溯的农场的所有者、运营商或者代理商。

第 210 节　加强食品安全

（a）用于加强食品安全的拨款——《联邦食品、药品和化妆品法》（21 U.S.C. 399）第 1009 节的修订如下：

“第 1009 节　用于加强食品安全的拨款

“(a) 总则——部长有权向合格实体拨款，以便——

“(1) 开展第 702 节下的检查、检验、调查以及相关食品安全活动。

“(2) 培训部长的标准，以便检查、检验和调查食品制造、加工、包装、储存、销售和进口，包括与零售食品设施有关的检查、检验和调查。

“(3) 建设合格实体的实验室的食品安全能力，包括人兽共患病的调查。

“(4) 建设合格实体的基础设施和食品安全计划能力，以符合拨款申请中所载的标准。

“(5) 采取适当的措施保护公共卫生，以应对——

“(A) 第 1008 节下的通知，包括采取这类措施的计划和准备。

“(B) 本法规定的食品召回。

“(b) 合格实体；申请——

“(1) 总则——在本节中，‘合格实体’是指——

“(A) 合格实体是——

“(Ⅰ) 州；

“(Ⅱ) 地方；

“(Ⅲ) 地区；

“(Ⅳ) 印第安部落 [如《印第安自决与教育辅助法》第 4 (e) 节所定义]；

“(Ⅴ) 与 1 个或者多个高等教育机构协作的非营利食品安全培训实体。

“(B) 合格实体以部长可能合理要求的时间、方式向部长提交申请，且申请中包含部长可能合理要求提供的信息。

“(2) 内容——第 (1) 款下提交的各申请应当——

“(A) 保证合格实体已经制定参与第 (a) 小节所述的各类活动的计划；

“(B) 描述待由拨款资助的各种活动；

“(C) 逐项说明根据本节收到的拨款资金将如何花销；

“(D) 描述如何监控拨款活动；

“(E) 合格实体同意报告部长要求的信息，以便进行本节下规定的评估。

“(c) 限制——第 (a) 小节下提供的资金可提供给接受本节下拨款的合格实体，但是，这些资金仅可用于资助此实体的食品安全计划，且这些食品安全计划独立于各拨款年度本节下与上一年资助同级的拨款，其中，拨款按消费价格指数增加。这些非联邦配套资金可以直接提供，或者通过公有或私有实体的捐赠提供，并可以现金或者公正估值的实物方式提供，包括工厂、设备或者服务。

“(d) 其他权力——部长可以——

“(1) 在 3 年内的各后续财政年度提供本节下的拨款，无须重新申请，但是上一财政年度必须符合第 (c) 小节的要求；

“(2) 由于资金用于应对 1 个或多个自然灾害，且部长认为合理时，即使不符合第 (c) 小节的要求，也可在该财政年度授予本节下的拨款。

“(e) 拨款有效期——部长对本节下的个人拨款接收人的拨款不得超过 3 年。如果部长进行计划评估，第二或第三个拨款年度（若适用）的资助应当视第一年后部长的成功计划评估而定。

“(f) 进度与评估——

“(1) 总则——部长应当衡量根据《食品安全现代化法》及其修订案授权的各拨款计划（包括本节下的拨款计划）的状态与成败。前款所述的拨款接收人应当在每个拨款年度末，为部长提供有关拨款资金如何花销以及收款人为增强食品安全所做工作的状态的信息。如可行，部长决定是否继续为此收款人提供资金时，应当考虑此收款人的表现。

“(2) 无重复——执行第（1）款时，部长不得重复本法或者联邦食品和药品管理局的《食品安全现代化法》中其他规定下的工作，这些规定要求衡量和审核收款人根据各法开展的活动。

“(g) 补充而非取代——在本节下收到的拨款资金应当用于补充（而非取代）非联邦资金以及开展本节所述的活动可用的其他联邦资金。

“(h) 拨款授权——为了提供本节下的拨款，自 2011 至 2015 财政年度，部长有权根据需要拨出这些金额。”

(b) 卓越中心——《公共卫生服务法》(42 U.S.C. 280g et seq.) 第 P 章通过在末尾增加以下内容予以修订：

“第 403 节　管辖权；主管部门

“本法或本法的修正条款中任何内容不得解释为——

“(1) 根据适用法令、法规或者与《1946 年农业市场经营法》(7 U.S.C. 1621 et seq.) 下经不起检验的品种的资源检验有关的协议，改变农业部部长与卫生和公共服务部部长之间的管辖权；

“(2) 根据适用法令、法规修改烟、酒税收与贸易局和卫生与人类服务部部长之间的管辖权。

“(3) 限制以下法案规定的卫生和公共服务部部长的权力——

“(A) 本法颁布前一天生效的《联邦食品、药品和化妆品法》；

“(B) 本法颁布前一天生效的《公共卫生服务法》(42 U.S.C. 301 et seq.)。

“(4) 修改或者限制农业部部长根据其管理的法律享有的权力，包括——

“(A)《联邦 roup- 检查法》(21 U.S.C. 601 et seq.)；

“(B)《禽类产品检查法》(21 U.S.C. 451 et seq.)；

“(C)《蛋类产品检查法》(21 U.S.C. 1031 et seq.)；

“(D)《美国谷物标准法》(7 U.S.C. 71 et seq.)；

“(E)《1921 年罐头业与家畜场法》(7 U.S.C. 181 et seq.)；

“(F)《美国仓库法》(7 U.S.C. 241 et seq.)；

“(G)《1946 年农业市场经营法》(7 U.S.C. 1621 et seq.)；

“(H) 重新颁布的《农业调整法》(7 U.S.C. 601 et seq.)，含《1937 年农业市场经营法》所做的修订。

“(5) 修改、妨碍或者影响国土安全部根据《2002 年国土安全法》(6 U.S.C. 101 et seq.) 或者其他法令享有的权力，包括与保障美国边境安全、管理入境港或者农业进口和入境检验活动有关的权力。”

第 404 节　国际协议的遵守

对本法或者本法修订案中内容的解释应当符合建立国际贸易组织的协议或者美国作为协议方签订的其他条约或者国际协议。

第 405 节　预算绩效分析

为了遵守《2010 年财源确保法》，本法预算效果的确定应当参考本法“PAYGO 立法的预算效果”篇的最新声明，但此声明必须在本法投票通过前、提交后，由参议院预算委员会主席打印在《国会记录》中。

标题做如下更改:“基于保证食品供应安全的《联邦食品、药品及化妆品法》的修正法案”。

部长

第 111 届国会

第 2 次会议

H.R. 2751

修订

附录 4
日本《食品追溯系统介绍手册》

食品追溯系统介绍手册

0-1 原手册的背景和历史

食品追溯系统能够通过每个食品加工点的文档记载跟随任何食品的流动，当事故发生时，食品追溯系统能在召回争议食品和调查事故原因等方面提供有效的协助。同时对有助于增加标签信息可信度的信息加以校验和传送，从而使消费者能够有安全感地购买食物。

此外，重要的是要充分注意该追溯系统仅仅是为了实现这一目标的手段，更重要的是不要陷入过分的追求，例如把建立可追溯系统本身作为一个目标。

因此，以此作为背景，为了促进食品追溯系统的建立并确定推行可追溯系统的指导方针，食品追溯系统介绍手册委员会正式成立。从委员会中成立的工作组将进一步研究食品追溯的可用资料。

依据对相关文献和海外实际操作结果相关知识的广泛回顾，此《食品追溯系统介绍手册》（以下称为《手册》）已完成并于 2003 年 3 月发布。

0-2 修订准则：背景和细节

随着《手册》的发布，“食品可追溯性”的基本理念在这个国家内被广泛认可。《手册》已成为生产者和食品经营者（以下也被称为“经营者”），由操作者和食品经营者组成的组织和行业协会（以下也被称为“组织和协会”）和为有关支持推行食物追溯系统的商业经营者服务的问询处人员的首要参考。

此外，《手册》提供用于书写针对具体产品和具体产业的指南的基本框架和核心信息。牛肉可追溯法在 2003 年 6 月开始生效，针对国内的牛及牛肉的相关的政府部级法令也已颁布。除了国内牛肉溯源介绍手册（总论版），每个生产阶段的手册均已成文。其他有书面指南的食品包括新鲜蔬菜、鸡蛋、贝类（牡蛎和扇贝）、养殖鱼和紫菜。针对其他食品的指南预计即将出台。

《食品追溯系统要求》基于《手册》制定，作为检验食品追溯系统的标准，并于 2006 年 10 月发布。

在国际上，食品溯源的定义由食品法典委员会确定（2004 年 6 月）。通过 ISO，关于《食品和饲料的可追溯性——系统设计与实施的总则及基本要求》的草案（ISO / DIS 22005）正在讨论当中，并接近完成。满足此 ISO / DIS 22005（自 2005 年 11 月起）所有要求的“食品追溯系统要求”也已成文。

该《手册》发布后，食品可追溯系统依法强制性应用于国内的牛和牛肉。由于该项立法和“手册”的推行，食品追溯系统取得了突飞猛进的进展。针对该系统的准确有效的监管和对品质的维护有望在将来实施。

对于其他食品，可追溯系统的推行在目前不做要求，但对于每个食品经营者的责任有相关要求。

在这种自愿遵守规定的氛围下，确保可追溯性能在个人食品业务中稳步推进。例如，保存初级生产阶段有关耕种、养殖和加工阶段关于原材料和产品的连接及鉴定的记录已变得更加普遍。

《手册》的主要目的是确保整个食品链的食品追溯。不幸的是，关于食品链内新资源食品追溯系统的参与者比期望的要少，处理这个问题仍然是一个艰巨的任务。为了解决这个问题，通过参与其中的食品经营者在他们之间寻求合作及配合，将他们的一致性最大化将显得尤为必要。为了使该系统更吸引潜在的食品经营商，设计考虑到成本及效益的系统也显得很必要。

基于这些需时刻记住的成果和任务，《手册》做了修订，为食品经营者和他们的组织及行业协会提供了更有效的参考。修订时，食品追溯系统介绍手册委员会（以下称为“委员会”）召开会议，在该修订通过后，委员会改名为“食品追溯系统介绍手册修订委员会”，并就该问题展开讨论。

0-3 本手册的目的

本手册针对初级生产商、加工商、经销商、零售商、餐馆、外卖食品经营者，以及预期推行可追溯系统的相关公司、组织和行业协会的咨询人员。该手册通过包括基本原理、规程等支持可追溯系统的推行。对于已经推行可追溯系统的食品经营者及其组织和行业协会来说，这本手册可就开展员工培训、审查当前系统、扩大可追溯系统主体范围、实现系统与其他食品经营者连接等方面提供指南。

由食品经营者推行的食品溯源系统应是自愿的，这也是他们的义务。

《手册》应该是设计和执行一个可靠系统的框架。此外，当根据具体的项目和/或特定行业制定或修订指南的时候，《手册》可提供基本的信息。

对于某些项目和行业，已有充分的食品可追溯性并因此可追溯系统无须从头开始执行。在这种情况下，它们的现状与《手册》中列举的以确保可追溯性的基本因素之间的比较回顾对于在食品经营者之间达成共识大有裨益。

第 1 部分 食品可追溯系统的基础

在第 1 部分中，有关可追溯系统的基本问题的描述可作为农民、食品加工者、经销商、零售商、食品服务运营商、外带食品供应商和计划引进可追溯系统的其他相关行业的参考。

1 本手册的范围

本手册涵盖的食品和行业的范围如下：

1-1　所涵盖的食品类型

——食品范围包括：各类食品。

1-2　所涵盖的行业类型

——行业和其他涵盖的范围：

工商企业，参与生产的组织和个人，食品的准备 / 加工，流通和销售。

2　相关的法律和其他规定

2-1　法律

有关可追溯系统的日本法律如下：

（1）关于农林业产品的标准化和适当的标签的法律（日本农业标准法）

在这部法律中，作出了对于农业和林业产品的标准，还有关于农林业产品质量的适当标签的规定。

直接卖给消费者的食物和饲料必须依据日本农业标准法下的质量标签标准加以标注。具体内容在基于这部法律的“新鲜食品质量标签标准”和“加工食品质量标签标准”中有明确规定，以及需要标示的名称和来源地等（某些加工食品需要标注配料的原产地）。

在这部法律中，一些事件例如虚假标注产地，及时披露所涉及的食品经营者的名称以及处罚措施等情况，都已制定相关法律。

（2）农产品检验法

在这部法律中，“农产品检验”系统（等级检验和成分检验）的建立是为了促进贸易的公平和顺利，同时也是为了提高农产品例如水稻的质量。

依据“糙米和精米的质量标签标准”（第 4-1-2 条），除非糙米是根据这一法律进行认证，其产地、品种和收获年份将不得标示。

（3）农药管理法

在这部法律中，农药的登记制度和有关农药的销售和使用法规已经确立。

任何使用农药的人不得违反部级法令（第 12 条）所确立的规定使用。

农业、林业和渔业部部长或环境部部长有权要求使用农药的任何人提交关于农药使用的报告，或是检查例如农药和台账等必要材料（第 13 条）。

（4）肥料管理法

在这部法律中，确立了投入及应用的标准、登记和限制，也确立了肥料的标签标准。

任何使用肥料的人（如生产商）都禁止使用无担保标签的“特效普通肥料”（特效普通肥料由政府条例指定，其包含的成分将作为残留持续存在并可能对人和动物产生危害）（第 21-2 条）。农业、林业和渔业部部长或都道府县的知事可能会要求任何使用肥料的人提交一份报告，或当实现这一法律目的的必要性被广泛认可时对其生产经营场所进行检查。

（5）药事法

在这部法律中，有关生产、进口、销售和适当使用动物药品的规定被确立。

在这部涉及动物药品使用规定的部级法令中，基于该法律的第 83 条，规定的用法、用量、停药期等被确定。部级法令的第 5 条要求当使用药物时需在总账中记录下列项目：

——使用药物的日期；

——使用药物的位置；

——种类，数量和使用药物的动物的其他差别；

——药品名称；

——用法和药品用量；

——屠宰日期，为作为食物装船或卸货的日期。

（6）关于饲料的安全保证和质量改进的法律（饲料安全法）

该法律禁止抗菌产品在动物饲料中的混合，管理饲料添加剂，并确立有毒物质的标准。

依据修订后的 2003 年颁布的关于饲料和饲料添加剂的原料标准的部级法令，任何使用饲料的人必须尽力记录下列项目并保存记录。

——使用饲料的日期；

——使用饲料的位置；

——规定的家畜饲料的种类；

——饲料的名称；

——规定的饲料用量；

——接收饲料的日期，提供饲料的个人或组织的名称。

（7）屠宰场法

该法确立了关于设立屠宰场、屠宰场卫生管理、牲畜屠宰或解剖的卫生管理，牲畜屠宰或解剖的检查等规定。

都道府县的知事，到了必要实施法律的程度，可能会从业主、管理人员、屠夫或其他相关的方面收集必要的报告。此外，他们可能会让相关的官员对设施、分类账、文件和其他对象进行检查（第 17 条）。

（8）针对牛海绵状脑病（疯牛病）的特别措施的法律

为了防止牛海绵状脑病的发生和蔓延，该法确立了特别的措施，如禁止含有牛肉和骨粉的饲料，同时针对死牛或屠宰场的疯牛病做相关检查和报告。

该法律规定，牛的主人或管理人（牛是由除了主人外的其他实体管理的情况）应确保他们的每一只牛戴着识别耳标，同时应记录在第 8（1）条中提到的具体信息（出生日期、流转记录和其他信息），并应提供管理的必要信息。

（9）关于牛个体识别信息的管理和转播的特殊措施的法律

在这部法律中，确立了牛和牛肉的识别信息、适当的管理和信息的传送。

管理牛的人被要求通知农业、林业和渔业部部长关于牛的出生、进口、转让或接受（第 3 章）。此外屠夫、卖家和具体菜肴的供应商被要求为他们经手的牛肉标示个人识别号码（或相应的批号）。并记录有关转让和销售的政府法令所规定的项目（个人识别号码、转让的日期、购买者名称、牛肉的重量等），并记录和储存记录（第 17 条）。

（10）禽肉检验法

该法确立了家禽的处理和加工许可，流程管理经理需遵守的事宜如卫生、家禽检验等。

都道府县的知事，到了必要实施法律的程度，可能会要求流程管理经理提交关于他们经营状况的报告或让有关官员进行检查（检查设施、账簿、文件和其他对象）。

（11）食品卫生法

该法律规定了从公共卫生的观点出发为了保证食品安全的必要法规和任何其他必要措施。

第3-2条（保存和维护记录的义务）在2003年修订的法律中被加了进去；它规定了尽力保存记录并向公众披露的义务。

基于该规定，确立了“食品经营者做好并维护记录的指南”。该指南表明了食品经营者大体上被要求记录的项目，和例如年数这样必须记录的项目。

第11条颁布标签标准，第12条禁止虚假标注。

（12）健康促进法

在这部法律中，全面提升公民健康的基本原则被确立。

关于营养的标示，如附着于食品中的营养成分，法律规定了强制性的标准，如需列出的项目和方法（第31条）。

（13）反对不合理保费和误导性陈述的法案（保费和陈述法案）

该法律确立了关于商品交易或服务过程中的不合理保费和误导性陈述的法规和禁令。

该法禁止下列任何标示：显示该产品的成分比讨论中的实际产品要好得多，标示该产品远比竞争对手的产品好，其实正好是与事实相反（第4-1条）。

如果日本公平贸易委员会需要决定某项索赔公平与否，该法案授权委员会要求食品经营者提交说明合理证据的材料。如果食品经营者未提交相应的材料，排除令可以被应用于此经营者（第4-2条）。

（14）产品责任法

该法确定了由产品中的缺陷造成的身体伤害，生命及财产的损失，制造商需承担的责任等。

它确定了当已交付的产品的缺陷对某人的生命财产安全造成伤害，制造商等应当对造成的损害承担责任（第3条）。

（15）计量法

该法指定了测量的标准。

依据关于测量所销售的特殊商品的政府法令，特殊商品的测量可允许误差幅度的存在。

（16）不正当竞争防止法

该法规定了防止不正当竞争，并赔偿不正当竞争造成的损害。

（17）食品安全基本法

该法确定了政府和当地主管部门，地方政府和食品经营者为了全面推动政策以确保食品安全的责任。

在第8条中（食品经营者的责任），食品经营者应当承认他们承担确保食品安全的首要责任，同时，他们对于采取适当和必要的措施确保在食品供应过程的每个阶段的食品安全性也负有责任。

另外，食品经营者应努力提供有关食品和其他涉及自己业务活动条款的准确和适用的信息。

2-2 食品可追溯系统的标准、指南等

关于食品可追溯系统的推荐性标准和指南如下：

（1）国家标准

《食品追溯系统要求》：

这份文件是食品可追溯系统的核查标准。它是由食品追溯系统第三方认证委员会制定的并已于2006年10月发布。该标准可应用于自我核查（由经营者自行检查）、业务合作伙伴核查（由直接相关人完成）以及第三方核查。在第三方核查的情况下，如果所有的要求得到满足，则经营者基本上可被认为使用了食品追溯系统。

（2）项目及阶段指南

①国产牛肉溯源简介手册

②收货、装运和配料来历信息的追溯系统指南

③针对食品可追溯性建设的食品服务业指南

④水果蔬菜的食品追溯简介指南

⑤贝类的可追溯性指南（牡蛎、扇贝）

⑥蛋类食品追溯简介指南

⑦养殖鱼追溯系统指南

⑧紫菜食品追溯系统简介指南

（3）国际标准和规则

①食品法典委员会《追溯原则 / 产品追溯作为食品检验和认证系统中的工具》

② ISO / DIS 22005 食品和饲料的可追溯性——系统设计与实施的总则及基本要求

2-3 涉及食品追溯的标准

（1）国家标准

具体日本农业标准的产品公开信息：

这是一个关于食品经营者自愿将食品生产信息准确传输至消费者的标准（生产商名称、生产地、农药和化肥的投入和应用信息）。

农林水产省（MAFF）注册认证机构（第三方机构）进行认证。自2007年3月起，该种类有三个标准：牛肉、猪肉和农产品（全鲜活农产品，如大米、蔬菜、水果、蘑菇等）。

（2）国际标准和准则

① ISO 9001：2000（JIS Q 9001：2000）

这是由ISO（国际标准化组织）确定的质量管理和质量担保的国际标准模型。确保可追溯性可以添加作为其中的要求之一。

② ISO 22000：2005

这是关于食品安全管理体系的标准。该食品危害的分析方法是依据 HACCP 推行的，其中的原则是由法典委员会确定的。管理系统的步骤是依据 ISO 9001 推行的，7.9 介绍的是可追溯系统的要求。

3 定义

食品

用于人类消耗的食品或饮料或合理预期会被人类消耗的所有的物质和产品。

食品可追溯性：

通过生产、加工和销售的特定阶段跟随食物流转的能力。

注释：

①这是食品法典委员会在 2004 年 6— 7 月举行的会议中一致同意的定义。

②“跟随流转的能力”在这个定义中指的是双向追踪：向前追踪和向后追溯。

③“移动 / 流转”涉及该材料的来源、加工历史和经销。

〈参考〉

2003 年 3 月发布的第一版《手册》对于“食品可追溯性”的定义如下：

“食品及其相关信息可在食品链的每个阶段即生产、制作、加工、配送和销售阶段向前和向后追踪。”

注释：

①“追踪”或“向前跟踪”指的是在下游方向追寻，“跟踪”或“向后追踪”指的是在上行方向追寻。

②在食品链的部分阶段（生产、制作 / 加工、配送和销售）所采取的跟踪或追踪的措施在这里被称为“旨在构建一个可追溯的系统的措施”。

该手册的修订版采用了食品法典委员会达成一致的食品的定义。

因此，即使当追踪只在某一阶段中的一部分可用时，术语“可追溯性”也将被使用。这种系统将被称为可追溯系统。

但是，《手册》的最终目的是要建立整个食品链的可追溯性。这个目标在本次修订前后甚至都不会改变。

ISO 9000：2005 中可追溯性的定义：

“追溯历史的能力，考虑其在哪里被应用过。”

注释：当考虑产品时，可追溯性可以涉及：

——原材料和零部件的来源

——加工历史

——交付后产品的分布和位置

——在欧盟基本食品法中的定义：

“‘可追溯性’是指在生产、加工和流通的任何环节，对食品、饲料、食源性动物以及其他用以或者预计用以食品和饲料的物质进行追踪和跟随的能力。”

——在法国标准化协会（AFNOR）《农业和食品行业建立可追溯系统的行动方针》中的定义。

“在农业和食品行业部门的可追溯性主要适用于两个组合，即产品 / 加工（进度），以及产品 / 本土化（位置）。可追溯性可以描述为一个物质流和信息流的组合。”

——在 ISO / DIS 22005 中的定义（2006 年 11 月 20 日）：

通过生产、加工和流通的特定阶段跟随食物或饲料流转的能力。

注释：

①采纳于参考第（3）条。（注意：参考（3）是食品法典委员会的会议记录）

②流转涉及该材料的来源、加工历史和饲料或食品的分布。

③术语如“文件可追溯性”“计算机可追溯性”或“商业可追溯性”应尽量避免。

内部可追溯性：

在食品经营者层面，接收单位（或原材料的单位）和销售单位（或产品单位）之间的可追溯性。

前一步可追溯性：

识别他们已经收到的各单位供应商的能力。

如果物料流程和业务流程不同，我们将跟随物料流程并在《手册》中把前一步的操作者称为“供应商”。

下一步可追溯性：

识别他们所出售单位的买家的能力。

如果物料流程和业务流程不同，我们将跟随物料流程并在《手册》中把下一步的操作者称为“买方”。

链可追溯性：

整个食品链的可追溯性。

追溯系统：

一系列的可追溯性的机制，该机制执行“鉴定”“链接”“信息记录”“收集和信息存储”和“验证”。

该系统是由规则（承诺和协议）和程序，文件化的程序，组织 / 系统，流程，管理资源（人员、资金、机械设备、软件、科技和技术），法规和教育 / 培训组成的。

可追溯系统也可以使用信息系统技术来进行电子数据录入和数据库管理服务。然而，仅仅有一个信息系统将不足以建立可追溯系统。此外，构造一个追溯系统而不使用电子信息系统数据库也是可能的。

<仅供参考>

在 ISO/DIS 22005（2006 年 11 月 20 日）中可追溯系统的定义：

能够保存所需的有关产品和其生产和利用链中所有或部分组件信息的数据操作组织。其包括：

数据：

记录的信息。

初级生产：

农产品的培育和收割，收割农作物的储存；动物养殖，挤奶，集蛋和育肥；水产品养殖；动物、鱼、贝类以及其他海产品的捕捞。

准备：

涉及去除不必要的物质或异物以方便加工和烹饪的工作。

加工：

使用人工方法处理原料。

生产制造：

从原料制作半成品和成品的过程。

流通和销售：

将状况良好的商品从生产位置转移到消费位置或从供应商转移到消费者，或者将它们存储并供应给消费者和其他用户。

处理：

集生产、制备、加工、流通和销售的一系列活动。

<仅供参考>

在 ISO 9000-2005 中术语“处理”的解释：

“将投入转变为产出的一系列相互关联的资源和活动”。其包括：

识别：

详细说明份额、个人、个人产品、食品经营者和地点。

可追溯单元：

用于识别的单元。该单元在跟踪和追踪时使用。在某些情况下，商品的一批会作为一个单元，而在其他情况下，个人或个人产品可以作为一个单元。在食品生产、加工和流通的任何阶段，当食品的形状或包装样式变更，追溯单元也可能会改变。

批量：

原料，正在加工的食品，加工完成的食品，在类似条件下加工或包装食品的单位。

决定如何依靠产品和生产、加工、流通阶段让批量不同。

日本工业标准中批量的定义：

大量的针对特定用途的同类物品的收集。根据其用途，批量可以被称为订单批、购买批、生产批、运输批或检验批（日本工业标准 Z8141 生产管理条款）。

在相同的条件下，或被认为相同的条件下生产的物品指定量。[日本工业标准 Z9211 能源管理条款（1）]。

ISO / DIS 22005 中关于批量的定义：

已被制造的产品或在类似的情况下加工和包装的产品的一组单位。

注释：

批量是通过组织事先确立的参数而决定的。

一组单元可以减少到产品的单个单元。

ID：

用于识别的标记。

链接：

建立产品和信息之间的连接。

产品和信息可按照以下模式连接：

①产品及产品；

②产品和信息；

③信息和信息。

不合格：

不履行要求。

要求是“明示的，通常隐含的或必须履行的需求或期望”。

要求包括食品经营者的企业内部的规则、允诺客户的具体事项、法规、规范和标准等。

食品风险：

食物危险对健康造成的可能的不良影响及不良影响的程度（对健康产生不良影响的可能性及不良影响的程度）。

<仅供参考>

日本工业标准中风险的定义：

可能性的损害和这种损害的程度的结合（日本工业标准 B0134 机器人工业操纵条款）。

危害是指“食品或食品中物质的状态或可能对健康产生不良影响”。例如，可能会对人体健康造成不良影响的生物、化学或物理因素如毒性微生物、农药、添加剂和食品本身所含的化学物质。

风险管理：

检查技术实施的可能性，通过和有关各方磋商提出来降低风险的措施和政策并确定、实施、验证和审查适当政策措施，核查其经济效益的过程。

隔离管理：

通过可追溯单位将产品和原料进行分类和处理，以防止意外的混淆。

食品经营者：

从事食品生产、加工和经销的人，如食品种植者、食品生产者、食品行业和食品相关协会。

有关组织：

致力于一种食品可追溯系统的组织。

这里所说的“组织”既指个体食品经营者，也指由若干食品经营者组成的小组。该组织是指实施可追溯系统的两个层面——个人和群体。

4 食品可追溯系统介绍：目的和重要的注意事项

4-1 目的

该追溯系统是为了关于食品安全的事故或不合格而准备的。在标签或类似于标签所携带的信息的可信度存在风险的情况下，该系统还允许验证其正确性。它不是一个确保食品安全的直接措施，但在获取消费者及相关食品经营者的信任方面是非常有用的。

在推行和实施食品追溯系统时，有必要澄清要达到的目标。以下是食品追溯系统的总体目标的举例：

（1）确保食品安全的贡献

①在食源性事故或食品安全不合格的情况下，可追溯系统能够通过食物链过程中的追溯及时方便地寻找事故原因。如果有关食品安全的监测数据到位，对问题原因的调查应该更轻松。

②而且，为了以准确及时的方式撤回并召回问题食品，可追溯系统可以缩小上述食品的搜索范围并确定它们的目的地。

③此外，如果食物的历史信息的记录被保存，该系统可以更容易地收集有关由食品来历所引起的对人类健康意想不到的长期影响的数据。它还有助于制订风险管理措施。

④该系统有助于澄清食品经营者的责任。

上述的第 1 条和第 2 条能使消费者的损失和整个食品链的经济损失最小化。

（2）更高的信息可靠性

①可追溯系统保证了配送线路的透明度。

②该系统可以将信息以迅速而积极的方式提供给消费者和客户，以及政府和当地主管部门。

③该系统能通过确保食品及其记录之间的比较体系来验证标签的正确性。

这些因素有助于消除不正确的标识和信息，以及促进公平贸易的进一步发展。

尤其是，消费者可以得到可靠的食品标签，以及关于食品及其供应商的信息。此外，他们可以在购买、存储和管理食品的时候利用此信息。如果适当的信息被提供，他们可以自己采取措施防范风险。政府和地方主管部门也能获得正确的信息。他们在紧急情况下采取行动或管理风险时也可以利用这些信息。这些可以让食品经营者确保其食品的可靠性。

（3）促成更高的企业效率

可追溯系统能够通过规定的 ID 管理食品并通过存储和传递产品特性和起源的信息使库存和质量管理变得更高效。这会有助于节约成本和提高质量。

在大多数情况下，上述提到的第（1）~（3）条目标将同时被执行，但它们的优先级可能会根据产品特性、食品链的状态、消费者的需求而有不同。

当构建可追溯系统时，有关组织应考虑到这些因素并决定应把重点放在哪些目标上。

4-2 可追溯系统的范围

当推行可追溯系统时，清楚地设置该系统的覆盖范围是必要的。特别是：

——系统将覆盖的产品。（何种原料及产品应在产品线中被覆盖？）

——整个食品链中被系统所覆盖的阶段。（在生产、加工和销售的什么阶段，食品经营者会实施可追溯系统？）

理想的是由系统所覆盖的范围会更广泛。然而，当对指定的目标和各项技术经济约束加以考虑时，部分确保可追溯系统会变得现实。在那种情况下，从一个有限的范围开始，然后逐步扩大使其范围变得更广泛，将会是比较有效的。

4-3 重要的注意事项

（1）管理承诺和持续改进

每个食品经营者的管理层应参与可追溯系统的制定、实施和持续改进。管理层应该：

①让他们的员工熟悉可追溯系统的重要性。

②确保可追溯性计划（有关实施计划的详情，请参阅 7-2）。

③提供管理资源（人力资源、财力资源、机械及设备、软件、技术和技巧）。

④直接的持续性改善（改善和更新系统的详细信息，请参阅 8-2）。

（2）限制

追溯系统是一个有效的工具，但它也可能会有下面描述的限制和问题。相关机构应考虑到这些因素并给予应有的关注。

①技术上的限制列示如下：

取决于产品、操作和部门的具体特征，易实施性会不同。

它是由众多因素所影响的，如原料的性质和状态，批量尺寸，货物收集 / 分配 / 运输，生产 / 制造和包装方法，从生产到零售的阶段数以及食品供应链中食品经营者的数量和规模。

②在下列情况下，可追溯系统会变得效率较低：

所涉及的商品经营者之间有差异，如订货系统的程序不同。

信息可信度低。

食品经营者之间的信息传输有困难（有通信中断）。

产品批次不统一。

这其中的一些限制能够通过改进操作者的熟练程度或者通过操作者之间的谈判来克服。此外，某些限制可以通过采用新开发的技术和生产 / 经销方式来解决。

了解哪些限制应被管理是可取的，然后是采取创造性的策略来处理它们，或是有对于未来的洞察力。

至于经济约束，当以一种精确的方式向前或向后追踪食品的尝试已经作出，可能会导致巨额的费用。在开发可追溯系统时考虑到成本和效益是很重要的。

（3）成本和效果的考量

构建一个可追溯系统时，组织应提前预设要达到的目标、要获得的效果、所需的成本，并且应做仔细的比较审查。

<对食品经营者的影响>

下列是由在 4-1 中所提及的已实现可追溯系统目标的食品经营者所预期达到的效果：

①使因食品安全或不合格问题而导致的对于人类健康和社会的影响最小化，以及使推动迅

速调查造成的经济损失和从供应链中撤回/召回问题食品的影响最小化。

②通过改进信息的可靠性包括经营者产品标签来消除误导性标签和信息。

③在处理其他当事人的询问，如投诉时提供便利。

④促成持续积极的业务关系，确保消费者和客户的信任。

⑤因与上述同样的原因，促成对品牌名称的保护。

⑥连接并结合各经营者现有的系统（安全控制系统、采购/加工/销售管理体系、库存管理系统），它能使经营者改善经营，还能节省成本，增强员工意识。另外这也使得现有系统中的效率能得到改善。

⑦对于所记载的历史信息的分析有助于从技术上改善生产、加工和储存。

<推行成本>

同时，推行可追溯系统的主要成本如下：

①起草建立追溯系统所必需的基本计划和程序的成本。

②在推行电子信息系统的情况下，软件开发和机械维修（如测量设备、信息处理装置等）费用。

③教育和培训成本：

为了节省这些推行的成本，以下方案应加以考虑，特别是对于小规模经营者：

——与其他在建立可追溯系统的经营者沟通并起草一份基本计划。

——与其他经营者合作，起草一份可追溯系统的程序。

——在推行电子信息系统的情况下，共同开发软件网络服务和其他必要的程序。

——共同开展教育和培训，共同主持培训计划的运行。

<运营成本>

运营追溯系统的主要成本如下：

①产品标识，连接和记录/分类/存储信息的劳动力成本。

②消耗品，如ID介质（标签）和记录表的成本。

③在推行电子信息系统的情况下，维持和更新设备与软件的成本。

④为保证系统的可靠性，审计和监督的成本。

为了节省这些运营成本，以下方案通常应被加以考虑。

适当缩小目标和范围（产品所涵盖的阶段）。

——限制连接到产品的信息。

——避免将可追踪单位定义得太小。

——避免重复操作，包括消耗品（标签、表格等）。

通过食物链所实施的可追溯性会比由个体食品经营者所施行的追溯系统更充分和高效。但是，对于所参与的经营者而言，效益可能会不同。在起草基本计划时，每一位食品经营者都应该进行有关推行、实施成本和追溯系统的效果之间的平衡性的充分考量。

（4）食品安全管理和质量控制系统的关系

追溯系统是跟随食物流转的系统，在生产过程中并不直接执行食品安全（卫生）管理、质量管理和环境管理。所以，应推行独立的系统来处理这些管理任务。当食品经营者计划提供关于食品安全、食品质量和环境管理的信息时，适当的管理才是先决条件。因此，当经营者推行这些管理体系的全球标准时也应该进行慎重的考虑。

——HACCP：识别和监控基于危害分析的危害和关键控制。

——ISO9001：质量管理体系——要求。

——ISO14001：环境管理体系——对于使用指南的要求。

——ISO22000：食品安全管理体系——食品链中对任何组织的要求。

（5）遵守相关法律法规

在实施食品可追溯系统的过程中，食品经营者应当遵守相关法律法规，以及相应的社会伦理。

5 食品可追溯系统介绍：基础

5-1 食品标识和联动

食品链中的每个阶段的食品经营者应至少设置一个规则用来识别食品（产品和原料）和它的供应商与采购商，并事先把它们相互连接。此外对于食品加工，对他们来说识别食品并根据该规则保存和存储连接的记录也是很必要的。

5-1-1 识别和联动原则

食品（产品和原料）识别和联动范围是确保可追溯性的基本要素。

当构建一个可追踪系统时，有必要履行以下 9 条关于识别和联动的原则。

<识别>

原则 1 可追溯单元的定义

在每个阶段的必要点设置产品和原材料的可追溯单元。

原则 2 关于 ID 的规定

设置有关 ID 的规则。

原则 3 隔离管理

对于每个识别单元（追溯单元）确定隔离和管理的食品及原料的方法。

<连接>

原则 4 确保前一步的可追溯性

确定原料可追溯单元和其供应商的连接规则（前一步的食品经营者），并确定记录表单。

原则 5 确保内部可追溯性

确定原料可追溯单元与加工过程中和加工完成的产品的连接规则并确定记录表单。

如果原料或产品被组合或划分，确定组合及划分之前及完成这类工作之后的连接规则并确定相关表单加以记录。

原则 6 确保下一步的可追溯性

确定产品的可追溯单元及其买主（下一步的食品经营者）的连接规则并确定记录表单。

<识别、记录和传输的介质>

原则 7 附加 ID 的方法

设定可追踪单元上的ID附加方法（如冲压、印刷、标签、电子标签等）。

原则8　记录和传输信息的媒介

确定有关识别和连接的记录、存储和传输已读信息的媒介（如纸本文件、电子数据库、标签、电子标签）。

<建立程序>

原则9　建立程序

按照上述确定的方法和形式设定实施程序。

在原则5中设定的连接规则也包括从库存或存货中取出来的连接不足的任何产品。

当食品经营者，如供应商和买家，有多个营业场所并打算按照原则4和6将它们相连，建立用于仔细检查食物的商业处所是很必要的。

为了确保可追溯性，有各种标准存在。若批量增大，则追溯的精度会变低，但识别和连接原则的实现会变得更加简单。

在下列的第5-1-2和第3条中，给出了关于上述提到的识别和连接的更详细的解释。

在图1和图2中，每个食品经营者应履行的连接原则和食品经营者在追溯链中的关系都被呈现出来。图1中的箭头显示了每个食品经营者应履行的连接原则（4、5、6）。当食品链中每个相邻的食品经营者都符合这些原则时，追溯链就能被保证。

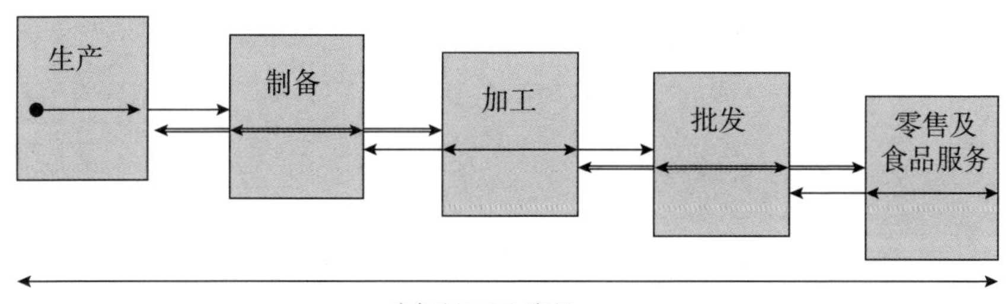

图1　各食品经营者履行的连接原则（原则4～6条）

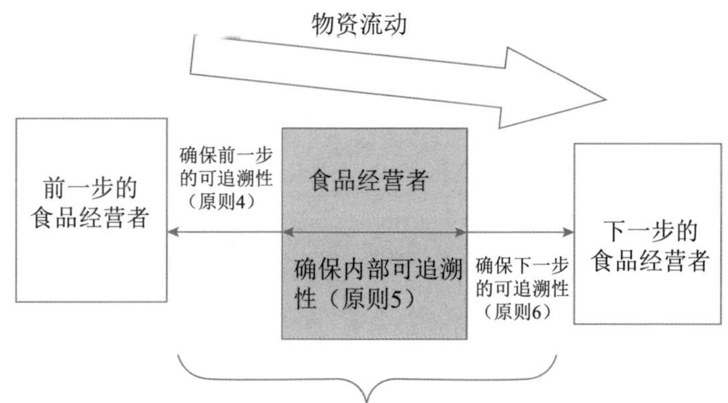

图2　各阶段食品经营者应履行的与链追溯性的连接原则

5-1-2 组织物资和信息的流动，识别与连接的规则

（1）总结物质的流动（原则 1、原则 3 ~ 6 条）

以上是图解物质的流动，从接收到运送，以及将被建立的追溯性的范围。用这种方法，输入和输出的产品间的关系就很容易弄清楚了。

在此基础上，每个阶段检查何种单元应被识别的食品、程序应被如何控制以连接哪个单元，以及检查是否有连接的记录都是很容易就能做到的。

在准备阶段，食品经营者在加工和分装食物的过程中，可能会出现交融和分离。有时也会有复杂的情况。例如，当该原料在一个程序中没有用完时，却在库存之后用于下一个程序。或者是有些产品，曾经由于不合格被从线上撤出后，却在修正以满足要求的规格后重新被放回生产线上。

在这些情况下，找出一个实用的符合追溯系统目标的连接方法是很重要的。通过改进物质流使其更简单是可以考虑的。

（2）设置可追溯单元和批量形式时需考虑的因素（原则 1 和 5）

食品经营者应当建立食品可追溯单元。可追溯单元的大小涉及追溯的精确性。正确设置可追溯单元有助于使产品的追踪更加高效。

食品溯源的单元包括批量和个人 / 独立的产品，并应使用 ID 详细说明。当批量是可追溯单元时，决定批量在什么条件下成形是一个重要的原则。

批量的含义和批量成形的角度，应对以下 3 个方面加以考虑。

①应对产品不合格和食源性事故，完善食品安全管理

当发现产品不合格时，所识别的批量会被用作产品撤回或召回和事故原因调查的依据。因此，产品的批量是否被适当地组织会影响产品撤回或召回的效率以及调查事故原因的效率。

此外，当批量被适当地组织，通过用识别的批量作为基础对程序进行管理时，食品安全和卫生的管理也会变得更加容易。因此，在生产和加工过程中，在所生产的产品范围和在相同条件下的加工范围之内组织批量是必要的；如具有在相同状态下的原料，和具有相同的生产日期。在农场，根据牲畜和海产品的生产阶段，可估算出它们在相同的条件下被生产 / 被栽培的范围。有关这些的案例都在下列的 < 参考 > 中展示。在运输和存储过程中，当有产品包括新鲜、冷冻和冷藏的商品具有涉及存储和运输条件的事故时，考虑组织批量是更可取的。

如果批量很小，在发生事故的情况下缩小被召回的产品范围是有可能的，同时也更容易找到事故原因。此外，安全性和卫生管理单元也可以很小。但批量越小，隔离的成本会越大。

< 参考 >

在生产阶段具有相同条件的产品批量组织的例子：

——对于农产品，在耕地中种植的产品或相同条件下的一批产品，由农民或农民组织按照同样的标准和方法种植，相同的品种，在同一天或同一时间收获，可被确定为一批中的某部分。

——对于家禽，它们应该在相同的禽舍中生长，被给予相同的饲料和水，接种相同的疫苗和使用相同的动物药物。对于其他畜牧产品，在如上的同等条件下应被加以考虑。

②处理标签

为了保证标签所描述的内容与产品本身之间的一致性，有必要组织与指示信息一致的批量并建立一个系统以分离的方式进行提供。因此，该项目，如产品类别品种和配料标签上所展示的，应能由批量进行分离。强制性标签事项必须遵守。然而，对于其他，如果这些项的数目增加，使产品分类更详细并使批量尺寸变小是有必要的，如此一来隔离成本将变得更大。有必要在消费者的需求和业务需求之间研究出一种平衡的状态。

当有对交易有所要求的部门如农产品标准时，必须对这样的部门加以考虑。

③解决改善质量管理的效率问题

当批量被适当地组织，质量管理例如新鲜度会变得很容易。

在生产阶段，通过在产品收获日期或在海产品登岸时组织批量，质量管理如新鲜度会变得容易。在制备和加工阶段，根据产品的要求组织批量，有助于改善质量管理。但批量越小，分离的费用会越大。

在大多数情况下，每个阶段都会设置批量。

——在生产阶段所组织的批量有时被称为生产批。

——在加工产品时组织的批量有时被称为产品批。

——在运送的过程中组织的批量有时候被称为运送批。

——在有些情况下，在流通阶段接收的批次被重新排列时组织的新批量有时候被称为流通批。

（3）决定分配 ID 的规则（原则 2）

有必要设置一个规则来为新成立的追溯单元分配 ID。同时，不要出现 ID 重复的情况也很重要。

而对于从若干供应商手里收到产品的食品经营者，如果每个供应商的产品 ID 的规则是统一的，则更容易记录和管理所收到产品的 ID。如果有可能获得有关各方的同意，统一的 ID 规则是可取的。

（4）决定食品经营者程序内追溯单元的连接规则（原则 5）

为了使流转前后的产品可追溯单元的连接和操作易于理解，有关部门应设定相关方法来处理追溯单元并建立加工及操作系统。建立一个系统的先决条件是隔离管理被处理得当，以为了不让意想不到的混合和污染发生。

需要被连接的 ID：

——收到的可追溯单元和已发出的可溯源单元

——原料及其产品的可追溯单元

——当原料或产品被组合或分割，操作前后的可追溯单元

——未使用的原料的可追溯单元，库存内和正在加工的产品的可追溯单元

——由于不合格从线上被撤下的产品以及被丢弃的原料和产品

有必要根据经营者实际过程的情况加以考虑，并考虑组织批量的重要因素例如在制造产品

时应该和原料的哪个追溯单元进行组合或不组合。此外，设置一个办法来保证连接过程也是很必要的（例如，在生产线上追溯单元改变的地方为其留出一些空间）。

连接方式的改变取决于生产方式（连续生产、批量生产等）。针对目前的状况不做巨大的调整是有利的，应通过必要的改进找出一种方法来遵循追溯原则。

（5）决定组织信息流动和处理的程序（原则 7 和 8）

在组织物质流动的同时，有关机构也应组织信息的流动，它被记录并附着在产品上或以纸质文件或数据的形式传送。此外，关于产品附着的信息的读取和记录、新产生的信息的记录、标签和发票的输出及印刷的方法和程序应当被设定。同时，研究目前的状况是为了对目前已使用过的标签、发票和纸本文件加以利用，并跟随需要加以改进。

5-1-3　每阶段的识别和连接（原则 3 ~ 6）

食品经营者应遵循每阶段可追溯单元所设定和连接的规则来处理可追溯单元。为了不出现任何操作上的失误，需将 ID 附着于标签和发票上，收集产品每阶段的信息并加以记录，并分离产品。

在下面给出的解释中，假设一个可追溯单元是一个批量。如果该追溯单元是一个个人的或单个产品，有必要相应地改变措辞和内容。

（1）批量组织、移动、组合和分割的工作结果

批量的处理可通过下列 8 种模式中的任何一种经由任何食品经营者进行组织。对于合并、分割和加工过程来说，为了能以图案的形式被理解，以下通过简单和简洁的插图加以说明。实际上，对根据事先设定的符合经营者实际程序的批量连接的处理方法加以考量是非常重要的。

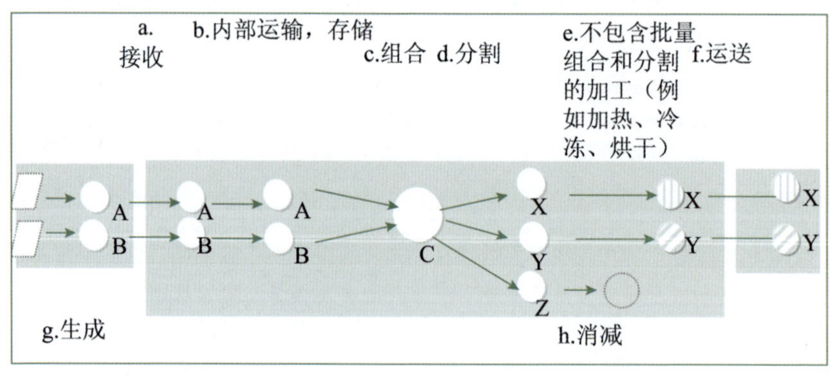

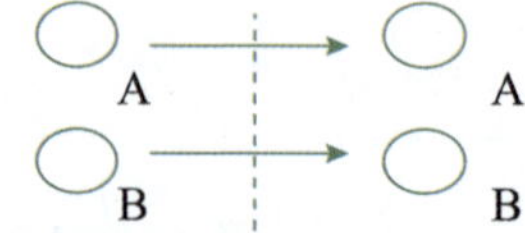

图 3　批量处理模式

a. 接收运送批量

——检查进货批量及其信息（包括ID的标签和发票）。

——将进货批量的ID与供应商及日期时间信息相连接，并记录它们。

——若前一步的经营者并未推行可追溯系统，给予进货批量ID码并记录必要信息（遵循g，将在后面做解释）。

——依据未来期望的工作类型，准备内部发票（上述b中的情况）或工作指令（c，d，e）并附着于批量中。

b. 内部批量的运输和存储（组成批量的产品无变化）

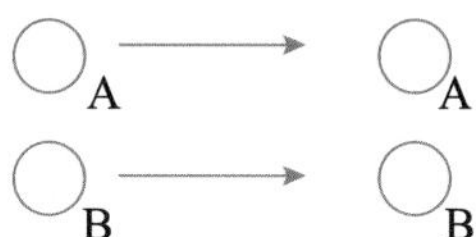

——比较批量及其信息（包括ID的标签和发票）。

——记录例如位置、日期和时间等信息。

c. 批量的组合（例如，2个批量的组合及更大批量形成新批次）

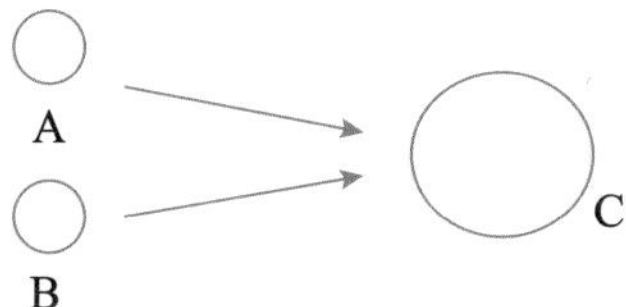

——检查组合前的具有ID信息的批量及其信息（标签和工作指令）并记录信息。

——给新合并的批量分配一个新的ID。

——将合并前的批量ID与合并后的批量进行连接并记录信息。

——如果有的话，记录识别所需的合并工作的信息。

此信息包括组合的日期、组合前后批量的重量，以及合并工作状态的其他信息。

准备标签和发票以指示组合批量的新ID并将其附着于批量中。

d. 批量的分割（例如，将批量分割成2个或更多个）

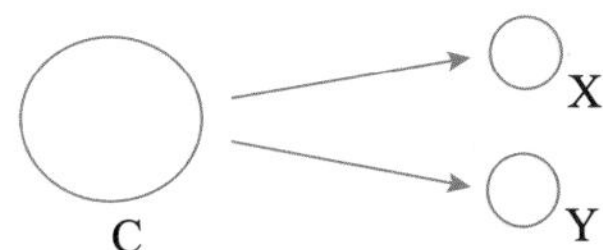

——检查分割前的批量及其信息（有ID信息的标签和工作指令）并记录信息。

——给新分割的批量分配一个新的ID。

——记录ID连接从而使分割之前的批量与分割之后的批量可被连接。

——如果有的话，输入并记录识别所需的分割工作的信息。

此信息包括分割的日期、分割前后批量的重量，以及分割工作状态的其他信息。

——准备标签和发票以指示分割批量的新ID并将其附着于批量中。

e. 不涉及批量组合或分割的加工（例如加热、冷冻、烘干）

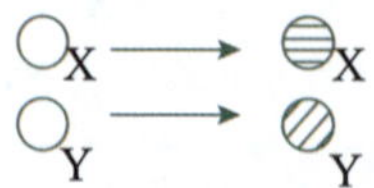

——检查加工前的批量及其信息（标签和工作指令的内容）并记录信息。

——如果有的话，记录识别所需的加工工作的信息。

此信息包括加工的日期、加工前后批量的重量，以及加工工作状态的其他信息。

——准备标签和发票以指示加工批量的新 ID 并将其附着于批量中。

f. 批量的运送

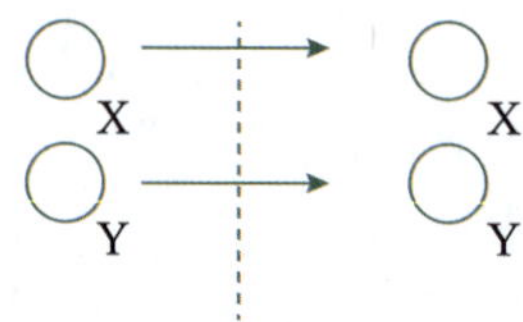

——检查将运送的批量及其信息（有 ID 信息的标签和工作指令）并记录信息。

——将运送批量的 ID 和买家、日期及时间相连接并记录它们。

g. 批量的生成（例如，当生产或获得农场、牲畜和海产品时，或当接收未被系统涵盖的非鉴定产品时）

——决定产品批量并分配 ID。

——对于每一个批量，记录识别所需的信息（生产者、场地、日期、时间等）。

h. 批量的消减（例如，当产品被处理）

——检查处理前产品批量本身及其信息（标签、发票或工作指令的内容）。

——对于每个批量，记录必要的信息（绝种的日期和时间、地点等）。

在上述任何的情况下食品经营者都应当建立适当的隔离和管理机制以防止意外的混淆。

（2）参与处理其他批量的工作

i. 当使用内部 ID 时所涉及的工作

当经营者使用内部 ID 时，设定内部 ID 的规则。同时，在传入和流出时，传入批量的 ID 和流出批量的 ID 和内部 ID 应被连接和记录。

j. 成型批量组（将几个批次聚合以成型为一个批量）

多个有 ID 的批量可以通过将它们放在一个货板上聚合，并因此将其作为一个可追溯单元处理。还有产品，每一件产品通过分配的序列号等可被确定为一个单独的产品单元，可以将它们放置在一个盒子或货板上聚合并作为一个可追溯的单元处理。

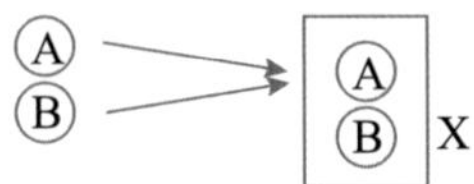

——给成组的批量分配一个新的 ID。

——将成组前后的产品 ID 进行连接并记录。

——如果有的话，记录识别所需的成组工作的信息。

此信息包括成组的日期、工作场所，以及成组工作状态的其他信息。

k. 将组打破（将一组可追溯单元打破）

例如，有时货板上的一个可追踪单元被打破。也有这样的情况，当一个可追踪单元是由多个有作为识别序列号的单个产品组成时，将其拆分成各个产品。

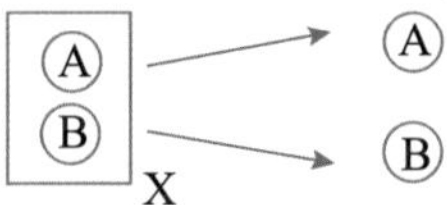

——将拆分前后的产品 ID 进行连接并记录（或检查成组前后的记录）。

——如果有的话，输入并记录识别所需的信息。

这些信息包括组被打破的日期、拆分的日期、组被打破的地点，以及拆分工作状态的其他信息。

在上述工作中隔离管理也是必要的。

5-2　记录信息

（1）选择记录的信息

至于可追溯系统中记录的信息，包括确保可追溯性的必要信息和依据不同的目的而变得必要的补充信息。

确保可追溯性的基本信息包括确保退一步的可追溯性、进一步的可追溯性和内部的可追溯性的连接记录（关于原则 4、5、6 和 5-1-1 中的记录），管理相关食品的操作者，食品经手的日期时间和食品交易的位置等，若包括已验证总量账户的重量和数量的必要记录，也是可取的。

补充信息是依据设定目标的必要信息。它是每个食品经营者在生产、加工、经销过程中记录的生产、卫生、质量管理状态的流程历史。

满足这些目标的补充信息会被进行管理，同时也能在食品追溯系统中使用食品 ID 进行检索和查询。它能使补充信息和实际产品及其操作者之间进行连接。此外，相关食品追溯单元的各阶段历史信息也可以被核实。当考虑到需要记录何种信息时，操作者在做决定的时候应参考追溯系统的目的并考虑其有效性和可能的必要花费。是否记录该信息的决定应基于每个管理系统的必要性加以考量，尤其是在记录生产、卫生和质量管理状态等方面。

上述的信息，有从上游和下游的食品经营者那里所获得的信息，也有从操作者那里获得的内部信息。对于从其他操作者处获得的信息，和接收与记录信息的操作者相对接是可取和有利的。

（2）记录的媒介

对于保存记录来说，预先确定使用的媒介是很必要的（纸本分类账、电子数据库等）。

5-3　存储信息

有关机构应设置已记录信息的保存期限和存储方法。

当这样做时，应将以下几点记在脑海：

推行追溯系统所设定的目标，相关食品的生产、加工和经销的性质。

数据应当被组织和整理，以便于在向公共机构传送和披露信息以及做内部审计的时候可以被调取。

5-4　验证可追溯系统

在许多情况下，可追溯系统的目标之一是提高信息的可信度。因此，有一个可以验证和核查现存的追溯系统的系统是至关重要的。

作为验证整个系统的标准，"食品追溯系统要求"（食品追溯系统的第三方认证委员会，2006年10月）可被利用。

（1）监测

监测应每天进行以检查相关工作等是否按照构建可追溯系统时所确立的程序在执行。

确立一个何时（什么样的区间）、何人、何事，以及监管被如何执行的监测计划是可取和有利的。

（2）内部审计

内部审计是在确保可追溯系统的可靠性和评估可追溯系统是否向着既定目标增加其有效性的条件下进行的。监测每天都需进行，而内部审计是通过设立一个固定的时间和间隔来进行的。监测的结果报告将用作内部审计的材料。

在内部审计中，这么做是有利的：

①检查相关工作是否依据预定的程序执行。

②检查该食品及其信息是否可以被跟踪和追踪。

③在上班前和下班后检查食品重量或数量的改变，并检查是否有异常的增加或减少（定量计算）。

追踪和跟踪测试意味着在施行可追溯系统的上游及下游随机挑选并检查若干追溯单元的样本或特定原材料的实际产品。

通过开展该试验，可以检查追踪和跟踪是否被适当地进行（需要多长的时间）以及关于追踪和跟踪存在什么样的问题。为了进行定量计算，每天上班前和下班后保存每个追溯单元的重量和数量是必要的。体积计算在监测过程中也经常使用。除内部审计外，实行可追溯系统的食品经营者可以互相审核他们的系统。

①起草内部审计程序

对于上面提到的3条审计方法，明确实施的程序并起草内部的审计程序手册。

②根据内部审计程序手册进行审计

为进行审核，应建立相关机构和制度。审计准则应被创建，审计计划和记录以及审计记录应该被详尽阐述，存储方法的记录应被裁定。

审计应该基于其执行进度来实施，审计记录也应被保存。

有关组织在审查或改进追溯系统的时候应充分利用审计结果。

此外，为了最大限度地减少内部审计的负担，编译溯源工作手册，并为工作人员及雇员定期提供培训将会变得十分高效。

（3）第三方审计

对于食品经营者来说，接受合适的专门从事审计和检查的第三方审计机构的审查，是一种保持可追溯系统高水平运转的有效的方法。

同时，通过使用外部诀窍识别和求解内部系统存在的问题也是十分有效的。此外，它会赢得消费者以及其他有关方面的更大的信任。

第三方审计将需要一定的成本，因此如何实施这一审计应对第三方审计机构提供的服务加以通盘考虑和研究。

5-5 信息的传送和披露

（1）在食品经营者之间传送信息

有关机关应当建立一个系统在食品经营者之间传输信息。

最基本的信息传递是在操作者之间流动的食品的ID、经手日期和供应商名称（流转起源地）和买方（流转目的地）。上述所提到的信息在追踪上一步和跟踪下一步的过程中是必要的。有了标签或发票，信息可以随实际产品一起被传送。

对于其他的补充信息，依据追溯系统的目标，必要的信息可被传送。

在记录和储存的所有数据中，有关机关应事先决定在操作者之间哪天要传送什么样的信息，什么情况下传送（每天，当消费者要求时，当食物传播的问题发生时等），到何种操作者的阶段，通过何种媒介传送等。此外，公开所有信息是没有必要的（有关的食品追溯中的销售额和利润的信息没有必要披露）。

（2）提供信息给政府和当地主管部门

当出现食源性事故或标签的问题，政府和地方主管部门会要求食品经营者根据法律规定提供相关信息，经营者可以通过参照食品处理和流转中的记录迅速和有效地提供信息。对于这些紧急情况而言，这将使政府和当地主管部门在食品链中采取必要措施变得更加简单。

（3）提供信息给消费者

在一般情况下，向消费者提供信息的方法有两种：一是提供关于可追溯系统存在的事实信息、产品的指示ID和类似用于调查的信息，通过建立一个系统应对消费者的质询。二是提供满足目标的历史信息。

①推行可追溯系统的消息已宣布，产品和类似物上标示着ID，一个应付质询的系统被建立的情况：

提供的信息应包括产品的ID和联络点。其中已到位的追溯系统（系统所涵盖的食品项，以及食品链中从哪个阶段到哪个阶段被涵盖）应有相关指示。在此应注意，消费者可能对术语“可追溯性”有所期待，所以不要让消费者误认为可追溯性的保证比其实际覆盖的范围还要广泛，这是很必要的。

当收到消费者的质询时，如果历史信息是由个体食品经营者所持有，这些信息必须从每个企业收集上来。因此，经营者应事先就负责这个任务和任务方法的企业达成一致意见。

当历史信息存储在通常使用的中心（由一组食品经营者进行管理），操作员接收到质询后可以访问该中心，收集和整理历史资料，然后将其提供给消费者。在任何情况下，经营者公开信息都应是坚决的。

②提供历史信息的情况：

在这种情况下，特定的历史信息被直接提供给消费者或消费者可以自由访问信息。历史信息主要是提供在标签上、商店里或互联网网站上。应该在共同的规则下事先达成协议以保证消费者的便利性（信息易于理解、易于访问）、信息的可靠性和对于个人信息的保护。

当消费者在商店对产品作出选择时，消费者可以读取并使用的用于作出决定的信息量是有限的。因此，找出解决这个问题的有效方法是必需的，如通过按优先顺序指示必要信息来适当缩小提供给消费者的信息量，使用标记告知消费者产品符合他们已知的与特定的标准和法规，等等。

食品经营者应始终以对消费者友好的方式积极提供给消费者必要的信息。如果食源性事故发生时，应披露更详细的信息。

向消费者及时披露事实和未来行动是特别有效的。在这种情况下，有必要预先确定内容公开的原则。如果追溯系统涵盖了两个或更多的食品经营者，公开的规则，如时机、内容和方法，应当在这些经营者之间进行商定。

因为通过大众媒体和网络公开的信息很高效的，最好是事先决定本次公开的方法。

5-6　指定和保存必要的文件

在实施食品追溯系统时决定必要的文件并保存这些文件是很重要的。

具体来说，实施食品追溯系统前确定的规则和方法应被记录为可追溯性计划（7-2）或作为程序手册（7-3）。

创建以上的这些文件，注意一定要包括下列内容：

——在食物链中的阶段；

——确保可追溯性和工作和流程；

——核查结果，如内部审计；

——当有关食品追溯系统被发现不合规时需采取的措施；

——数据管理的责任；

——存储周期文档。

第 2 部分　如何推行食品可追溯系统

第 2 部分介绍了如何推行食品可追溯系统的方法。对于计划推行可追溯系统的个体食品经营者来说，“食品溯源系统简介：第二阶段第 7 节”和下面的部分可能会有所帮助。

如下所示的仅仅是如何推行可追溯系统的例子。因此，计划推行可追溯系统的组织应通过需求程度、处理的产品、交易情况和规模以及其他相关因素的考虑选择适合他们的方法。图 4 显示了链追溯系统实际推行的流程图案例。

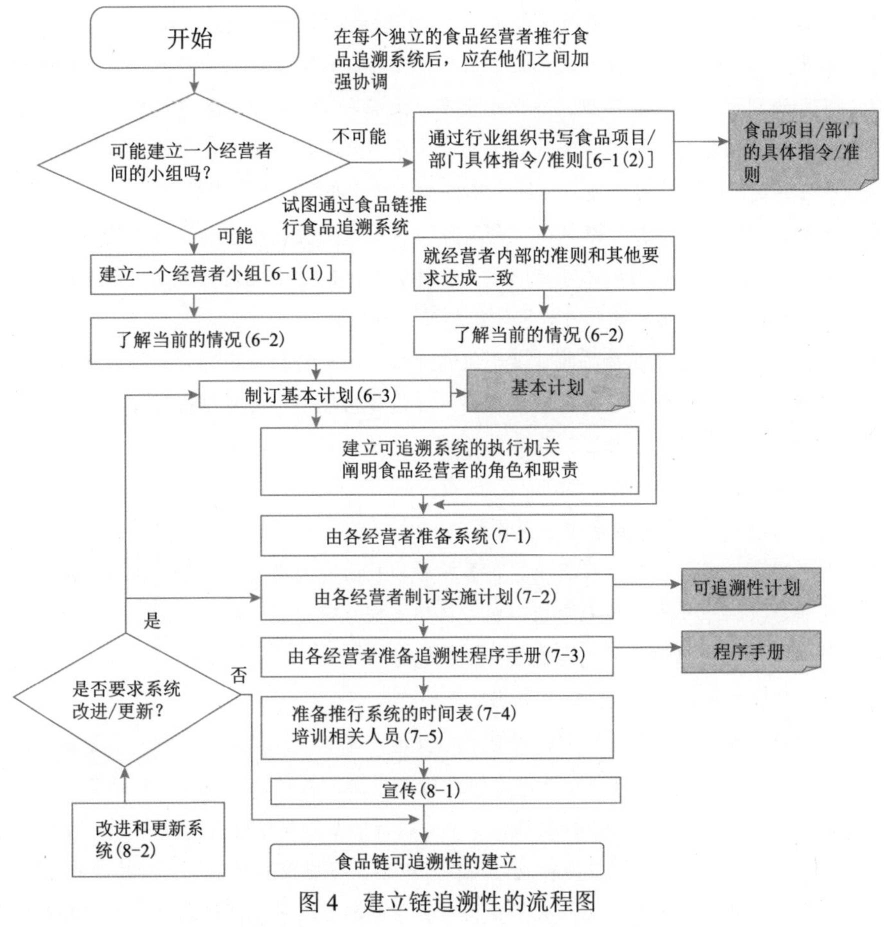

图 4　建立链追溯性的流程图

6　食品追溯系统介绍：第一阶段

6-1　操作者之间的合作与协调，并确保一致性

为了在不止一个的食品经营者之间建立食物追溯系统，从上游至下游确保他们之间的一致性就显得尤为必要了。此外，为了确保宽范围的可追溯性，在处于食品链同一阶段的食品经营者之间确保一致性是有利的。

为此，最好是多个食品经营者可以形成一个组织并力图推行追溯系统。如果那样很难的话，对于经营者来说协商并互用每个经营者自己推行的食品追溯系统或许是可能的。

（1）建立一个经营者间的小组

为了确保食品链中的可追溯性，建立一个全新的食品经营者小组或在已有的食品经营者小组中建立一个专门的机构以达到建立系统的目的是十分重要的，这是因为除非相关的经营者已实现就识别单位和批量的定义，识别号码的格式，传输信息的方法（所传输信息的内容，传输方式，标签和发票样式和使用已存在的编码系统时它们的形式）和其他相关事宜达成一致，产品和批量的信息是没有办法从一个经营者向另一个经营者有效传输的。

至于从生产到销售过程中涉及众多经营者的产品项目和那些在到达顾客手里之前需要经过复杂的加工和流通程序的产品项目，确保在生产、加工和流通的每个阶段经营者间的垂直向合作和同阶段的水平向合作是极其重要的。若有众多小型食品经营者或一个部门有众多的小型企业，通过企业组的共同努力可以使信息的收集更加简单，并有助于节省成本。

对于和食品相关的整个商业界来说，创立一个机构或规程以确定其推行追溯系统政策的基本规则是可取的，同时也包括确保可追溯性、追溯单元和ID、数据传输方法的规程，以及因此商业界共同创造的在食品链内建立可追溯系统的基本规划。

在某些情况下，甚至是在食品经营者小组建立之后，也需要一定时间来就共同规则达成协议，因为参与从生产到销售过程的经营者很多。在这种情况下，逐步推行可追溯系统将是比较现实的。例如，可追溯性可从加工到销售阶段的一开始就建立，然后可以扩展到生产阶段，基于初始步骤的结果确保其连续性。

（2）在食品经营者之间协调食品追溯系统

在某些情况下，建立食品经营者小组需要花费较长的时间周期，或者是在现存的经营者追溯系统中很难建立一个小组，他们中的一些人已经有部分可追溯系统且已经到位。对于这种情形，各个经营者建立内部追溯系统会比较有效，包括前一步追踪系统和下一步跟踪系统，然后将系统扩大至其他的经营者，从而建立他们之间的连接。

在上述提及的情况下，要求有关的经营者向其他经营者披露必要的信息——追溯系统的范围，他们如何定义一个追溯单元和ID以及信息传输方法，以帮助他们更轻松地连接他们的系统。然而，在这个阶段，经营者不得要求在整个食物链中他们的可追溯性到位。

为了方便各经营者运行系统之间的这种连接，并作出努力使其成为整个食品链的可追溯性，对于协会、合作组织或其他和产品相关组织而言，编制和分发食品可追溯性的手册和指南是很有效的，它提供了识别和连接的方法及信息传输的方法等信息。

此外，如果他们决定促进按准则制定的系统之间的协调，他们能够朝着确保链可追溯性迈出重要一步。

同样，在一些经营者通过食品链已经拥有了可追溯系统，并与另一经营者的系统协调时，依据准则将会比较有效。

6-2 了解当前的情况

（1）了解社会问题和消费者的需求

了解所涉及的社会问题是很必要的，如新型风险，有关食品和消费者需求的标签要求如他们对于相关食品的期望，他们想得到的产品信息以及获取这些信息的方式应被加以研究。

（2）识别产品 / 信息流动

食品经营者应该掌握并明确产品和信息流动，以及相应的操作步骤。另外，食品经营者应该把握住应该在他们之间共享的信息。

（3）确定可用的资源

食品经营者应当澄清什么类型的可用资源是有关食品供应链和相关操作人员及团体所有的，以开发一个可追溯系统。

——参与可追溯性的各方的认识和理解；

——用于应对食源性风险或者食品相关事故的策略；

——获得 ISO 和 HACCP 认证；

——常用的加工机械设备和管理技术；

——所推行信息技术和信息发送装置的最新状态（硬件、软件）；

——相关的外部信息（例如，相关的指导方针、技术手册、标准以及相关法律）。

6-3 基本计划的构想

这部分介绍了新成立的由包含不止一位的食品经营者所组成的食品经营者小组通过食品链推行可追溯系统的方法。当协调食品经营者现有的食品追溯时，这部分可以跳过。 然而，为了便于协调，依据本节中提到的程序来创造方法可能会更有效。

（1）系统设计

在设计食品追溯系统时，相关组织应与小组成员分享和讨论在“6-2 了解当前的情况”中所提及的程序中获得的结果。要设计的项目如下：

①基本思路：推行食品可追溯系统的背景和需要以及构建系统的基本立场。

②目标：本条应通过参照 4-1 条款进行定义。

③预期效果：这应与相关的目标一起讨论，需参阅 4-3 条款。

④系统范围：以下范围应参照 4-2 条款设置。

——哪些项目、品种、材质等应当被系统所涵盖?

——食品链的哪一部分应被涵盖?（食品链的哪一阶段，从下游到上游，在界定范围时应被考虑?）

⑤材料和信息的流动，以及识别和连接规则：这些应当通过参照条款 5-1-1 和 5-1-2 进行设置。

——在整个食品链中的物质流动；

——定义可追踪单元；

——有关 ID 的规则；

——隔离管理方法；

——原料追溯单元及其供应商的连接规则（前一步食品经营者）；

——每个阶段经营者的生产过程中可追溯单元的连接规则；

——产品可追溯单元及其买主的连接规则（下一步食品经营者）；

——信息流动和处理；

——附属 ID 的方法（邮票、印刷、标签、电子标签等。在某些情况下，也可以使用一个以上的介质）；

——产品识别的信息记录 / 传输介质，及可追溯单位和 ID 的连接（纸质表单、电子数据库、标签、电子标签等）。

⑥要被记录的信息：这应该通过参照 5-2 条款来确定。

——什么类型的信息应被记录？

——信息需要什么级别的精确度？

⑦系统验证方法：这应该通过参照 5-4 条款来确定。

——内容和监测方法（起草监测计划）；

——内容和内部审计的方法；

——是否请求外部审计的决定。

⑧被发送和公开的信息：这应该通过参照 5-5 条款来确定。

——什么样的信息必须发送 / 公开——在什么情况下，在经营者、政府 / 地方当局和消费者的什么阶段？

——应采用什么类型的媒介（在某些情况下，多种媒介可被使用）？

（2）检查现有业务方法的扩展性和可能性以在食品经营者之间进行协调

这是为了检查上述的设计仅仅通过对当前操作系统做微小改变是否可行。运行整个系统是有利的，可以尽可能地利用当前系统如：

——包括机器设备、设施和工作方法的流程状态；

——当前文件，如标签、发票和表单；

——计算机和它们的性能及系统。

此外，还应检查实际的原料和产品及信息是否可以在经营者之间以快速和有效的方式进行交换。

（3）检查和目标的最终裁定

关于上述（2）的检查表明，最初的设计应被修改，该系统的设计应被审查。

基于上述审查，应当开发和记录一个基本计划。该基本计划应该由统一追溯链中的食品经营者共享（负责经理与负责人），并且因此食品追溯的识别也能被共享。如果可能的话，成员的角色应被阐明，而且成本分担也应该在这个时间点来商定。

(4) 推行电子信息系统

当推行用于信息记录和管理的电子信息系统时，起草电子信息系统的基本计划应该考虑以下问题：

①建立可追溯性的电子信息系统的基本方向

有关机关应当探索利用协调彼此现有电子信息系统的可能性，作出努力确保代码系统和通信系统的一致性。下列应被确定：

——利用和协调运行中的信息系统的方法；

——建立一个联合使用的信息中心的需求和可能性；

——要应用的代码系统；

——要应用的通信系统。

②提升信息系统结构的基本方向

基于确保可追溯性的电子信息系统的基本方向，提升系统的一种理想方式应该从以下方面被检查：

——构建电子信息系统的框架；

——操作电子信息系统的框架；

——在向消费者提供信息时，建立信息准备方案和提供信息的窗口。

③制订电子信息系统的基本计划

基于以上检查的结果，“建立食品追溯系统的电子信息系统基本方案”应被起草，并应在参与的人当中取得一致意见。阐明推广进度中将被优先处理的项目点，以及那些在将来会被处理的项目点是有利的，从而采取逐步的措施建立系统。

7 食品追溯系统介绍：第二阶段

7-1 系统准备，明确角色和职责

在食品经营者建立一个小组并通过食物链推行追溯系统的情况下（生产、准备/加工、流通和销售）[6-1（1）]，一个基于所约定的基本计划的小组应成立，以达到操作该系统的目的。每个食品经营者的角色和责任应按照基本计划加以明确界定。

其次，每个参与的食品经营者应做好推行追溯系统的内部准备。特别是下列事项是必需的：

①管理层应该任命一位负责人。

②保证系统实施必要的人。

③准备必要的资源，如设备和材料、文件准备等。

同时，不共同建立这类小组的食品经营者[6-1（2）]，应该检查自己的可追溯性计划以遵守相关准则等。

7-2 起草实施计划

每个食品经营者应依据基本计划或合规性指南起草一份内部的可追溯性计划。如果这样的计划先前已经起草完毕，应根据需要修改。

建议下列事项包含在追溯计划内：

①实施架构；

②目标和预期效果；

③所涵盖的食品和阶段范围；

④产品和信息的流动，识别和联动的规则流程；

⑤要记录的信息类型及其应被如何记录的媒介类型；

⑥信息存储；

⑦该系统的验证方法；

⑧需被传送 / 公开的信息。

基本上，实施计划应遵守基本计划。如果一个在食品经营者之间达成一致的基本计划已经被编成，则计划实施应与基本计划一起起草。在基本计划未编成的情况下，目前的情况应该在起草实施方案之前被充分了解（6-2）。

7-3　编写可追溯性程序手册

一种操作和管理可追溯系统的手册应在基本计划和实施计划的基础上进行编纂。

该程序手册应明确规定在何时何地进行操作，谁应该开展要进行的工作和即将开展的工作的类型。工作的描述应包括产品标识和连接、要被记录的信息、使用的媒介（格式、数据库等）、记录和存储方式、存储期限等一系列的工作事项。

如果食品经营者已获得 ISO 9001，HACCP，ISO 14001 和其他认证体系的认证（并计划通过可追溯系统提供管理信息），他们之间的协调（管理信息）和追溯系统应该是一致的。

7-4　建立推行制度的时间表

起草基本计划，经营计划和程序手册后，推行该系统的时间表和其他文件应该被建立。

更具体地说，时间表和试运行计划应被起草。

（1）时间表

一份关于学习和培训周期的时间表，试运行的时间表也应起草。

（2）试运行计划的起草

为了确保系统的有效性，进行试运行是有利的。

如果实施试运行时发现任何问题，有效的方法是指定要检查的项目，然后记录结果，并将其用于系统改进的目的中。

7-5　相关人员的培训

在许多情况下，可追溯系统的操作和现有的操作是同时进行的。因此，那些负责食品采购、生产、装运和分配的人员除了他们自己的职责外还将执行系统的任务，应考虑的不仅仅是人事分配而且还要考量工作效率。

追溯系统对大多数人来说并不是很熟悉。因此，为了避免在初始阶段的混淆，对他们进行培训是非常有效的，以便他们可以获得快速、准确地输入数据和执行其他任务例如整理和记录的能力。

试运行之前，应对涉及追溯系统的人员进行培训，以便它们可以解释

（Ⅰ）推行该系统的目的是理解每项任务包括基本计划和追溯计划的含义。

（Ⅱ）根据程序手册以力图确保他们明白每一个负责人的任务的性质。

7-6　在创建电子信息系统时的重要注意事项

如果电子信息系统是新建立起来的、以确保可追溯系统的可靠性的，下列事项应加以研究并加入可追溯性计划。

（1）开展电子信息系统的基本设计的工作分析

工作分析应考虑如下：

可追溯性计划中的识别单位和 ID 的定义：

——可追溯性计划中识别 / 连接的规则，信息记录 / 传达的形式和方法；

——进货产品的接收工作、处理工作、运输工作；

——电脑使用的情况（如数据库、输入 / 输出方法、人力资源）。

（2）信息系统基本设计的规格安排

——数据库技术规格；

——输入 / 输出规格；

——外部通信规格；

——系统的硬件组成（包括建立联合使用的数据库中心的可能性）。

开发一个信息系统的方法包括由食品经营者自身开发，通过外包开发，利用一揽子制度，使用 ASP（应用服务提供商在互联网上将应用软件出租给顾客）。在确定这些方法中哪个可取时，其人力资源的内部状况和计划建造的电子信息系统的精确度应被加以考虑，并且由每种方法进行开发的系统及其成本应被加以比较。

①电子信息系统外包开发的情况：

——信息系统外包开发的准备工作（包括可追溯性计划的起草）；

——分包商的选定；

——分包商的管理。

②信息系统是由食品经营者自身开发的情况：

——电子信息系统的基本设计。

该系统应根据可追溯性计划来设计。

应注意到数据备份方法和安全系统。

——用于操作电子信息系统的设计。

要注意遵守现有的信息传输方法。

——电子信息系统的开发。

8　可追溯系统推行后的重要注意事项

8-1　宣传

这种宣传的目的，是告知消费者及相关的食品经营者可追溯性已力图按其理解的方式实现的事实。创造一种用于聆听消费者及相关食品经营者意见的架构，而不是片面宣传，会更加的有效。

遇到食品经营者为了商业用途而通过店面通知和小册子等方式宣传追溯系统的情况时，明确可追溯系统涵盖的各阶段的范围并提供准确的信息给消费者及相关食品经营者是很重要的。

特别是：

——系统涵盖的产品和原料项目；

——食品链中食品经营者应对系统的阶段（从哪个阶段，向后还是向前）。

8-2 系统的改进和更新

（1）定期评价和系统的改进

系统评估计划（评价项目、评价标准、评价周期、评估结构）应被制订，系统评价应根据所制订要求的计划和改进执行。

如果内部或第三方在进行审核，这些审计的结果应该进行评估。

（2）系统的更新

该系统的更新在下列情况下将是有效的：

——如果因为系统的周期性评价，可以得出结论，更新是必要的。

——如果生产、加工和销售的过程发生重大变化。

——如果相关法律 / 法规都大大修正。

——如果相关的环境，如交易条款或产品项目发生重大改变。

——如果一种新的适用技术被开发。

——如果消费行为有很大的变化。

对于系统更新，回到基本计划的起草阶段或可追溯性计划起草阶段再做相关研究是必要的。

如果系统更新导致了实际产品和信息交换的变化，应注意通过与客户协调以避免任何低效率行为。

附录

附录 A：食品追溯系统中信息传送及其存储媒介的指示形式

A-1 信息传送及其存储媒介的指示方法

下面列出的是食品追溯系统中食品附加信息的标示方法和用于存储这些数据的媒介（信息传输媒介）的例子。

在不同情况下，特定的标识符或 ID 要么必须在传达的信息中描述，要么在编译它的媒介中描述。这表明了所传送的信息与可追溯单元之间的连接（这正是需要被识别的目标）。应当指出的是，随着信息技术领域的快速改变，信息传输的新媒介每天都在发展。

每种媒介都有自己的技术限制和相关费用。因此，正在考虑推行可追溯系统的组织在它们建立自己的追溯系统时应该选择最实用和最适合它们产品的媒介。

（1）写在纸本文件上的易辨认的字母和数字

此方法使用纸上的字母和数字作为传送信息的形式。它直接写在纸上并经由人们阅读来传递信息。有两种类型的纸本文件:“那些与产品一起使用的(标签和包装材料)”和“那些附着在产品上的(证书、发票、账单和交付单)”。

从一种记录介质到另一种介质的数据转录需要由手写完成。纸本文档是可以通过在如分类账上手工书写或输入到计算机上的方式进行管理。若分类账是用于记录信息的方法，那么当产品被签收时，所有的文件都是通过手工书写的方式从纸本文档写到分类账上，或者是当产品被包装及发货的时候，会从分类账上写到纸本文档上。当记录是由计算机管理时，数据输入是通过手工或 OCR(光学字符阅读器)来完成的，然后数据输出到纸本文档是通过打印机完成的。

(2)印在纸质媒介上的条形码

条形码是印在食品标签或包装上的，通过使用一组不同宽度和间距的平行线来传送机器可读的信息。条形码可以通过被称为条形码阅读器的自动读取装置读取，并能够通过由计算机控制的打印机写入存储介质。计算机是识别和解译条形码的信息记录媒介。

(特征)

——通过自动读取设备高效率地扫。

——不触及该产品的情况下自动扫描是可能的。

——价格便宜，因为材料是纸张。

(3)印在纸质媒介上的二维码

二维码是印在食品标签或包装上的，多个黑色和白色的点和线被安排在一个平面上的矩阵里，用来传送机器可读的信息。

通过垂直向和水平向的记录信息的方法，相较于条形码，二维码具有在更小的面积里传递更多数据信息的能力。

二维码有两种类型:叠层型，其中尺寸缩小的条形码被垂直地排列在许多堆叠中;矩阵型，其中黑色白色的点和线被排列成格子状。

二维码用于读取和写入信息的信息记录介质与条形码是一样的。

(特征)

——可以包含大量的信息。

——通过自动读取设备高效率地扫描。

——在不触及该产品的情况下自动扫描是可能的。

——价格便宜，因为材料是纸张。

——自动读取装置(“读取器”)比条形码阅读器更昂贵。

(4)以电子标签形式编制的电子信息(IC 标签)

这是一种通过使用将微电子电路(IC:集成电路)编制的电子数据制成一个标签(卡或标签)的通信方法。信息可通过一个特定频率的电子波进行交换。通过使用自动识别设备，阅读和写作可以在无人接触的情况下进行。

另外，它也被称为 RFID(无线射频识别)。

(特征)

——可以包含大量的信息。

——使用自动读取设备高效率地扫描。

——在不触及该产品的情况下扫描是可能的。

——还可以通过透明材料来读取。

——重写是可能的。

——高安全性。

——昂贵，由于媒介是一个电子存储装置。

表 1　信息传送和存储介质的指示方法

	字母、数字 / 纸本文件	条形码 / 纸质媒介	二维码 / 纸质媒介	电子信息 / 电子标签
输入和读取错误	取决于操作者能力	低	低	低
人眼的易读性	高	无	无	无
信息存储容量	有一些限制	有一些限制（大量字符有上限）	有一些限制（字符上限为 2 000~3 000）	有一些限制
信息存储及管理（量、周期等）	易于受损	仅有一些限制	仅有一些限制	仅有一些限制
信息加工 / 检索	慢	快	快	快
系统维护	不是很需要	必要	必要	必要
安全性	取决于文件被如何保存和管理	极好	极好	极好
操作培训	不是很需要	必要	必要	必要
数据重写	可重写	不可重写	不可重写	可重写
能否通过透明材料读取	不可能	不可能	不可能	可能
创建成本	低廉	低廉	低廉	昂贵
写入和读取设备成本	—	和电子标签相比更便宜	和电子标签相比更便宜	和条形码及二维码相比更昂贵
数据复制	简单	简单	简单	复杂
耐久性	低	低	低	高（但是根据使用环境会有处理的要求）

A-2　代码系统

（1）代码系统的作用

在追溯系统中代码系统可用于识别和传送 ID，以及交换必要的信息。使用通用的代码系统以提高数据处理的效率是很重要的。然而，应注意每个食品经营者目前使用的现存代码系统与新代码系统之间的协调。

食品相关的代码系统的作用包括：

1. 确定每种材料

2. 指示属性信息

3. 要确定个体食品经营者及其位置

现有的各类标准代码系统具有上述的 1、2、3 条中的一种作用或多种作用。

第 1 条的一个例子是“牛的 ID 号码”。这头牛的身份证号是 10 位数，其用于个别牲畜的识别。

没有必要提供任何特殊含义的 ID 码，只要其相应的属性信息被存储在数据库中。

为了方便识别可追溯性，需要有一个唯一的 ID，这可以单独识别食品的追溯单位（分配给特定的产品批量或个别产品）。根据可追溯性中 ID 代码可被有效识别的要求，ID 代码的独有特点必须得到保证。

以下两种方法被认为可以实现这一目标：

（a）当具体特征可被确保时，使用其符号

（b）使用代码组合，它可以识别食品经营者和产品，以及批号或序列号

针对（a）的典型案例就是 U 形码（无处不在的代码）和 GID。这些符号都注重唯一的标识，它们的用户可以给予个体产品和产品批次不重复的 ID。基本上，可追溯单元的属性信息都被记录在数据库中。使用较大位数便可顾及此外的任何其他代码系统（包括表示属性信息的代码）。

序列码是（b）中提及的方法应用的例子。这是由 GTIN（全球贸易项目代码）组成的，这种代码可以用来识别食品经营者和产品，可加入序列号以便识别个别产品。

在上述的代码系统（a）和（b）中，特定特征即如 ID 是全局安全或半永久性的。然而，在实际情况中，仅仅在其被使用的阶段和地方确保追溯单元的具体特征就足够了。

如果追溯单元只能在一个特定的区域或由特定的团体使用，则它的代码系统可以通过上述列出的（a）和（b）中的以下方法来决定。

牛的 ID 号码对应于方法（a），但其特征是只能担保国内的家畜。在国际的情况下交易，通过加入日本的国家代码和牛代码，ID 号码可具有在国际上被接受的特征，并且符合 ISO。

第 2 条的例子包括：新鲜产品的标准商品代码、标准商品属性代码等。新鲜产品的标准商品代码：肉类产品的属性如物种和构成部分均可使用附属于单行条例的预先指定号码进行分类。

通过读取附属于该条例的数字，用户可以获取该畜产品的品种和局部的信息。不同于 ID 码，这些数字的目的是指示对商品有意义的信息。在这种情况下，具有同样号码的相似种类的产品则表明它们的物种和构成部分是一样的。

第 3 条的例子是全球位置码（GLN）等。GLN 是使用 13 位数字标识公司和商业设施的国际标准代码。

（2）标识每件商品的代码系统的例子

1. GS1-128 标准

GS1-128 是条形码的应用标准，它采用了一系列的应用标识符来包含多个数据，如全球位置码，产品数量，生产日期和有效日期，批号以及序列号，它们被视为商品代码（GTIN）的属性。标签信息的类型是通过将 ISO 校准的应用标识符（AI）放置在代码之前给出的。食品可追溯性的 ID 可通过将批号（AI：10）及序列号（AI：21）与 GTIN（AI：01）组合来确定。国内的公牛、小公牛或奶牛的个体识别号码可以通过使用 AI（251）进行标示。

2006 年 1 月，UCC/ EAN-128 的命名更改为 GS1-128。

（注）全球贸易项目代码（GTIN）

GTIN 是如 JAN 和 ITF 的 ID 代码的总称，标示于一般的消费物品上。

这是一个包括几个不同代码的集成系统，如 13 位数字的 JAN（EAN）码、12 位数字的通用产品代码（UPC）和 14 位数字的 ITF 码。根据 GS1 设定的规则，GTIN 以一个 14 位数字代码的统一风格进行管理。

2. 全球贸易项目序列号

序列号（SGTIN）是和商品代码 GTIN 所结合的，使得 SGTIN 能够单独管理每件商品。这是产品电子代码（EPC）系统中的一个。

（注）产品电子代码（EPC）

EPC 是一种印在电子标签上的商品识别代码。它是由 GS1 建立的组织——EPC 进行管理。

3. 通用标识符

GID 是 EPC 代码的一种类型，其没有使用上的限制。它也可以被用于一般用途。

4. 集装箱序列码

SSCC 是用于识别和管理物流单元的 18 位序列号（单个纸箱，或装在托盘上的纸箱组）。

SSCC 是由包装类型、公司代码（如 JAN 的公司词头等），以及运输包装号码组成的。

这种代码系统用于识别成组的包装产品，它们是由具有代码标识的食品组成的（批次食品或个别食品）。

5. U 码

U 码是由万能 ID 中心设计的一个 ID 代码系统。此代码系统搭载了 128 位的存储器，用于识别各个对象以及它们的位置。技术标准由万能 ID 中心开发，允许每批或每地分配一个唯一的代码以避免代码重复。U 码的先决条件是在 ID 代码本身提供它自己的特性时使用现有通信网络。

目前正在使用的各种 ID 代码可通过将它们包含在 U 码内使用。

（3）指示材料属性的代码系统案例

1. 标准产品名称代码

食品市场结构改进组织管理着蔬菜水果、肉和海产品的代码。

标准产品名称代码：标准产品名称是由以 4922 打头的 13 位数字代码表示的。

项　目	概　要	基本代码和标准
水果和蔬菜	水果和蔬菜的货物类型是由多样化（种子和籽苗）或其他因素所确定的	统一的水果和蔬菜名称代码（“蔬果”代码）
肉类	肉类的商品种类是通过牲畜物种以及局部的或去内脏分类加工好的肉的组合所确定的。 禽畜品种代码：所有商品形式所要求的信息。 局部代码：屠体、分割肉和加工好的肉的基本信息项目名称。 精肉代码：展示精肉使用和部分名称的项目（剪切规格）	牛肉：日本肉类贸易中心商业标准。 猪肉：日本肉质分级协会精肉屠体贸易标准。 鸡肉：日本鸡肉协会鸡肉零售标准。 经过加工的肉食：日本牲畜副产品协会分类标准
海产品	海产品的商品种类是通过生物类别、商业价值和其他因素所确定的	海产品标准产品名称代码。 日本渔业协会管理的一个委员会负责维护及管理该代码

标准商品属性代码项目：用于详细说明商品的代码项目，产品名称除外。

项　目	属　性
水果和蔬菜	质量标准（等级），尺寸标准（种类），原产地，生产方法，生物学类别，糖含量
肉类	状态，产品类型，性别，月龄，等级，育种方法，原产地
海产品	状态，形状及零部件，加工方法，性别等。捕捞方法，屠宰方法，尺寸标准，原产地

2. 日本商品编码

日本商品编码（JAN）是由流通系统研究分配和出租给用户的共同商品代码。JAN 与美国和加拿大使用的 UPC 以及欧洲使用的 EAN（欧洲物品编码）相互兼容。

此代码以条形码的形式对商品和其他物品进行标示，并在销售终端（POS）系统，订单接收和安置系统，进料系统和库存控制系统中使用。

JAN 代码有两种类型：标准的 13 位数字类型和短 8 位数字类型。 对于标准型，头 7 位数字（或 9 位）是流通系统研究所基于食品经营者的“公司词头”，后 5 位数字（或 3 位）是每个食品经营者被分配到的“项目码”。最后 1 位数字是校验位。一件商品的特定代码是由这些数字组合而成的。

3. SEICA 目录编号

水果和蔬菜的网上目录被称为“SEICA”，它是食品市场结构改进组织所拥有，农林水产省国家食品研究所和农业计算机中心下的国家农业和食品研究组织所支持的一个目录公示系统。

该系统允许用户注册和阅读有关的产品及生产者信息，并通过网站了解每个产品项的装货信息。

对于已注册 SEICA 的生产者和货主，系统会对每种商品发放一个 8 位数的“目录号”。一旦生产者和任何其他有关方面为他们的产品给出了这样的目录编号，经销商和消费者可以在 SEICA 网站上通过指定的编号查看该产品的生产信息。

（4）指示食品经营者及其位置的代码系统的案例

全球位置码

全球位置码（GLN）是由 GS1 建立的国际标准业务代码，为 EDI（电子数据交换）和其他数据通信所用。

类似于 EAN 码和 JAN 码（标准型），GLN 是由 13 位数字组成的。这 13 位数字是由每个国家的 GS1 代码中心分配的“GLN 公司代码”和每家公司提供的“位置代码”组合而成的。这使得世界各地的企业和食品经营者能通过唯一的编号来识别彼此。

附录 5
韩国《农产品履历追溯管理制度具体实施要领》

第一章 总则

第 1 条（目的） 此规定为农水产品质量管理法（以下称“法”），农水产品质量管理法施行令（以下称“令”），农水产品质量管理法施行细则（以下称“细则”）由农产品履历追溯管理制度关联的国立农产品质量管理院长（以下称“院长”）委任的事项及实施此事项的规定为目的。

第 2 条（用语的定义） 此规定中用语的定义为下。

1.“申请者”，根据细则第 47 条第 1 项的规定，指农产品履历追溯管理注册（以下称“注册”）的申请者。

2.“审查员”，根据细则第 47 条第 3 项的规定，审查注册的工作人员。

3.“注册者”，根据细则第 47 条第 7 项的规定，获得农产品履历追溯管理登录证的人。

4.“履历追溯管理机关”，对法第 24 条规定的农产品履历追溯管理业务及法第 30 条及法第 31 条规定的履历追溯管理农产品事后管理及标识变更等进行处分的国立农产品质量管理院（包含分院、办事处）。

5.“办事处长”，对法第 24 条规定的农产品履历追溯管理业务及法第 27 条规定的履历追溯管理注册的取消及法第 30 条及法第 31 条规定的履历追溯管理农产品事后管理及标识更正等进行处分的国立农产品质量管理院所属的办事处所长或执行现场业务的分院院长。

6.“履历追溯管理农产品”，指根据法第 24 条注册的农产品。

7.“调查员”，根据法第 30 条的规定，对履历追溯管理农产品的生产、流通、销售过程进行调查的履历追溯管理机关所属的公务员。

8.“生产者集团”，根据法第 24 条的规定，申请履历追溯管理注册的生产者集团或除此之外的生产者组织。

第二章 注册的有效期限

第 3 条（注册的有效期限） ①根据法第 25 条第 1 项的规定，履历追溯管理注册的有效期为注册日起 3 年内。

②根据法第 25 条第 1 项的附加条款及细则第 50 条的规定，有必要区分品类特性的农产品及注册的有效期限为:

1. 人参：5 年

第三章　注册申请

第 4 条（新注册）①根据细则第 47 条第 1 项的规定，想要注册者须在提交农水产品履历追溯注册申请书（以下称“申请书”）时附上有关材料，必须向管辖农产品生产、流通、销售地区的办事处处长申请。

②根据细则第 47 条第 1 项第 1 号的规定，履历追溯管理农产品管理计划书必须同本文件中 1 号附件一致。

③根据细则第 47 条第 1 项第 2 号的规定，农产品的回收措施等事后管理计划书中需要包含以下各事项。

1. 履历追溯管理农产品的安全性调查等协助计划。

2. 对安全性调查结果及有异常的农产品进行的履历追溯调查协助计划。

3. 对以上提及的农产品的处分计划等。

④根据第 1 项，履历追溯管理农产品的管理计划书及农产品的回收措施等事后管理计划书必须以单个农户为单位制定。但是，申请人为生产者集团时可以把栽培大小形态，土壤、施肥管理，病虫害防治，收获后处理计划都整合起来制定。

⑤若履历追溯管理农产品将要生产、流通、销售的地区分散在 2 个办事处以上的管辖区域时，在申请者的注册地或生产、流通、销售区域所在的办事处提交申请书后，接收申请书的办事处处长可委托管辖其他地区审查及分阶段调查的办事处处长进行处理。

第 5 条（注册更新）①根据细则第 51 条第 1 项的规定，注册的有效期限到期后，若想继续生产履历追溯管理农产品，必须向农产品履历追溯管理登陆证（以下称“登陆证”）的发证办事处长提交更新申请及附件材料。但是，若没有变更事项时，附件材料可以省略。

②根据细则第 51 条第 3 项的规定，办事处所长必须在有效期限截止日 2 个月前向申请人告知更新程序及更新期限。

③第 2 项中的通知可用手机短信、电子邮件、传真、电话、公文等形式。

第四章　注册审查

第 6 条（注册标准）细则第 47 条第 10 项的规定中注册的详细标准与本文件中附表 1 相同。

第 7 条（审查方法）①接收注册申请书的办事处长必须让审查员审查注册更新申请是否符合标准。

②根据第 4 条及第 5 条的规定，办事处长在接收注册申请时必须定下审查日程、准备事项等，以公文、电话、传真、电子邮件等形式告知申请者。

③根据第 1 项的规定，审查员在审查时要验收申请者提交的相关材料并现场访问，并审查是否符合细则第 47 条第 3 项及第 6 条中规定的履历追溯管理注册标准。

第 8 条（审查对象及详细审查事项）根据细则第 47 条第 10 项的规定，注册的审查对象及详细审查事项与本文件中附表 2 相同。

第 9 条（审查结果判定）①办事处长根据细则第 47 条及第 6 条的履历追溯管理注册标准，判断审查员报告的审查结果报告书是否符合标准。

②第 8 条中抽样审查的情形，被判定审查结果不符者，视为申请组织全体注册不符。但是，抽样审查未满半数时，在申请者要求的情况下，被判定不符合者限 1 回可在审查过程中不符合标准的农家数量里再次抽出标本审查，再抽出的农家被判定全部合格时，除不符合者以外的申请组织可判定合格。

第 10 条（审查结果报告及通报）①审查员在完成注册审查后，必须根据本文件中附页第 2 号表格的审查结果报告书格式拟写报告书，并向办事处长报告。

②根据第 4 条第 5 项，委托审查的办事处长令所属审查员审查注册申请是否合格，审查结果要向委托审查的办事处长报告。

③办事处长根据第 7 条及第 8 条的规定判定注册审查结果注册合格时，根据细则第 47 条第 7 项的规定，注册后必须向申请者发放登录证。

④根据第 3 项的规定，办事处长发放登录证时授权的农产品履历追溯管理登录编号（以下称“登录编号”）为院长授权的 5 位流水号。若是第 5 条中的更新注册的情况，用以往的流水号。

⑤办事处长通过农产品履历追溯信息系统（www.farm2table.kr）对履历追溯注册申请及处理事项进行管理。

第五章　注册事项变更申报

第 11 条（变更申报）注册者根据细则第 48 条的规定，要变更以下各项时，必须向登录证的发证办事处提交变更申请书。

生产阶段

甲：生产者姓名、地址及电话号码

乙：栽培包装的地址及栽培面积（包含生产计划量）

丙：若是生产者集团，集团的名称、地址及电话号码

丁：若是生产者集团，组织成员的变动（增加或减少）

流通阶段

甲：流通者姓名

乙：流通者地址

丙：流通者的电话号码

丁：流通企业名称（或收获后管理设施名称）及地址

销售阶段

甲：销售者姓名

乙：销售者地址

丙：销售者电话号码

丁：销售企业名称及地址

第 12 条（审查）①根据本文件第 11 条第 1 号，办事处长在接收变更申请书时，对于以下各项，必须根据第 7 条的规定审查。

栽培地块的变更及增加

栽培面积的增加

同一地块内，变更栽培场所的情况

若为生产者团体，组织成员的增加

判断其他必要审查的事项

②根据第 1 项，办事处长对变更申报是否符合进行审查，符合申报事项时必须根据规则第 47 条第 7 项的规定发放登录证。

③根据第 2 项的规定，办事处长发放登录证时授予的注册编号及有效期限和以前一致。

第六章　延长注册的有效期限

第 13 条（注册的有效期限延长申请）①根据细则第 52 条第 1 项的规定，获得履历追溯注册者没有完成该商品的发货，想要延长履历追溯管理注册有效期限的情况，必须向发放登录证的办事处提交履历追溯管理注册有效期限延长申请书。

②根据第 1 项，办事处长在接受注册有效期限延长申请书时，检查有效期限延长是否合格，判断延长事由妥当时，根据细则第 52 条第 2 项的规定必须予以延长。但是，延长事由不妥当的情况，必须以文书的形式告知申请者。

③根据第 1 项的规定，办事处长延长有效期限时根据细则第 47 条第 7 项的规定必须发放登录证，注册编号和以前一致。

第 14 条（有效期限延长的范围）细则第 52 条第 2 项的规定，农产品根据品种类型，有效期限的延长在以下各项的范围内由办事处长定夺。

一般农产品：1 年（干燥农产品 2 年）

人参类：5 年（水参 1 年）

药用作物：3 年

第七章　注册事后管理

第 15 条（准备账簿等）注册者对履历追溯管理农产品的生产、发货、销售明细记载的账簿或文件等进行准备或管理时必须准用本文件附件第 3 号格式。

第 16 条（生产过程调查）①根据法第 30 条及细则第 47 条第 10 项的规定，办事处长必须令调查员调查履历追溯管理农产品生产过程中是否遵守第 6 条的注册标准和农林畜产食品部部长告示的农产品履历追溯管理标准。

②根据第 1 项的规定，生产过程调查次数为该农产品生产期间中一年 1 回以上。但是，消费者团体、流通企业等的调查请求及履历追溯管理机关长判断有必要时可随时实施调查。

③根据第 2 项的规定，调查对象农家数为附表 2“农产品履历追溯管理注册审查对象及详

细审查事项”的审查对象的农家数以上。

④根据第 1 项的规定，调查员调查的事项与以下各项一致。

履历追溯管理农产品生产、发货信息的记录、管理的适当性。

各种标识事项及内容的一致与否及标识方法和记载内容的适当性与否。

非履历追溯管理农产品的农产品混合与否。

是否为虚假及类似标识。

其他履历追溯管理农产品的注册及管理标准的适当性与否等。

第 18 条（证据材料确保等） ①根据法第 30 条的规定，调查员对履历追溯管理农产品的生产、流通、销售过程调查时，必须令该所有人、占有者或关系人（以下称“所有人”）到场。但是，符合以下各项之一事由，无法实施调查的情况时，所有人必须收到本文件附页第 4 号格式的拒绝、妨碍、逃避履历追溯管理农产品调查的证明文件，之后必须发布本文件附页第 5 号格式的征收罚款意见陈述简介。

调查员在调查生产、流通、销售过程中所有人拒绝、妨碍、逃避到场，确认职位、表示事项，拒绝、妨碍或逃避账簿、文件的阅览时。

调查员在调查生产、流通、销售过程中所有人拒绝、妨碍、逃避调查等以至于无法收集采样时。

②根据第 1 项的规定，调查员在调查结果属以下各项之一，存在违反事实时，所有人必须取得附页第 6 号格式的“履历追溯管理农产品调查结果证据文件”。

用欺骗或其他负面的方法取得注册的情形。

违反履历追溯管理标识禁止命令并继续使用标识的情形。

遗漏标示义务事项的情形。

使用与内容不一致的虚假标识或夸张标识的情形。

违反农产品履历追溯管理的注册标准的情形。

在非履历追溯管理农产品上标识履历追溯农产品的情形。

发生履历追溯管理农产品的生产困难的事由的情形。

不申报农产品履历追溯管理注册事项变更的情形。

生产、经营履历追溯管理农产品者拒绝提交管理机关要求的信息的情形。

③根据第 1 项及第 2 项的规定，调查员在将要收到证据材料时，所有人拒绝印章或回避时，2 名以上调查员以联名的形式签字盖章后，可确认此事实。

第 19 条（安全性调查） 办事处长在生产、流通及销售的调查过程中据法第 61 条的规定，对履历追溯管理农产品可实施安全性调查。

第 20 条（调查结果措施） ①根据第 16 条及第 17 条的规定，调查员在调查生产、流通、销售过程中，必须根据本文件附页第 7 号及第 8 号格式向办事处长报告。

②根据第 1 项的规定，若违反注册标准和管理标准，收到调查结果报告的办事处长必须附上证据材料等，根据本文件附页第 9 号格式，向登录证发放办事处长通报。

③根据第 2 项的规定，收到通报的办事处长在确认违反事实后，根据法第 27 条及令第 12 条、细则第 54 条的规定，实施行政处罚并向调查该农产品的办事处长通报。

④根据第 19 条，实施安全性调查结果中，违反安全使用标准时，办事处长根据“农产品等的安全性调查业务处理要领”（食品医药品安全处告示）处理。

第 21 条（登录证重发） ①根据细则第 47 条第 9 项的规定，获得履历追溯注册者，履历追溯管理登录证因遗失或损毁等需要重发登录证的情况，必须向发放登录证的办事处长提交农产品履历追溯管理登录证重发申请书。

②根据第 1 项的规定，在接收履历追溯管理登录证重发申请书时，办事处长检查是否符合实情，若判断为重发事由妥当时，根据细则第 47 条第 9 项的规定，必须重新发放登录证。但是，不符合重发事由时，必须向申请者以文件形式通告。

第八章　指定信息系统

第 22 条（指定信息系统） 在细则第 53 条第 2 项中规定的履历追溯管理信息系统为农产品履历追溯信息系统（www.farm2table.kr）。

附则

第 1 条（实施日） 此要领于 2015 年 7 月 16 日起开始实施。

第 2 条（重新研究期限） 国立农产品质量管理院院长对此告示定为以 2016 年 1 月 1 日为基准每 3 年为一个基准（每个第 3 年的 12 月 31 日止），研究妥当性、改善措施等。

附录 6
网址名称对照表

序号	链接地址	网站名称
1	http://www.efsa.europa.eu/en/	欧洲食品安全管理局
2	http://ec.europa.eu/dgs/health_food-safety/about_us/who_we_are_en.htm	欧盟委员会健康和消费者保护局
3	http://ec.europa.eu/food/food_veterinary_office/index_en.htm	欧盟食品和兽医办公室
4	http://ec.europa.eu/dgs/health_consumer/index_en.htm	欧盟健康与消费者保护网
5	http://eur-lex.europa.eu/collection/eu-law.html	欧盟食品法律网
6	http://ec.europa.eu/food/food/rapidalert/rasff_portal_database_en.htm	欧盟 RASFF 预警系统网站
7	http://www.usda.gov/	美国农业部
8	http://www.fsis.usda.gov/	美国食品安全检验局
9	http://www.dhhs.gov/	美国卫生和公共服务部
10	http://www.fda.gov/	美国食品和药品管理局
11	http://www.epa.gov/	美国环境保护署
12	http://www.fda.gov/Food/GuidanceRegulation/FSMA/ucm359436.htm	美国食品安全法律查询网站
13	http://www.ams.usda.gov/grades-standards	美国标准查询网站
14	http://www.ams.usda.gov/rules-regulations/organic/handbook/sectiona	USDA ORGANIC 认证相关标准网站
15	http://tech.rfidworld.com.cn/2007_3/200737231753 6573.html	美国国家动物标识系统
16	http://www.iotworld.com.cn/html/RFIDNews/2b0f58af2449838d.shtml	RFID 中国网 -《美国农业部计划推进国家动物标识系统》
17	http://www.aphis.usda.gov/	美国农业部动植物健康检验局
18	http://www.fsc.go.jp/index.html	日本食品安全委员会
19	http://www.maff.go.jp/index.html	日本农林水产省
20	http://www.maff.go.jp/j/syouan/index.html	日本农林水产省消费安全局

续表

序号	链接地址	网站名称
21	http://www.mhlw.go.jp/	日本厚生劳动省
22	http://www.fmric.or.jp/	日本一般社团法人食品供求研究中心
23	http://www.fmric.or.jp/trace/index.htm	日本一般社团法人食品供求研究中心网站中搜索“食品安全追溯”
24	http://www.nlbc.go.jp/index.html#	日本独立行政法人家畜改良中心
25	www.id.nlbc.go.jp/top.html	日本牛只个体识别信息系统
26	www.j-chicken.jp/traceability/	日本家禽追溯系统
27	www.town.itayanagi.aomori.jp/marukajiri/top.html	日本青森县板柳町苹果追溯
28	rice.kt.zennoh.or.jp	日本京都府全农京都米追溯
29	seica.info	日本 SEICA 果蔬追溯信息系统
30	www.mafra.go.kr	韩国农林畜产食品部官网
31	http://www.naqs.go.kr	韩国国立农产品质量管理院
32	www.farm2table.kr	韩国农产品履历追溯信息系统
33	http://www.law.go.kr/ 법령 / 농수산물품질관리법 / 제 24 조	韩国农水产品质量管理法第 5 节第 24 条
34	www.agrin.go.kr	韩国农食品安全质量综合情报系统
35	www.tfood.go.kr	韩国食品医药品安全处
36	http://cattle.mtrace.go.kr	韩国畜产品追溯信息系统
37	www.fishtrace.go.kr	韩国水产物履历制系统
38	www.mtrace.go.kr	韩国牛肉追溯平台

附录 7
缩略语索引

A

ADT（animal disease traceability） 动物疾病追溯规划

AMS（Agricultural Marketing Service） 美国农业市场局

AMB（American Lamb Board） 美国羊肉委员会

APHIS（Animal and Plant Health Inspection Service） 美国动植物健康检验局

ATDs（animal tracking databases） 动物追溯数据库

B

BfR（Federal Institute for Risk Assessment） 联邦风险评估研究所

BMELV（Bundesministerium für Ernährung，Landwirtschaft und Verbraucherschutz）（德）德国联邦食品、农业和消费者保护部

C

CAC（Codex Alimentarius Commission） 国际食品法典委员会

CDC（Centers for Disease Control） 疾病控制和预防中心

CITES（Convention on International Trade in Endangered Species） 濒危野生动植物物种国际贸易公约

CPMA（Canadian Produce Marketing Association） 加拿大生鲜产品运销协会

CPTTF（CPMA/PMA Traceability Task Force） CPMA 和 PMA 联合成立的追溯项目推进小组

D

DHHS（U.S. Department of Health and Human Services） 美国卫生和公众服务部

E

EC（European Community） 欧洲共同体（欧共体）

ECE（Economic Commission for Europe） 联合国欧洲经济委员会

EFSA（European Food Safety Authority） 欧洲食品安全局

EPA（Environmental Protection Agency） 美国环境保护署

EPIA（Egg Products Inspection Act） 蛋品检查法

EU（European Union） 欧洲联盟（欧盟）

F

FAO（Food and Agriculture Organization） 国际联合食粮农业机构

FDA（Food and Drug Administration） 美国食品和药品管理局

FMA（Federal Import Act） 联邦进口乳品法

FMI（Food Marketing Institute） 美国食品市场营销协会

FMIA（Federal Meat Inspection Act） 联邦肉品检查法

FPB（Fish Product Branch） 美国新鲜产品部

FPLA（Fatr Packaging and Labeling Act） 正确包装与标签法

FSIS（Food Safety and Inspection Service） 美国食品安全检验局

FSC（Food Safety Commission） 食品安全委员会

FSMA（Food Safety Modernization Act） 食品安全现代化法

FVO（Food Veterinary Office） 欧盟食品和兽医办公室

G

GAP（good agricultural practices） 良好农业规范

GFTC（Global Food Traceability Center） 全球食品追溯中心

GLN（global location number）全球位置码

GMA（Grocery Manufacturers Association） 美国食品饮料和消费品制造商协会

GMP（good manufacturing practices） 良好生产操作规范

GS1（global standard 1） 全球统一标识系统

GTP（good traceability practice） 良好追溯流程

GTIN（global trade item number） 全球贸易项目代码

H

HACCP（hazard analysis critical control point） 危害分析和关键控制点

I

IFS（International Food Standard） 国际食品标准
IFT（Institute of Food Technologists） 美国食品科技协会
ISO（International Standardization Organization） 国际标准化组织

J

JAS（Japanese Agriculture Standard） 日本农业标准
JCA（Japan Chicken Association） 日本鸡肉协会

K

KS（Korean Standards） 韩国标准

L

LFGB（Lebensmittel-Bedarfsgegenstände-und Futtermittelgesetzbuch）（德）食品及日用品法

M

MFAFF（Ministry for Food Agriculture Forestry and Fisheries） 韩国农林畜产食品部

N

NAIS（national animal identification system） 国家动物标识系统
NAQS（Nigeria Agricultural Quarantine Service） 韩国国立农产品质量管理院
NCBA（National Cattlemen's Beef Association on behalf of the Beef Board） 美国牛肉协会
NCC（National Chicken Council） 美国养鸡协会
NFI（National Fisheries Institute） 美国鱼类协会
NOP（National Organic Program） 美国农业部有机法规
NPB（National Pork Board） 国家猪肉委员会
NTF（the National Turkey Federation） 美国国家火鸡联盟

O

OECD（Organization for Economic Cooperation and Development） 经济合作与发展组织
OTCO（Oregon Tilth Certified Organic） 俄勒冈州有机认证机构

P

PACA（Perishable Agricultural Commod lties Act） 鲜活农产品法

PETER（Promoting European Traceability Excellence & Research） 推进欧洲可追溯性的优质化与研究计划

PMA（Produce Marketing Association） 美国生鲜产品运销协会

PPRM（pesticide program residue monitoring） 农药残留监控计划

PPIA（Poultry Products Inspection Act） 禽类产品检查法

PTI（produce traceability initiative） 农产品追溯行动倡议

R

RASFF（rapid alert system for food and feed） 食品和饲料快速预警系统

RFID（radio frequency identification devices） 无线射频识别

S

SFTA（Sanitary Food Transportation Act） 食品运输卫生法

SSCC（serial shipping container code） 系列货运包装箱代码

T

TCX（Trace Core XML） 追溯信息电子交换指导手册

U

UN（United Nations） 联合国欧洲经济委员会

UNESC（United Nations Economic and Social Council） 美国国家经济和社会委员会

USAIP（United States Animal Identification Plan） 美国家畜开发标识小组

USDA（United States Department of Agriculture） 美国农业部

USGSA（United States Grain Standard Act） 联邦谷物标准法

后　记

本书是农业农村部农产品质量安全追溯课题研究成果，首次全面系统介绍了国外发达国家追溯体系最新管理与实践情况，对读者了解国外农产品质量追溯现状，提高我国农产品质量管理能力和追溯认知，保障公众消费安全具有重要意义。

农业农村部农产品质量安全中心于2015—2016年委托北京交通大学经济管理学院开展国外农产品质量安全追溯专项调研和课题研究。国外农产品质量安全追溯专项调研由北京交通大学经济管理学院物流标准化研究所所长、21世纪中国电子商务网校校长张铎主持，来自北京交通大学、北京服装学院、郑州铁路职业技术学院、21世纪中国电子商务网校等单位20余位教师、研究生、海外人士等参加了项目调研、考察、收集资料、编写研究报告等工作。北京服装学院教师张倩，北京物资学院研究生张秋霞，郑州铁路职业技术学院教师张妍琪，奥地利维也纳经济大学在读博士后陈立，美国亚特兰大interlligrated公司质量工程师燕翔玉，澳大利亚墨尔本GNC grou供应链专员孙宏雁，加拿大温哥华赵倩颖和李赟，日本横滨徐晓红，北京交通大学张嘉豪、黄永霞、杜尼克（非洲留学生），北京工商大学研究生曹晓云等参与本项目的调研和撰写，北京交通大学的汪凡、李锦川、刘京祥、薛卫星、许勇、汤斌等，21世纪中国电子商务网校的刘娟、田金禄、李娜等参与了编写工作。农业农村部信息中心傅博宁、中国外运股份有限公司孙佐、中国物品编码中心孔洪亮等参与本项目的具体编写和审定工作。

在课题研究基础上，农业农村部农产品质量安全中心成立了《欧美日韩农产品质量安全追溯概述》编委会，组织专家和人员对课题研究成果进行进一步补充、完善、总结、提升并编写了本书。本书编写过程中，适逢国家农产品质量安全追溯管理信息平台上线运行，相关管理办法、制度规范、技术标准、试点工作全面推进。未来农业农村部将深入总结农产品质量安全追溯的国内实践探索，继续编写国内农产品质量安全追溯管理与实践系列丛书，不断推进我国追溯理论创新和科学实践。

本书的出版将为今后我国农产品质量安全追溯体系建设提供宝贵的经验借鉴，也为地方推动农产品质量安全追溯管理工作提供有益参考。

需要指出的是，尽管我们在本书的编写过程中付出了很大的努力，但由于编写时间仓促、收集资料困难等因素，难免有不妥之处，恳请广大读者批评指正。最后，诚挚感谢所有参与本书编写的单位和人员给予我们的支持与帮助。

编　者
2019 年 6 月